Ulrike J. Fischer-Heiß

# Mein Verhältnis zu den Ichs

*Für*
*alle Menschen,*
*die ihre Beziehung*
*zu sich selbst*
*verbessern möchten.*
*Für Therapeutinnen und Therapeuten,*
*die in ihren Therapien neue Wege gehen wollen.*

Ulrike J. Fischer-Heiß

# Mein Verhältnis zu den Ichs

Fakten, Analysen, Hinweise für mehr
Lebensqualität und Lebensfreude

**Bibliographische Informationen der Deutschen Nationalbibliothek**
Die Deutsche Nationalbibliothek verzeichnet diese Publikation in der Deutschen Nationalbibliografie; detaillierte bibliografische Daten sind im Internet über htpp//dnb.d-nb.de abrufbar.

Die automatisierte Analyse des Werkes, um daraus Informationen insbesondere über Muster, Trends und Korrelationen gemäß §44b UrhG („Text und Data Mining") zu gewinnen, ist untersagt.

Coverbild: Sabine Schreiber Fotografie, Weil der Stadt
Covergrafik: Elton.xh/ Shutterstock.com
Umschlagdesign, Satz und Verlag:
BoD – Books on Demand GmbH, In de Tarpen 42, 22848 Norderstedt
Druck: Libri Plureos GmbH, Friedensallee 273, 22763 Hamburg
ISBN 978-3-7597-8726-2

# Inhalt

# 1. Wachtraum

Mein eigentlicher bewusster Kontakt mit der Seelenwelt vollzog sich 1998, als ich einen Vortrag über meine Arbeit als psycho-kinesiologische Beraterin halten wollte. Zu damaliger Zeit noch recht unerfahren im Halten von Vorträgen, hatte ich mich deshalb mit der Volkshochschule zusammengetan.

Die erwarteten 30-40 Personen sollten in einer entsprechend eingerichteten Kapelle, die auch heute noch für Vorträge und Kunstausstellungen genutzt wird, Platz finden.

Obwohl ich in meiner Praxis, wo ich Heimvorteil hatte, schon ähnliche Vorträge vor etwa 8-10 Personen gehalten hatte, war ich sehr nervös. Die Aufregung wuchs, als ich darüber nachdachte, was ich vorher erledigen musste. Hatte ich das Flipchart ausreichend vorbereitet? Würde ich meine klappbare Behandlungsliege vor Ort wieder aus dem Auto holen können, da es einiges an Geschick erforderte, sie hineinzuquetschen. Mein Herz klopfte laut und hämmerte gegen meine Brust. Meine Gefühle spürten, dass etwas nicht stimmig ist, das weit von meinem Verstand entfernt war.

Meine Ichs gewannen die Oberhand und bombardierten mich mit »Wenns« und »Abers« und all den Möglichkeiten, die schiefgehen könnten. Meine Gedanken überrollten mich: »Bin ich denn in der Lage, angemessen auf die Fragen der Besucher zu reagieren?« Ich hatte mich auf die Couch im Wohnzimmer gelegt und vorsichtshalber den Wecker gestellt, falls ich doch tief einschlafen würde. Ich versuchte die Stimmen im Kopf, die mich vom Wesentlichen abhielten, mit entspannender Seelenmusik zu vertreiben. Ich atmete lange Zeit tief ein und aus, bis ich mich beruhigte und die Alpha-Ebene erreichte.

Zum besseren Verständnis des Alpha-Zustands: Unser Gehirn produziert rhythmische, elektromagnetische Wellen, die in Hertz (Hz)

9

gemessen werden können. Wenn wir wach sind, werden während einer normalen Unterhaltung zwischen 15-21 Hz (Beta-Zustand) erreicht. In unseren Tagträumen oder kurz vor dem Einschlafen sind die Zahlen niedriger, bei 7-14 Hz, (Alpha-Zustand). Wir können uns durch Übungen bewusst auf diese langsamen Wellenlängen einstimmen. Im Alphazustand sind wir intuitiv, kreativ und selbstbestimmt. Unser Organismus kennt diesen Zustand aus unserer Kindheit. Auf dieser Ebene haben die Ichs keinen Zugang mehr, lassen uns in Ruhe und wir denken klar und klug.

Mein Alpha-Seelen-Traum 1998 war ein Wachtraum, in dem ich in eine Art Halbschlaf kam. Ich sah mich als Indianer (männlich), mit bloßem Oberkörper, einem Lendenschurz aus Leder, mit einem Bogen in der rechten Hand. Die Pfeile befanden sich im Köcher, dessen Lederriemen ich lässig über meine rechte Schulter geworfen hatte. Ich schritt, scheinbar ein Ziel vor Augen habend, in leichten Mokassins auf heißem, kargem Boden und nahm eine flache, weite Landschaft wahr. Mein Begleiter war ein Tiger, ein großes kräftiges Tier, das mich mit seinen geschmeidigen, schnellen Schritten förmlich mitzog. Wir schienen vertraut miteinander zu sein, denn wir verstanden uns ohne Worte. Vor uns tauchte ein großer, aus rötlichem Gestein bestehender Felsen auf, der oben zu einem Plateau abgeflacht war. Er erinnerte an Bilder des Ayers Rock (Uluru) in Australien.

Der Felsen schien unser Ziel zu sein. Der Tiger begann mit großen Sätzen den Berg zu erklimmen. Ich machte es ihm nach und war in meinem Halbtraum überrascht, wie schnell und gewandt ich den doch recht steilen Berg hochklettern konnte. Fast ganz oben angekommen, gerade, als ich mein linkes Bein auf die Bergplatte schwang, verlor mein rechter Fuß den Halt und ich rutschte ab. Meine Hände suchten nach einem Steinvorsprung oder einem Ast, griffen jedoch ins Leere, und so prallte ich unsanft auf einem tieferliegenden Felsvorsprung, den ich zuvor nicht bemerkt hatte. Ich schaute mich um und registrierte: Rechts, links und hinter mir war steiler Abgrund, vor mir ein dunkles Loch, eine Höhle?

Ich hatte keine Lust in die Höhle zu gehen, wartete der Tiger doch schon auf dem Plateau auf mich. Doch gab es von hier aus keine Möglichkeit, auf den Berg zu gelangen. Die Bergwand, die jetzt in der Abendsonne kräftig rot schimmerte, war so glatt, als hätte sie jemand mit Schmirgelpapier bearbeitet. Mir blieben nur zwei Möglichkeiten: Entweder ich blieb hier sitzen und wartete auf Hilfe, die ich in dieser Gegend nicht erwarten konnte, oder ich erkundete die Höhle. Ich entschied mich für die zweite Variante.

Ich stand auf, klopfte mein Hinterteil ab, das sicher staubig sein musste, und konzentrierte mich jetzt auf das Dunkle vor mir. Ich machte einige Schritte in die Höhle, in der ich rein gar nichts erkennen konnte, da meine Augen von der Sonne noch geblendet waren, spürte jedoch die Kälte, die aus der Höhle kroch und meinen Körper regelrecht umschlang. Mein Frösteln war nicht nur der Kälte geschuldet, sondern auch dem Unbekannten, das mich drinnen erwartete. Welch ein Kontrast zu der wärmenden Abendsonne draußen.

Plötzlich kam ein fürchterliches Getöse unmittelbar auf mich zu. Gleich darauf erkannte ich die fliegenden Unwesen. Es waren Fledermäuse, die ich wohl gestört hatte. Mit ihren kleinen spitzen Zähnchen sahen sie wie Hunde aus, die ihre Zähne fletschen. Aus meiner Kehle kamen fürchterliche Schreitöne, die nicht nur die Flughunde verscheuchten, sondern auch mich erschauern ließen. Dann war alles still. Wohin sich die Fledermäuse so schnell verkrochen hatten, konnte ich nicht wahrnehmen. Nach dem ersten Schreck versuchte ich mich neu zu orientieren und bemerkte, wie sich meine Augen zunehmend an die Dunkelheit gewöhnten. Noch etwas zögerlich wagte ich mich mit einigen Schritten weiter in die Höhle hinein, immer darauf gefasst, dass die kleinen, wilden Tiere mich wieder attackieren könnten.

Im nächsten Moment stand ich vor einem Sumpfloch. Ich schritt es nach beiden Seiten ab, es war so breit wie die gesamte Höhle. Wollte ich weiter gehen, musste ich das Sumpfloch durchqueren. Ich ließ mich vorsichtig hineingleiten und versuchte halb gehend, halb mit den Händen paddelnd weiterzukommen, als plötzlich ein Krokodil vor mir auftauchte. Wir brauchten beide einige Schrecksekunden, um die Situation zu begreifen. Blitzschnell holte ich aus meinem Köcher, den ich jetzt auf dem Rücken trug, ein Seil aus Naturfasern, griff das geschlossene Maul des Tieres, wickelte ihm das Seil um die Schnauze und durchquerte recht zügig und sicher den Sumpf.

Als ich am anderen Ende herausgestiegen war, schaute mich das Krokodil, das nah an mich herangeschwommen war, so traurig an, dass ich Mitleid bekam und mit einem schnellen Handgriff die Fessel von seiner Schnauze wieder entfernte. Sogleich war das Tier im braunen Brei verschwunden.

Jetzt atmete ich einige Male tief durch, drehte mich um und sah in mein Spiegelbild. Vor mir, tief in der Höhle, reines, klares Quellwasser. Ich kniete nieder, formte meine Hände zu einem Gefäß und schöpfte aus der Quelle. Das Wasser schmeckte so frisch wie es aussah, belebte meinen müde gewordenen Körper. Nun hatte ich wieder einen klaren Kopf. Ich wollte weiter, doch auch hier blieb mir nur der Weg durch das Wasser. Dieses Mal ließ ich mich gerne hineingleiten. Ich schwamm etwas umher, bis ich merkte, dass ich mich am Rande eines Strudels befand. Er war nicht ohne Wirkung geblieben. Ich musste jetzt meine ganze Kraft einsetzen, um wieder aus seinen Fängen zu entkommen. Mit letzten Reserven konnte ich mich am Uferrand festhalten und mich schließlich hochziehen. Tropfnass saß ich eine Weile auf der ockerfarbenen bloßen Erde und rang nach Luft.

Ich schaute mich um. Tiefer in der Höhle war nichts als nur Dunkelheit zu erkennen. Da ich völlig erschöpft und unendlich müde geworden war, suchte ich mir, auf allen Vieren kriechend, einen Platz zum Schlafen, fand allerdings nur den kühlen, leicht feuchten, erdigen Untergrund. Während ich ihn erfühlte und seinen Geruch identifizieren wollte, war ich schon eingeschlafen.

Ich weiß nicht, wie lange ich da gelegen hatte, als mich ein grelles Licht weckte. Ich öffnete langsam die Augen und blinzelte in die Sonne. Sie strahlte aus einem hellblauen, wolkenlosen Himmel herunter, direkt auf meinen kargen Schlafplatz. Auf einmal erhob sich eine Silhouette auf einer Steintreppe, die ich am Abend zuvor nicht wahrgenommen hatte. Ich traute meinen Augen nicht, als mit geschmeidigen Bewegungen der Tiger die Treppe herunter stolzierte. Er stand jetzt vor mir. War das ein Grinsen um sein Maul herum?

»Was machst du denn hier? War die Treppe schon immer da? Warum hast du mir gestern nicht geholfen?«, schrie ich ihn an und machte damit endlich meiner Angst, die in allen Gliedern steckte, Luft. Der Tiger entgegnete ruhig: »Erstens möchte ich dich abholen, es ist ein so schöner Tag, den solltest du nicht versäumen. Zweitens war die Treppe schon immer da, vorausgesetzt man will sie tatsächlich sehen. Du warst gestern nur zu müde, um sie dir zu *erschaffen*. Den Sumpf und den Strudel hattest du dir gestern selbst aus deiner Unsicherheit heraus erzeugt. Schau dich um, wo sind sie?« Ich war fassungslos, als ich herumblickte. Die Höhle war leer. Es war nur die rotbraune Erde zu sehen.

»Und drittens: Hätte ich dir geholfen, hätte ich dich vieler Erfahrungen beraubt. *Du kreierst deine Probleme selbst.* Es gibt Aufgaben im Leben, die tatsächlich existieren und die erledigt werden sollen. Siehst du hier ein Problem? Wenn du willst, kannst du die Treppe wegdenken und es dir schwer machen, wenn du auf das Plateau gelangen möchtest.« Der Tiger machte sich wohl über mich lustig. Er forderte mich auf: »Ich will dir etwas zeigen. Kommst du mit?« Ohne auf meine Antwort zu warten, stieg er mit wiegenden, provokant langsamen Schritten die Stufen hinauf.

Was blieb mir übrig, als ihm zu folgen. Als ich die letzte Stufe erreicht hatte, konnte ich die Weite des Plateaus ausmachen. Ich stand mitten auf dem Berg. Rotbraune Felsen umgaben uns. Gestern noch überquerten wir trockenes, karges Land. Nun schaute ich auf eine saftig grüne Landschaft. In der Ferne lag ein tiefblauer See, dessen Farben an den Rändern von grünlichem und bläulichem Türkis bis hin ins Lila reichten. Ein Wasserfall stürzte in die Tiefe und erzeugte einen Strudel im See. Dort erkannte ich eine weiße Gestalt. Es war wohl ein Engel. Es war nicht zu erkennen, ob er von oben kam und nach unten wollte, oder ob er nach oben schwebte.

Der Tiger schien meine Gedanken lesen zu können, schüttelte den Kopf und meinte: »Es ist nicht wirklich ein Engel, es sieht nur so aus. Es ist deine Seele. Der Teil den du verleugnest. Du brauchst ihn, wenn du *DU* sein willst.« Ich schaute ihn ungläubig an. »Ich stehe doch hier und nicht dort«, gab ich ihm zur Antwort. »Und doch bist du hier und dort«, erwiderte er, ohne eine weitere Erklärung.

Ein Seeadler zog über uns majestätisch seine Kreise. Als hätte er eine Beute entdeckt, kam er auf uns zugeschossen, bremste ab und landete neben mir auf dem Felsen. »Das ist der Adler, der dir helfen wird. Er steht dir bei, wenn du Gelassenheit brauchst und die Dinge von einer höheren Warte aus sehen willst.« Der Adler erhob sich wieder und flog bis zu dem engelgleichen Wesen am See inmitten der grünen Wiese, kam dann wieder zurück, setzte sich auf meinen linken Arm, den ich dieses Mal für ihn ausgestreckt hatte, um ihn willkommen zu heißen. »Was soll das denn?«, fragte ich unwirsch »ich verstehe nicht, was ihr mit mir macht. Was hat das mit mir zu tun?« »Wir haben dir deine Zukunft gezeigt. **Du wirst Seelen sichtbar machen**«, erklärte mir mein Tiger. Diesmal fand ich kein Grinsen auf seinem Maul, stattdessen sah er mir ernsthaft tief in die Augen, als wolle er meinen inneren Widerstand brechen. Wich ich ihm gerade aus, weil ich feige war, mir meine Opposition anzusehen, oder war es Zeit zum Aufwachen?

Ich kam wieder zurück in meine Wirklichkeit, denn der Wecker klingelte. Es war so weit. Die Angst war verflogen und hatte einem mulmigen Gefühl im Bauch Platz gemacht. Ich brauchte eine Weile, bis ich mich besann, wo ich war und was als Nächstes anstand. Der Vortrag! Ich verstand meine Nervosität nicht. Ich raffte mich auf und brachte mit meinem Auto alle Utensilien, die ich zum Vortrag benötigte, in die Kapelle.

Als ich den Raum betrat, in dem ich den Vortrag halten sollte, war außer einer Freundin, die mir beistehen wollte, noch kein Mensch da. Wir stellten mein Flipchart auf, das ich schon zu Hause mit den wichtigsten Zeichnungen und Begriffen versehen hatte, rückten die klappbare Behandlungsliege ins rechte Licht und schmückten den Raum um das Podium herum mit Blumen. Die Vorbereitungen waren abgeschlossen, als sich zwei, drei Menschen zu uns setzten und schüchtern fragten, ob sie hier wohl richtig wären. Als wir bejahten, schauten sie sich unsicher um und wählten einen Platz in der Mitte des Raumes. »Oh je«, dachte ich, »das wird eine Pleite!« Die bekannte Scham und der Zweifel wollten wieder hochkommen, als ich vor meinem geistigen Auge meinen Tiger sah. Unterdessen füllte sich der Raum. Die vierzig Stühle waren schnell besetzt. Neue Stühle und sogar Tische wurden zusätzlich aufgestellt und einige Besucher mussten ganz hinten sogar stehen. Einhundert Menschen waren gekommen! Meine Knie zitterten. Nichts anmerken lassen.…

Ha, wenn ich die Fledermäuse in die Flucht geschlagen hatte, das Krokodil besiegen konnte, dem Strudel entkommen war und in einer dunklen Höhle furchtlos übernachtet hatte, was sollten mir dann die vielen Menschen anhaben? Ich musste kreativ sein, denn hinten im Raum waren meine Aufzeichnungen nicht zu erkennen. Ich stieg auf die Behandlungsliege, auf der ich eigentlich einige Übungen praktisch zeigen wollte. Das war unmöglich. Vom hinteren Platz konnte man die Liege nicht erkennen. So hielt ich meinen Vortrag auf der Liege stehend, gestikulierte, umschrieb, was ich vorbereitet

15

hatte, denn auch das Flipchart war nutzlos geworden. Es gelang mir kreativ zu sein, immer mit der Gewissheit, dass mein Tiger und mein Seeadler mich begleiten, während meine Seele mich wieder gefunden hatte.

»Zwei Stunden lang hätte man eine Stecknadel fallen hören können, so sehr waren die Menschen von dem Vortrag gebannt«, berichtete hinterher die Veranstalterin. Der Beifall bestätigte den Erfolg. Ich war innerlich ein Stück gewachsen und hatte zwei Krafttiere und meine Seele angenommen.

Solche Geschichten sind nichts für die ICHs. Sie haben keinen Zugang zu dieser Art von Energieräumen. Wenn die Ichs versuchen hineinzukommen, prallen sie ab, als ob sie gegen eine durchsichtige Glasscheibe gelaufen wären. Zu dieser Erkenntnis werde ich allerdings erst viele Jahre später gelangen.

Träumen, Aufwachen, Empfinden, Ängste verschwinden, sich wiederfinden. Augenblicke leben.

Wölfe sind im Traum gelegentlich Tiger

# 2. Eingangs erwähnt

Im Grunde beginnt das ICH-Buch mit einem Kompromiss im Titel. Es müsste eigentlich heißen: »Ulrikes Verhältnis zu den Ichs« oder »Die Entdeckung einer falschen Identität«. Im Prinzip möchte ich den ICHs nicht ein ganzes Buch widmen, denn mit jedem Wort, das ich über sie schreibe, lasse ich ihre Energie größer und mächtiger werden. Ich hoffe, wenn ich es mit dem Herzen schreibe, dass die Ich-Energie sich in Grenzen hält.

Eine Klientin fragte mich neulich, wo eigentlich mein Buch über die Herzenergie bliebe, das hätte ich in meinem ersten Buch: »… denn die Gesundheit kennt den Weg« angekündigt und sie warte jetzt schon mehrere Jahre darauf.

Als ich begann das Herzbuch zu schreiben, wurde mir klar, dass viele Boykotteure uns Menschen daran hindern, in unsere Herzenergie zu kommen. Das war der Grund, warum ich mich zuerst mit den Verhinderern, den Blockierern beschäftigt habe. Erst wenn ich weiß, was mich hindert, was die Ursache ist, kann ich mich dem eigentlichen Thema nähern und Lösungen finden. Es ist, als ob mein Herz sagen würde: »Kümmere dich erst um die Ursachen des Problems, dann wirst du für mich frei sein.«

Das Narbenbuch hatte sich zuvor heimlich, still und leise eingeschlichen, weil es sehr viele Menschen gibt, deren Narben nicht schmerzen, aber anderorts am Körper Probleme bereiten können. Narben sind in meiner Praxis ein großes Thema, weil viele unerkannte körperliche und seelische Beschwerden von Narben herrühren. Die durch sie entstandenen Blockaden, Schmerzen oder Bewegungseinschränkungen fallen oft aus dem Raster der medizinischen Untersuchungen. Wichtig dabei zu wissen, der Mensch kann sehr viel selbst dazu beitragen, die Narben zu entstören und die genannten Symptome beheben.

Nun, die Pandemie hat auch mich mit großen Herausforderungen konfrontiert. Herausforderungen bedeuten Forderungen, die uns aus unserer Komfortzone werfen und Lösungen verlangen, an die wir vorher nie gedacht hätten.

Eine solche Herausforderung bringt neue Ideen hervor, lässt altbewährte Methoden wieder aufleben, die irgendwann einmal als unbrauchbar abgetan wurden. Dadurch hat sich die »Wandeltreue« leise vorgedrängt und mir gezeigt, wie sich ein Buch von selbst entwickelt und ich nur zu schreiben brauchte, was es mir vorgegeben hatte. So entstand »Wandeltreue«, obwohl ich mich da schon mit den Ichs befasst und mehrere Jahre Aufstellungen gemacht und Beratungen über die Ichs gegeben hatte.

Das Ich-Buch muss sein, sonst könnte das Buch über die Herzenergie nicht entstehen. Durch die Erkenntnisse, die ich gewonnen und die Übungen, die ich dazu gefunden habe, ist das Buch die Voraussetzung und Vorbereitung für das Herzbuch. Es scheint mir, dass wir die Dualität brauchen. Wenn sie fehlt, erschaffen wir sie uns. Ohne Krieg gibt es keinen Frieden, ohne Nacht gibt es keinen Tag, ohne Yin gibt es kein Yang, ohne Einatmung, keine Ausatmung. Ist es vielleicht so, dass es ohne die Ichs keine Herzenergie geben kann? Erschufen wir Menschen die Ichs, damit wir einen Gegenpart zu unserem intelligenten Herzen haben?

Ursprünglich sollten die Ausführungen zu den »Ichs« nur eine Einführung in das Herzbuch sein. Aber so wie die Ichs eben sind, verlangen sie mehr und mehr, bis sie ihr eigenes Buch bekommen. Sie sind mächtig und groß. Das Buch über die Herzenergie wird als zweiter Teil im Anschluss an dieses Buch erscheinen. Einige Themen werden in anderen Versionen wiederholt und ergänzt, so dass der Weg zur Herzenergie geebnet ist.

Ich schreibe in der ersten Person, weil wir schon so daran gewöhnt sind, ICH zu sagen und es tun müssen, weil unsere Gesellschaft es von uns verlangt, sonst würden wir als geisteskrank abgestempelt werden. Es gibt dafür sogar eine Bezeichnung, der Illeisimus. Wenn ich in Ichform schreibe, dann sind es allerdings Ulrike-Gedanken, die lediglich auf einem Tablett eines Ichs präsentiert werden. Diese Darstellung wird im Laufe der nächsten Kapitel näher beschrieben.

Es wird behauptet, dass wir uns als kleines Kind noch nicht als eigenständigen Menschen verstehen und das Ich uns erst dazu machen würde. Das hat man uns auch glauben gemacht 1975 in der Krankengymnastikschule im Entwicklungsunterricht. Wir sind an den Schreibfluss des Ichs gewöhnt und es wäre störend, wenn ich immer meinen Vornamen statt des Ichs schreiben würde. Hier oder da werde ich es trotzdem tun.

Dieses Mal gendere ich nicht. Das Thema habe ich im Buch Wandeltreue verkraftet. Wenn ich Freunde oder Klienten schreibe, dann meine ich alle, ob weiblich, männlich oder divers, und zwar auf gleicher Augenhöhe und Wichtigkeit und Ehrerbietung. Zum Beispiel ist in dem Wort Klientinnen alles enthalten, das Männliche auch hier wieder als Erstes genannt, das Weibliche zum Schluss, und jede/jeder kann sich dazwischen entscheiden, wer sie/er sein möchte. Auf jeden Fall sind wir alle einzigartige und wundervolle Menschen, das möchte ich hier betonen.

Die Namen, die ich nenne, sind alle erfunden und die Fallbeispiele und Geschichten sind Konglomerate. Das heißt, dass die Fälle mehrerer Personen, Ereignisse und Behandlungen adaptiert und Details sorgfältig verändert wurden. Sie zeigen dennoch den wahren Weg und die Resultate auf.

Einige Namen meiner Lehrer werde ich erwähnen, allerdings darauf verzichten, sie zu zitieren. Viele sehr kluge Personen werde ich nur als »(Neuro-) Wissenschaftler oder Quantenphysiker bezeichnen. Leider gibt es Menschen, die durch das akribische Auffinden von Namen und Zitaten, ob unrecht- oder rechtmäßig verwendet, Geschäfte machen. Das habe ich einmal erlebt und beschlossen, dass solche Aktionen mir zu viel Energie rauben, da Recht, Gerechtigkeit und Ehrlichkeit weit auseinanderklaffen. Ich verneige mich hier vor all den Personen, deren Intuition, Verstand und Scharfsinn mir neue Denk- und Wegweiser waren und noch sind.

Vorweg: Als Kleinkinder kannten wir uns nur mit unserem Vornamen, haben uns mit ihm identifiziert. Später mussten wir Ich sagen, und unsere Identität bekam eine andere Bedeutung. Bei psycho-kinesiologischen Behandlungen wurde mir der Sinngehalt bewusst, deshalb widme ich der Kinesiologie mehrere Kapitel.

Meine Erkenntnisse habe ich, wie in verschiedenen Kriminalfilmen gezeigt, final zusammengefasst. Ein Kriminalpolizist erinnert sich am Ende eines Films an die Aussagen, die Mimik und Gesten seiner Zeugen und Zeuginnen und da fällt ihm plötzlich auf, dass er von Anfang an immer wieder unbewusste Hinweise zur Täterschaft bekommen hatte. Das wird ihm nach langen Untersuchungen und Befragungen endlich klar.

So ging es mir mit den Ichs. Wie oft habe ich sie vor vielen Jahren erwähnt, im Grunde sogar richtig charakterisiert und doch waren sie für mich lange Zeit unsichtbar oder Statisten. In diesem Buch verdeutliche ich, wie sich meine Erfahrungen nach und nach entknoteten und somit hoffentlich zu einem besseren Verständnis beitragen können.

Ich wünsche Ihnen eine gute Unterhaltung. Doch Vorsicht! Es kann sein, dass Sie plötzlich ein anderes Denken über sich und die Welt bekommen.

Ihre

Ulrike Johanna Fischer-Heiß

# 3. Achtung, Vorsicht, Cave!

In den letzten Monaten, in denen ich mich intensiv mit den »Ichs« beschäftigt habe, beobachtete ich, wie sie mich zunehmend in Beschlag nahmen, wie sie jede Sekunde nutzten, um mich zu besetzen, während ich über sie recherchierte. Wachte ich nach sechs Monaten Ermittlungen unter ihrem Einfluss um vier Uhr morgens auf, störte es sie nicht im Geringsten, schon loszuplappern, bevor ich wirklich aufnahmebereit war. Während ich mich abmühte, wieder einzuschlafen und mich dabei fast verbog, meine Übungen zelebrieren zu können, wurden sie immer lauter und dreister, so dass es für liebevolle Gefühle kein Durchkommen mehr gab. In meiner schriftstellerischen Arbeit, aber auch beim Aufspüren der Ichs bei meinen Klientinnen und Klienten in meiner Praxis, gab ich den nutzlosen Ich-Gedanken eine enorme Macht, die mir in diesem Ausmaß in meinem Alltag noch nie passiert war.

Zwischenzeitlich hatte ich Sorge, dass Leser dieses Buches ebenfalls in die übertriebene Macht der Ichs geraten könnten. Das wäre fatal. Als ich mein vorläufiges Manuskript ausdruckte, um es zum Korrigieren durchzuschauen, beobachtete ich die Ichs. Sie standen im großen Abstand im umgekehrten Halbkreis in einiger Entfernung mit dem Rücken zu mir. Sie erinnerten mich an die »Grauen Herren« in Michael Endes Geschichte »Momo«. Im Gegensatz zu diesen Herren sind die Ichs blassgrau, haben keine Füße und keine Hände, nur angedeutete Beine und Arme. Jedoch haben die Grauen Herren und die Ichs etwas gemeinsam: Sie bewirken den Verlust von Lebensfreude und Leichtigkeit.

Meine hellgrauen Ichs konnten sich mir beim Lesen meines Manuskripts jedoch nicht nähern. Sie verhielten sich, als seien sie erstarrt oder eingefroren. Mir war, als hätte ich sie mitten in ihrer Bewegung angehalten.

Da ich über die Ichs schreibe, wie ich sie entlarvt, ihre Absichten und Charaktere durchschaut habe, scheine ich sie entkräftet zu haben. Dadurch ist es ein Leichtes in meine Herzenergie zu kommen. Somit kann ich sicher sein, dass für Sie, liebe Leserin, lieber Leser dieses Buch auf keinen Fall schädlich, sondern sehr erkenntnisreich und förderlich sein wird.

Im Anhang sind einfache Übungen, die ich an verschiedenen Stellen in den Text eingebaut habe, im Einzelnen nochmals beschrieben.

# 4. Die Seele formt den Körper

»Die Seele formt den Körper«, sagte unser Anatomieprofessor, wenn wir auf dem Weg zum Unterrichtsraum durch den Sezierraum gehen mussten, in dem die aufgeschnittenen Leichen lagen, und wir Schülerinnen die Körperhüllen kritisch betrachteten und feststellten, dass sie unförmig geworden waren. »Die Seele formt den Körper«, ließ mich 1976 nicht mehr los. Ich begann, mir über die Seele Gedanken zu machen...

Die Seele wird oft auch Psyche genannt. Man kann sie nicht mit den Händen greifen, nicht schmecken oder riechen. Sie bleibt immer in einer Energieform und materialisiert sich nicht. Die Seele ist das, was den Menschen ausmacht. Sie bleibt, wenn wir Menschen sterben, unser Körper kalt und starr wird. Sie lebt weiter.

Im Chinesischen wird sie Hun, die Wanderseele genannt. Sie fragen sich eventuell, wie ich auf dieses Thema komme? Weil ich als Physiotherapeutin Menschen mit unterschiedlichen Körpergrößen, -umfängen und -formen behandelt habe und selbst miterleben durfte, wie mein Körper von einer eher schlanken Figur im Laufe der Jahre immer rundlicher wurde. Was ist mit meiner Seele passiert? Habe ich sie verärgert? Sie ignoriert? Wenn ja, warum? Oder habe ich meinen Ichs den Vortritt eingeräumt und sie haben meine Seele aus meinem Körper vertrieben? Ist an die Stelle meiner Seele eine Ich-Energie getreten? Die Fragen wollten nicht enden. Bis heute konnte mir kein Mensch sagen, was wirklich ist.

Die Körperfülle komme von unserer Ernährung, sagen Ernährungsberaterinnen. Es sind die Hormone, meinen die Endokrinologinnen. Es liegt an der fehlenden Bewegung, behaupten die Fitness-Trainerinnen. Ursachen seien die Gene, wollen Genetikerinnen beweisen. Ein Physiognomiker, mit dem ich auf einem Gesundheitsevent zufällig zusammensaß, meinte, als er auf eine sehr schlanke Frau am Eingang zeigte: »Wenn du nur die Hälfte von dem isst, wie sie, dann wirst du dick.«

Ich ging die einzelnen Punkte durch. Ernährung: Ich koche selbst. Ich habe meine Gewohnheiten beobachtet. Es gab keinen Zusammenhang. Ursächlich vielleicht die Hormone, eventuell fehlende Bewegung, darauf ankommend, mit wem ich mich messe. Und die Gene? Außer einer Tante, die als einzige von fünf Kindern etwas rundlicher war und einem Urgroßvater, habe ich keine fülligen Ahnen gefunden. Ist es die Epigenetik? Haben meine Vorfahren im Krieg hungern müssen? Hat sich das auf mich übertragen und bunkert mein Körper nun für die nächste Notzeit alles, was ich esse und trinke?

Das Leben bringt die unterschiedlichsten Formen hervor. Wenn ich mich umschaue, gleicht keiner dem anderen. Es gibt Menschen, die hochgewachsen und sehr schlank sind, andere haben einen birnenförmigen Körper, andere wiederum sind gedrungen, haben kurze stämmige Arme und Beine und einen dicken Bauch. Die einen gehen traurig oder verhärmt gekrümmt, andere werden durch Wut oder Stolz in eine aufrechte Haltung gezwungen.

»Wir sind alles Individuen, die einen inneren Drang verspüren, eine eigene Form zu kreieren.« Diesen Satz kann ich nicht mehr unterstreichen, denn wenn wir uns mit den Ichs identifiziert haben, folgen wir deren Gesetzen.

»Wo ist meine Seele, warum passt sie nicht auf meinen Körper auf?«, frage ich mich. »Hatte der Professor damals Unrecht gehabt?« Als er die Aussage über die körperformende Seele machte, fühlte es sich in mir sehr stimmig an. Leben ist ein Prozess, den wir in seinem Ausmaß nur ahnen können. Was wollte das Universum mit mir? Hat es mir von Anbeginn eine Form gegeben und ich bin gerade dabei, durch eine Kette einzelner organisierter Ereignisse, sie zu verändern? Veränderung geschieht dadurch, indem ich mein individuelles Denken über die Ereignisse in eine bestimmte Form presse, dadurch meine Gefühle manipuliere und mein Körper in seiner mikrokosmischen, biochemischen Innenwelt Veränderungen hervorruft, die nicht mehr der ursprünglichen Form entspricht. Im Makrokosmos meines Körpers drückt sich dieser Prozess in Haltung und Form aus.

Unser Leben ist eine einzige Kette lebendiger Begebenheiten, die signifikante Formen unserer Existenz different entfaltet. Ihnen scheint ein bestimmtes Grundkonzept zugrunde zu liegen. Ich vermute, dass ich den Ichs eine ordentliche Menge an Mitspracherecht zugestehe. Zu diesem Zeitpunkt weiß ich noch nicht, welche Glaubenssätze und Schwüre meine linke Hirnhälfte entwickelt hat.

# 5. Unbewusste Ich-Erfahrungen

Schon die Fahrt in die Schweiz war es Wert, selbst am Freitagnachmittag, neue Erfahrungen zu machen. Durch den Freitagsstau benötigte ich oft mehr als zweieinhalb Stunden zum Kloster Kappel am Albis. Die Fortbildungen sollten am späten Nachmittag beginnen. Morgens hatte ich noch in meiner Praxis gearbeitet, meine Utensilien für die Fortbildung hatten schon im Auto gelegen, so dass ich gleich nach der Arbeit losfahren konnte. Es erfüllte mich immer mit

Freude wieder in meine geliebte Schweiz zu fahren, denn zwanzig Jahre zuvor hatte ich ein sehr intensives Arbeits- und Freizeitjahr dort verbracht, jedoch etwa zwei Stunden Fahrzeit entfernt von Kappel, am Thunersee.

Während ich so step by step in der Autoschlange vorwärtskam, wollten meine Gedanken Stress machen, weil sie meinten, dass wir es nicht pünktlich an den Zielort schafften. Kurze Zeit habe ich mich dem Stress hingegeben, bis ich unachtsam wurde und beinahe meiner Vorderfrau ins Heck gefahren wäre. Eine Instanz in mir setzte sich durch und ließ mich unerwartet schnell bremsen. Dabei erwachte ich aus dem Gedankenkarussell, es verschwand urplötzlich und auf einmal war ein ganz entspannter Gedanke da: »Die fangen nicht ohne mich an, denn ich bin die Referentin.« Ich trällerte lauthals die Lieder im Radio mit und kam relaxed rechtzeitig am Kloster an. Ich erkannte, dass es Energien in uns gibt, die uns tragen, wenn wir sie denn dann (machen-) lassen. Es ist einerseits die Energie unseres Herzens und andererseits das Universum und wahrscheinlich noch mehr….

Die ersten beiden Fortbildungen der Psycho-Kinesiologie unterrichtete ich, autorisiert, nach Dr. Dietrich Klinghardts Methode. Später entwickelte ich meine eigenen Fortbildungen, wie zum Beispiel: Schamanische Kinesiologie, bis sich jemand meldete, dass dieser Titel schon vergeben sei. Fortan nannte ich die Fortbildungen so, wie sie mir gerade einfielen. Wichtig war, dass wir unsere Fragen beantwortet bekamen. Denn gerade beim Referieren tauchten auch bei mir immer mehr Fragezeichen auf.

Meine Schweizer Schülerinnen und Schüler, die selbst kinesiologische Praxis hatten, die Schriftstellerinnen oder Malerinnen waren und sich für meine Kurse interessierten, brachten mich dazu, neue Denk- und Fühlrichtungswege zu betreten. Wenn wir intensiv mit unseren Emotionen beschäftigt waren, hatten unsere Ichs keinen Platz bei uns. Sie störten uns nicht. Welches Ich fragt danach, was ein Organ empfindet, wenn die Sonne scheint oder es schneit? In welchen Kontexten müssen wir bitten und danken? Es gab sehr viele Fragen, die wir besser mit meinen freien Kursen behandeln konnten, als mit den feststehenden Skripten der Psycho-Kinesiologie.

Erzählte ich zwischendurch eigene Geschichten, wurde ich immer wieder aufgefordert: »Frau Fischer, ich brauche mehr Struktur!« »Herr Lüthi, wo in unserem Körper und im Geist finden wir die feste Struktur?«, entgegnete ich dem Fragesteller. Wenn ich dann schnurstracks das Skript durchging, freuten sich unser aller Ichs, dass sie wieder im Mittelpunkt stehen konnten. Dieses Phänomen wird sich Ihnen im Laufe der nächsten Kapitel langsam erschließen.

Sollen wir bitten? Sollen wir danken? Ist es wichtig? Bringt uns das weiter? Sind wir unhöflich zum Universum, zu Gott, wenn wir es nicht tun?

Ich stellte mich für das Universum und war Sprachrohr:

»Ich habe Euch eine große, fertig eingerichtete Küche als Labor für Experimente mit ins Leben gegeben. Dieser Raum ist mit allen Geräten, mit Geschirr und Besteck ausgestattet. Doch was tut Ihr? Ihr steht an der Eingangstüre, wagt Euch noch nicht einmal in den Raum hinein, schaut von außen in die unberührte Küche und betet zu mir: ‚Lieber Gott, bitte gib mir eine Gabel und ein Messer, gib mir einen Ofen und einen Braten!‘ Ihr macht keine Schubladen selbstständig auf, Ihr lasst sogar im Ofen den fertigen Braten verbrennen. Warum geht Ihr nicht einige Schritte in den Raum hinein, überlegt, was Ihr wollt, fühlt, was Ihr braucht, öffnet Schubladen und Türen und schaut in die Schränke? Denn nur dort werdet Ihr finden, was immer Ihr sucht. Alles ist schon längst da. Ich habe Euch mit allem ausgestattet, was Ihr im Leben benötigt. Mit Allem!«

Wir waren still und in uns gekehrt. Betreten zogen wir das Fazit daraus: Wir brauchen nicht zu bitten. Wir machen dem Universum die größte Freude, wenn wir selbstständig aus unserem *Herzen* heraus handeln, wenn wir endlich nehmen, was wir mitbekommen haben und daraus Bedeutsames machen, für uns und unsere Umwelt. Bitten brauchen wir nicht, aber eine Verneigung als Dank gibt uns ein warmes Gefühl, das sich weit über uns hinaus ausbreitet und deshalb angebracht ist.

Wir begriffen mit einer ganz simplen Übung, was wir alle schon vom Kopf her wussten, dass wir uns an eine Mehrheit anschließen. Ich benannte zwei Winkel im Raum, in die sich die Schülerinnen hineinstellen sollten, ohne zu wissen, welche Bedeutung ich den beiden Arealen gegeben hatte. Die eine Seite beinhaltete: Intuitiv, kreativ und autonom zu sein, und die andere bekam den Wert von Gehorsam, machen, was andere sagen, Sitten und Bräuche verfolgen.

Vierzehn der Kursteilnehmerinnen sprangen sofort in die zuletzt genannte Ecke, während eine Schülerin sich auf den autonomen Platz stellte. Als sie bemerkte, dass sie ganz alleine war, kamen ihr Zweifel, wir konnten ihr ansehen, wie sie ins Wanken geriet und sich letztendlich zu der Masse stellte.

Sie meinte später, sie hätte mit sich gerungen und doch nicht den Mut gehabt, alleine dazustehen. Sie fand es schade, dass sie zu Gunsten der Zugehörigkeit zu der Masse, sich selbst aufgegeben hatte.

Im Bildungshaus »Stella Matutina« in Hertenstein am Vierwaldstättersee, konnten wir ebenfalls erkennen, dass die Ichs verschwinden, wenn wir etwas tun, was Spaß macht. Etwas tun, was Erwachsene nicht mehr tun dürfen, weil es unschicklich ist.

In der Pause standen wir an einem frisch gemähten, sonnenbeschienen Abhang. Der Duft des Grases vermischte sich mit der Erde und der Blick zum See machte das Glücksgefühl perfekt. »Am liebsten würde ich mich wie ein kleines Kind jetzt hier herunterkullern lassen«, sprudelte es aus mir heraus. Die Veranstalterin, die meist perfekt gekleidet und ihre Emotionen immer gut im Griff zu haben schien, meinte strahlend: »Mach es doch einfach.«

Was mich zunächst hinderte es zu tun, waren meine Gedanken, die sofort mein freudiges Bedürfnis stoppten: »Du bist die Referentin und hast Vorbildfunktion! Du darfst dich nicht gehen lassen und zu persönlich werden. Darf man das hier überhaupt machen?« Bilder drängten sich zwischen meine Freudegefühle. Mein Vater würde schimpfen, wenn man seine frisch gemähte Wiese betreten würde.

Ich brauchte Mut, widersetzte mich meinen mahnenden Gedanken und rollte wie in Kindertagen den Hügel hinunter, jauchzte vor Freude und kam unten an, als hätte ich das größte Erlebnis meines Lebens gehabt. Da hörte ich einige andere Schreie und ein Gelächter, denn eine nach der anderen, einer nach dem anderen rollten meine Kursteilnehmerinnen und Kursteilnehmer mir hinterher. Wir waren einfach nur glücklich, stiegen wieder hoch und rannten mit weit ausgebreiteten Armen, ich voraus, wieder bergab, immer schneller, immer fröhlicher, bis wir erschöpft und selig uns unten ins Heu fallen ließen.

Damals entdeckten wir, dass wir frei waren, weil störende und mahnende Gedanken nicht da waren. Das Ich-Thema hatten wir zu der Zeit nicht wirklich erfasst noch verstanden oder bemerkt, dass es ein großes Thema werden sollte und eigentlich schon existierte.

Oft habe ich bei Behandlungen Ahnungen gehabt, oder bei Fortbildungen Vorgänge beschrieben, die im Grunde wichtige Informationen enthielten, die ich jedoch nicht als solche wahrnahm. Tausendmal berührt, tausendmal ist nichts passiert und auf einmal ging ein Licht auf, als wäre es das Allerneueste, was ich gerade entdeckte. Dabei hatte ich zuvor wahrscheinlich nur an der Türe zur Küche gestanden, war endlich hineingegangen und hatte eine Schublade geöffnet.

Damals beschrieb ich in diesen Fortbildungen unsere beiden Gehirnhälften so: »Stellen wir uns vor, wir schauen uns im Fernsehen einen Liebesfilm an, mit herrlicher englischer Landschaft. Unsere rechte Hirnhälfte schmilzt förmlich dahin, während unsere linke Hirnhälfte ausruft, Müller vor, noch ein Tor.« Ich hatte damals nicht wirklich eine Ahnung, was sich hinter meiner Beschreibung tatsächlich verbarg. Das kam erst Jahrzehnte später.

Es ist immer wieder spannend im Nachhinein festzustellen, dass unser Unterbewusstes, unsere Herzenergie, das Universum alles schon weiß und wie das Universum sagte, wir einfach nicht in die Küche gehen und uns von dem nehmen würden, was alles längst da ist. Nein wir begreifen es tatsächlich nicht, obwohl die Lösung mit einem großen weißen Bettlaken vor unseren Augen großflächig winkt.

Unsere Gedanken, die Normen unserer Gesellschaft verstellen unseren Blick. Wir sehen vor lauter Bäumen den Wald nicht und wenn wir ihn doch entdeckt hätten, würde die Allgemeinheit uns weiß machen, dass es gar keinen Wald gäbe. Unser Gehirn ist fähig aus Angst, Scham, Schuld, schlechtem Gewissen den Wald unsichtbar werden zu lassen. Wir sehen ihn nicht mehr, hinterfragen nicht, blenden aus, bis irgendwann eine Art Erleuchtung über uns kommt und wir das Thema »Wald« so klar vor uns sehen, dass wir den Kopf schütteln, wieso er uns nicht schon vorher aufgefallen ist.

Ein alltägliches Beispiel: Rosi hat ihren Schlüssel verlegt, weil sie wieder einmal in Gedanken war. Sie ist auf sich wütend, beschimpft sich und sucht in dieser Stresssituation wie getrieben weiter. Die Ich-Gedanken fühlen sich in Hochform und suggerieren Rosi, dass sie den Schlüssel nicht finden wird. Sie machen ihr weiß, dass sie ihn verloren, oder, dass ihr jemand den Schlüssel gestohlen hat. In dieser Phase merkt Rosi nicht, dass sie schon zweimal beim Suchen ihren Schal, der auf der Kommode liegt, von ihrem Schlüssel heruntergenommen und wieder daraufgelegt hat. Erst als sie sich beruhigt, sich tröstet, dass sie noch einen Zweitschlüssel hat und in eine Neutralität kommt, geht sie wie fremdgesteuert zur Kommode im Flur, will den Zweitschlüssel aus der Schublade holen und dabei fließt, wie von Geisterhand bewegt, der Seidenschal Richtung Boden und gibt die Sicht auf den verlorengeglaubten Schlüssel frei. Rosi lächelt und ist sich nicht darüber im Klaren, dass sie den Schlüssel nur deshalb gefunden hat, weil sie durch die beruhigende Veränderung in ihrem Inneren die Ichs außer Kraft gesetzt hat.

# 6. Die Ich Beobachtung

Klientinnen kommen in meine Praxis, wir setzen uns gegenüber und meine ersten einleitenden Fragen sind: »Wie geht es Ihnen?« »Warum kommen Sie zu mir?« »Mit welchem Thema möchten wir heute anfangen?« »Was ist Ihr Problem?« Im Grunde spreche ich (der, die,) das ICH meiner Klientinnen an und vermeide, im Kern unbewusst, persönlich zu werden. Natürlich bekomme ich auf meine Fragen die Antworten: »Mir geht es nicht gut. Ich habe Schmerzen.« »Ich komme zu Ihnen, weil ich ein Problem mit meiner Familie habe.« »Ich habe ständig Angst, es könnte etwas passieren.« »Ich komme mit meinem Leben nicht zurecht.«

Es ist für uns selbstverständlich, dass wir in der Ich-Form denken und uns mitteilen. Wenn ich meine Klientinnen auf das Ich ansspreche, ob sie sich je einmal gefragt haben, wer der, die, das Ich ist, dann schauen sie mich fassungslos an. »Was meinen Sie damit?« »Ich will nur einmal darauf aufmerksam machen, dass wir alle Ich sagen. Sie sagen ich, ich sage ich, die Klientin, die vor Ihnen da war, sprach ebenfalls vom ich, meine Nachbarn sagen ich, im Englischen wird das Wort Ich sogar groß geschrieben (I).«

»Aber ich bin doch ich,« protestieren meine Gegenüber. »Ich aber doch auch,« gebe ich gespielt patzig zurück. »Wenn Sie ich sind und ich auch ich bin, sind wir dann ein und dieselbe Person? Das Ich unterscheidet uns ja nicht voneinander, es macht uns gleich. Das Ich uniformiert uns«, provoziere ich weiter.

»Aber ich bin doch ganz ich, ich persönlich, das ist mein Selbst. Ich bin es selbst,« kommt es verzweifelt von der anderen Seite zurück. Natürlich löse ich dann auf, um nicht noch ein zusätzliches Problem zu schaffen.

Seit dreißig Jahren behandle ich meine Klientinnen unter anderem mit der Psycho-Kinesiologie nach Dr. Klinghardt, die ich inzwischen der Zeit und den Umständen angepasst, auf meine Weise verändert habe und sie jetzt HeissKin nenne. In diesem Zusammenhang fiel mir plötzlich etwas Entscheidendes auf. Dies möchte ich in den folgenden Abschnitten erläutern, da ich in letzter Zeit immer mehr Menschen begegne, die die Kinesiologie, den Muskeltest und seine Varianten noch nicht kennen. Zunächst bedarf es einer Beschreibung, da ich für das Verfahren den kinesiologischen Muskeltest, den Armlängen- oder den Beinlängendifferenztest benötige.

# 7. Was ist Kinesiologie?

Die Frage, was Kinesiologie darstellt, ist einfach zu beantworten, denn es handelt sich um die Lehre der Bewegung. Der Begriff kommt aus dem Griechischen: *Kinesis* bedeutet Bewegung und *Logos* wird mit Lehre übersetzt, bedeutet aber auch Geist oder Sinn. Daraus lässt sich schließen, dass Bewegung nicht nur im Äußeren, allgemein unsere Bewegung in der Welt, sondern auch im Innern stattfindet, die Bewegungsabläufe in unserem Körper und Gedanken betreffend.

Leben ist Bewegung. Selbst wenn wir uns ganz ruhig in unseren Sessel setzen, die Augen schließen, Arme, Hände, Beine und Füße stillhalten, findet in uns Bewegung statt. Das Herz schlägt, es pumpt unser Blut durch unsere Adern, zwar etwas langsamer, als wenn wir uns bewegten, aber in uns fließt es, ebenfalls unser Atem. Das Immunsystem arbeitet weiter, der Magen verdaut, die Nahrung wird im Darm gespalten, sortiert, die Enzyme, die Hormone gehen ihrer Arbeit nach und das vegetative Nervensystem reguliert den Stoffwechsel, Herzschlag und Atmung, während wir schlafen. Alles ist immer in Bewegung und Veränderung, obwohl viele Menschen genau diese Kinetik scheuen und vor ihr Angst haben, weil sie in dem Ich-Modus mehr zu Hause sind als in ihrem Herzen. Im Grunde müsste ich unsere Gedanken zu der immerwährenden Bewegung in uns dazuzählen, denn sie hören auch im Schlaf nicht auf unsinnig zu quasseln.

Die Geschichte der Kinesiologie beginnt nicht nur Anfang der 60er Jahre mit den Entdeckungen der Chiropraktiker Dr. George Goodheart und John F. Thie aus den USA, welche die Vorreiter und die Entdecker einer wichtigen ganzheitlichen Methode unserer Zeit wurden. Man weiß jedoch, dass Hippokrates (um 460 – 370 v. Christus) den Muskeltest bereits benutzte. Vor mehr als 500 Jahren wandten auch indigene Völker in verschiedenen Gebieten der Erde den Test an, um zum Beispiel zu überprüfen, ob das gefundene Wasser trinkbar ist. Es gab zwischenzeitlich immer wieder Menschen, welche die Methode des Muskeltestens anwandten, diese verbesserten und verfeinerten.

In der Geschichte der Goodheartschen Kinesiologie geht es um den Zusammenhang des Muskel-, Organ-, und Meridiansystems. Einem schwachen Muskel fehlt Energie. Es ist herauszufinden, wer der Energieräuber ist. Die Forschungen befassten sich damit, verschiedene Stressreaktionen festzustellen und daraus resultierende physische und energetische Blockaden zu erkennen und zu lösen.

Alles ist immer in Bewegung, ausgenommen, wenn eine Blockade vorherrscht. Ein Staudamm eines Baches verursacht oben ein Zuviel und unterhalb des Dammes ein zu wenig an Wasser. Das Gleiche kann in allen Gefäßen (Blutbahn, Nervenverbindungen) in uns passieren, gleichwohl auch in Energiebahnen, den Meridianen. Wenn der natürliche Fluss gestört ist, kann der menschliche Körper und der Geist anfällig für Krankheiten werden.

Die Blockaden können körperlicher, mentaler und geistiger Natur sein. Da ich Schülerin von Dr. med. Dietrich Klinghardt (Arzt, Wissenschaftler, Lehrer, Gründer des Instituts für Neurobiologie INK) war und mehrere Jahre in seinem Sinne die Psycho-Kinesiologie I und II in Deutschland und der Schweiz gelehrt habe, bin ich mit seinem vertikalen Heilsystem, den fünf *Körpern* des Menschen (altes Yoga-Modell aus Indien) vertraut.

Hier eine Übersicht, die meine Erfahrungen mit einschließen:

Die erste Ebene, die sich um die Struktur, Knochen, Organe und deren Biochemie dreht, dem sogenannten physischen Körper, war mir als Physiotherapeutin schon lange bekannt. Ich war für die mechanischen Bewegungen der Wirbelsäule, der Arme und Beine zuständig. Zuvor hatten Ärzte und Ärztinnen die körperlichen Untersuchungen, Röntgenkontrollen gemacht und Laborparameter bestimmt, Medikamente verordnet oder chirurgische Eingriffe vorgenommen. Zu der ersten Ebene können wir ebenfalls unsere Sinneswahrnehmungen, wie das Greifen, Geruch, Hören etc. dazu zählen.

In der zweiten Ebene, dem emotionalen oder elektrischen Körper finden wir die Gefühle, die wir in der chinesischen Medizin als innere, pathogene Faktoren anführen. Diese Befindlichkeiten können zu Beeinträchtigungen führen: Dauerhafte Wut schädigt die Leberenergie, Angst die Nierenenergie, Trauer die Lungenenergie. Natürlich geht es auch um Gut-Fühl-Gefühle, die nicht von den Ichs konstruiert, sondern vom Herz und vom Körper empfunden werden. Auf der zweiten Ebene begegnen uns auch das Nervensystem, die Meridiane, die Chakren. Hier greift die Traditionelle Chinesische Medizin mit ihrer Pulsmessung und der Akupunktur. Auf dieser Ebene untersuchen Ärzte das Elektrokardiogramm (EKG), Elektroenzephalogramm (EEG). Hier ist die von mir vielzitierte und gelehrte »Lächelnübung« (inzwischen Ganzkörpermudra) zu Hause. Als Atemtherapeutin kann ich auf der zweiten Ebene mit verschiedenen Atemtechniken viel erreichen.

Auf der dritten Ebene, dem Mental-Körper, finden wir unsere Glaubenssätze, Gedanken, die innere Haltung und innere Anschauungen. Da sind die unbewussten Schwüre unserer Kindheit beheimatet und dort greift auch meine SplitBrain-Methode. Was wir auf dieser Ebene vorfinden, ist unser bewusster und unbewusster

Verstand. Hier wirken die Homöopathie, die Psycho-Kinesiologie und die Psychotherapie.

Die vierte Ebene wird als intuitiver Körper oder Traumkörper bezeichnet. Da treffen wir auf das Unterbewusste. Therapeutinnen versuchen, sich in einen medialen Zustand, in eine Trance zu begeben, die den Zugang zu einer Welt ermöglicht, in die wir im Alltagsstress nicht hineinsehen können. Handelt es sich dabei um höhere Mathematik, Quantenphysik, Energien, die wir uns nicht auf rein gedanklicher Ebene erklären können?

Auf der vierten Ebene ist die Familienaufstellung, der Schamanismus, die Hypnotherapie, und die Arbeit mit den Mudras beheimatet, ebenso unser Unbewusstes oder Unterbewusstes Wissen um die Zusammenhänge der verschiedenen Ebenen, für die unser Verstand zu klein ist.

Die fünfte Ebene, der Seelenkörper, gibt uns Einblick in das Gewahrsein, das (All-) Wissen, die große Wahrheit oder die kosmische Ordnung. Sie umfasst das höhere Bewusstsein, die Seele und das, was wir göttlich nennen und was ich als Universum bezeichne. Hier ist die Selbstheilung zu Hause.

Im Laufe der Jahre durfte ich feststellen, dass selbst dieses umfassende Modell nur eine kleine Orientierung für unseren normalen Verstand bedeutet, denn so genau kann man die Ebenen gar nicht auseinanderhalten. Das Ebenen Modell würde sich sonst im Sinne einer Blockade, eines Staudammes verhalten. Da alles im Fluss ist, fließen auch diese Ebenen ineinander. Wenn ich eine Akupunkturnadel setze, dann kann sie auf der körperlichen, wie auch auf der elektromagnetischen und der mentalen Ebene wirken und wie ich inzwischen erfahren habe noch darüber hinaus. Allopathische Arzneimittel als auch homöopathische und phytotherapeutische Mittel wirken ebenfalls auf mehreren Ebenen.

All dieses Wissen ist für die Therapeutinnen notwendig, um zu erkennen, auf welcher Ebene die aktuell effektivste Behandlung möglich ist.

Wenn jemand mit einem gebrochenen Unterschenkel in die Ambulanz kommt, steht die Erstversorgung der Wunde oder die Fraktur (Knochenbruch) im Vordergrund. Würde der Therapeut oder Arzt zuerst fragen: »Welches psychische Verhalten hat zu diesem Unfall geführt und welche Ahnenreihe könnte daran beteiligt sein?«, dann hätte der Patient ein größeres, körperlich schmerzhaftes Problem, denn der Bruch würde nur zweitrangig behandelt. Eine zusätzliche homöopathische Behandlung zur Unterstützung der körperlichen und seelischen Situation ist sinnvoll und verzögert oder behindert nicht die Erstversorgung (Operation, Frakturreposition, Verband). Danach kann nach der Ursache des Unfalls gesucht werden.

Wie ich selbst zur Psycho-Kinesiologie gekommen bin, habe ich in dem Buch: »denn die Gesundheit kennt den Weg«, ab Seite 22 beschrieben.

# 8. Was ist ein kinesiologischer Test?

Anfang der neunziger Jahre kannte fast jeder, dem ich begegnete, den kinesiologischen Muskeltest. Die einen tippten bei jeder Gelegenheit mit zwei Fingern der einen Hand auf den Unterarm der anderen Hand und entschieden, je nach Testergebnis, ob sie den Apfel essen können oder nicht. Andere benutzten den Mittelfinger und tippten mit der Fingerspitze auf den Zeigefinger derselben Hand, um Antworten zu bekommen.

Wieder andere verwendeten für ihre Rückmeldungen den Armlängendifferenztest. Sie streckten die Arme vor ihrem Körper aus und konnten nach einer Fragestellung, die mit Ja oder Nein zu beantworten war, ein Nein daran erkennen, dass die ausgestreckten

Finger beider Hände, die aneinandergelegt waren, eine unterschiedliche Länge vorwiesen.

Heute scheint der kinesiologische Muskeltest nur noch wenigen bekannt zu sein. Nach fast dreißig Jahren sind mir die verschiedenen Testvarianten so vertraut wie das Zähneputzen, so dass es mir gar nicht in den Sinn kommt, darüber nachzudenken, warum meine Klientinnen, wenn sie die Worte Kinesiologie und Muskeltest hören, ihre Augäpfel suchend von oben rechts, nach oben links, rauf und runter wandern lassen, um in ihren Erinnerungen zu kramen, was das sein könnte. Im ersten Moment bin ich irritiert, dass diese so weit verbreiteten Testmöglichkeiten eher als spirituell und nicht wissenschaftlich belegt, abgetan werden. Da ist Aufklärung nötig.

In den neunziger Jahren verschlang ich viele Bücher und schaute Videos über die Angewandte Kinesiologie (unter anderem die Applied Kinesiology von oder über George Joseph Goodheart, Jr., D.C.), in dem der klassische Muskeltest über den Arm demonstriert wurde. Später lernte ich weitere Testmethoden kennen.

# 9. Der kinesiologische Muskeltest

Wie oben schon ausgeführt, begegnet man dem kinesiologischen Muskeltest schon bei Hippokrates und den Maya-Indianern. In jüngeren Jahren können wir die Namen von Kendall, Goodheart, Beardall, Williams, Klinghardt und vielen mehr anführen. Diese Methode wird zum Diagnoseverfahren *hinzugezogen*. Sie kann im Stehen, im Sitzen oder Liegen angewandt werden. In Rückenlage ist der Patient eher entspannt als im Stehen. So wähle ich in meiner Praxis in der Regel diese Version für meine Tests.

Ein Beispiel: Ein Klient liegt in Rückenlage auf der Liege und hält seinen linken Arm gestreckt Richtung Decke, das Handgelenk und die Finger werden ebenfalls in gleicher Linie gehalten. Der Therapeut steht in Schulterhöhe links neben dem Klienten. Der Behandelnde fasst kurz unter dem Handgelenk den Arm des Klienten, fordert ihn auf, seinen Arm zu halten: »Bitte halten.« Der Arm soll sich nicht von der Stelle wegbewegen lassen, wenn der Therapeut den Arm nach vorne, Richtung Beine des Klienten drückt. Es geht nicht darum, wer stärker ist, sondern wann der Muskel mit minimaler Kraft die Schulter zum Arretieren, Festhalten bringen kann. Ist der Indikatormuskel (IM), der Muskel, der jetzt halten soll, stark, so bedeutet das, dass die Energie im Körper des Patienten gut und ausgeglichen fließt. Es folgen noch zusätzliche Tests und Methoden, um eventuelle Blockierungen der Regulation zu beseitigen. Jetzt kann ich einen Versuch starten: »Schauen Sie auf das linke Bild.« Und wir machen wieder den Armtest. Danach: »Schauen Sie das rechte Bild an.«

Abb.: links: Der IM wird schwach, rechts: Der IM wird wieder stark.

Dasselbe passiert, wenn wir ein aufgezeichnetes Kreuz, wie wir es von

Seiten der Kirche kennen und anschließend ein gleichschenkliges Kreuz anschauen.

Die Versuche kann man mit Lebensmitteln machen, zum Beispiel mit raffiniertem Zucker oder mit einem Apfel. Es ist möglich das Bild, das wir kaufen möchten, vorher zu testen, ob es zu uns und zu unserer Wohnung passt oder wir testen Musik, ob sie uns guttut oder zu sehr erregt, wenn wir entspannen wollen. Auf diese Weise kann man auch Gedanken testen und kontrollieren. Schwächen sie mich oder sind sie förderlich für mich? Diese Tests sollten von ausgebildeten Therapeuten ausgeführt werden, da die Reaktionen von Laien oft nur schwer zu deuten sind.

Es ist wichtig, den Testmuskel im Bezug zu seinem reflektorisch reagierenden Organ zu kennen. Der starke Muskel kann eine Blockade bedeuten, eine eingeschränkte Regulation aufweisen, er kann durch Störfelder wie Narben, Zahnprobleme, Allergien, geopathischen Stress und spezielle Impfungen in seiner Kraft behindert werden. Was in uns bewirkt, dass unsere Muskeln oder unser Organismus stark oder schwach reagieren, kann ebenso an unserer Aura liegen, der Energie, die wir ausstrahlen, oder an den Faszien, die empfindsam antworten.

Es sind die Energien, die sich in Harmonie oder Disharmonie befinden und die Meridiane, die dadurch beeinflusst werden. Es ist immer wieder das vegetative Nervensystem, welches messbar auf den Muskeltest anspricht und auf die oben beschriebenen äußeren und inneren Einflüsse reagieren sollte, das jedoch oft blockiert wird. Der Test ist nicht nur mit dem Oberarmmuskel (Deltamuskel) durchführbar, jeder andere Muskel am Körper wird ebenso testen. Man nimmt für die Behandlung einen leicht zugänglichen Muskel.

# 10. Der Armlängentest nach Raphael van Assche

Wenn Klientinnen Probleme haben, den Arm in beschriebener Position zu halten und Kraft aufwenden, dann gibt es noch weitere Tests wie den Armlängendifferenztest (Anm. d. Verf.: Beinlängendifferenztest) nach Raphael van Assche.

Aus meiner Erfahrung hat fast jeder Dritte eine Schulter- oder Ellenbogenproblematik, sodass die Arme im Liegen nicht über den Kopf nach hinten gestreckt werden können. Dann führe ich den Test mit den Beinen durch.

Die Klientin liegt auf der Liege in Rückenlage. Mein Blick geht auf ihre Füße und die Knöchel. (Finde ich eine Beinlängendifferenz, dann suche ich zuerst dafür die Ursache, die muskulär oder psychisch sein kann und behebe sie mit ausgesuchten Mitteln und Behandlungsmethoden.) Sind sie gleich lang, dann kann ich mit dem Austesten beginnen.

Ich umfasse jeweils mit einer Hand ein Sprunggelenk. Meine Daumen liegen auf der Spitze, der höchsten Erhebung der Innenknöchel und auf gleicher Höhe. Jetzt kann ich wieder das linke Bild (siehe oben) anschauen lassen. Ein Bein verkürzt sich beim Anblick des Negativbildes. Beim rechten Bild werden die Beine wieder gleich lang. Wenn die Beine anders reagieren, dann darf man nach Störfeldern suchen.

Es gibt spezielle Testungen, um ein blockiertes, vegetatives Nervensystem zu entlarven, in dem der auf den Bauchnabel gelegte Handteller einen Stress erzeugt. Ebenso kann man wie in unserem Fall, die Klientin sagen lassen, (Namen für das Ich einsetzen) Marion ist weiblich, Marion ist männlich, Marion ist sächlich, Marion hat eine grüne Hautfarbe. Wenn ihr Körper gut reagiert, dann wird er bei männlich, sächlich und grüner Hautfarbe schwach werden. Testet Marions Arm jedes Mal stark, dann ist die Regulation blockiert. Das vegetative Nervensystem kann nicht angemessen reagieren.

# 11. Bi-Digitaler O-Ring-Test

Der Bi-Digitale-O-Ring-Test nach dem New Yorker Arzt Dr. Yoshiaki Omura ist eine andere Variante der Muskeltestung. Er ist als Selbsttest geeignet. Man nimmt dazu die nicht dominante Hand. Eine Rechtshänderin nimmt die linke Hand. Die Kuppe des Zeigefingers dieser Hand wird auf die Kuppe des Daumens der gleichen Hand gedrückt. Sie bilden ein O. Nun greift man mit seinem Daumen oder Zeigefinger der anderen Hand in das O und versucht dieses auseinanderzuziehen. Gelingt dies nicht, bleiben Daumen und Zeigefinger trotz kräftigen Ziehens zusammen, bedeutet es ein Ja oder die Resonanztheorie gilt wie oben erwähnt. (Minus mal minus ist gleich plus. Stark mal stark gibt einen schwachen Muskel, schwach mal schwach ergibt einen starken Muskel.) Daraus lassen sich in einer Behandlung Schlüsse ziehen. Auch hier gibt es Varianten, in dem man, statt den sehr starken Zeigefinger, den mäßig starken Mittelfinger oder den weniger starken Ringfinger verwendet.

# 12. Faktoren für das korrekte Testen

Die folgenden Kapitel sind mir für eine Behandlung gegenwärtig sehr wichtig geworden, da ich vor einigen Jahren das »ICH« als Störfaktor entdeckt habe und nun das ICH zu den anderen sieben Faktoren, welche die Regulation des vegetativen Nervensystems blockieren können, hinzuzähle.

## 12.1 Genauigkeit

Gewissenhaft, korrekt, gründlich, sorgfältig sollten Therapeutinnen beim Testen vorgehen. Es ist wichtig, dass die Klientinnen keine Angst oder Vorurteile haben. Eine Neutralität seitens der Therapeutinnen, wie der Klientinnen sollte gegeben sein. Ich als Testperson darf kein Ergebnis erwarten oder mit meinen Gedanken initiieren. Die getestete Person sollte ebenfalls eine neutrale wertfreie Haltung einnehmen.

## 12.2 Klarheit

Klare Gedanken, klare Gefühle der Therapeutinnen sind wichtig, denn diffuse verfälschen den Test. Es gilt mit ruhigem Ton, ruhigen Bewegungen an das Thema, das sich zeigt, heranzugehen, denn das Unterbewusste ist ein kleines Kind. Wenn man es erschreckt, versteckt es sich, zieht sich zurück und man kann an das wahre Thema in dieser Sitzung nicht herankommen. Die Ichs schalten sich ein und geben ihre missverständliche Meinung dazu ab.

## 12.3 Ausweichbewegungen

Oft passiert es, dass Klientinnen unbewusst beim Muskeltest den Arm etwas nach hinten strecken, den Ellenbogen beugen oder die Schultern hochziehen. Diese Veränderungen verfälschen den Test und sollten von erfahrenen Therapeutinnen nicht übersehen werden. Außerdem zeigen solche Ausweichbewegungen, dass das anstehende Thema vom Unterbewussten vermieden werden möchte.

## 12.4 Organ- und Muskelverbindungen

Wenn ich mit einem Klienten, einer Klientin die Muskeln der Oberschenkelaußenseiten kräftigen wollte und Übungen für zu Hause aufgegeben hatte, waren wir oft beide enttäuscht, dass der Muskel (Tensor fascia latae) sich nicht kräftigen ließ. Auch im Sport wird dieser Muskel mit einigen anderen Gesäßmuskeln in Seitenlage trainiert, indem man das Bein gestreckt nach oben bewegt. Der Tensor fascia latae bleibt schwach, weil er zum Beispiel einen Stress durch den Dickdarm bekommt. Der Testmuskel testet beispielsweise schwach, ich lege eine Hand auf den Dickdarm und der Testmuskel wird stark. Dickdarm und der Tensor-fascia-latae-Muskel gehen in Resonanz. Sie stehen energetisch in Verbindung. Jetzt gilt es, sowohl bestimmte Stellen am Organ (Dickdarm), als auch spezifische Punkte an den Meridianen zu behandeln, die mit beiden in Kontakt stehen.

Magenprobleme schwächen nicht nur den großen Brustmuskel, sondern zeigen sich dort auch als Triggerpunkte (tiefliegende, druckschmerzhafte Punkte der Muskeln). Nieren sind reflektorisch mit dem absteigenden Trapezmuskel am Hals verbunden, aber ebenso mit dem Psoasmuskel im Bereich der Lendenwirbelsäule. Dies kann mit dem kinesiologischen Test erfahrbar gemacht werden. Es gibt dazu Übungen, um die Schwächen in angemessene Stärke umzuwandeln.

## 12.5 Die Zuverlässigkeit der Testmethode

»Wie genau ist der kinesiologische Muskeltest?«, werde ich immer wieder gefragt. Zu neunzig Prozent genau, wenn Therapeutin und Klientin ganz im Hier und Jetzt sind. Ich greife zurück zu einem Text aus dem Buch: »denn die Gesundheit kennt den Weg«.

Dr. Klinghardt gab uns, als wir Fortgeschrittene waren und wir uns viele Male gegenseitig behandelt hatten, die Möglichkeit uns selbst zu prüfen, wie genau wir testen konnten.

Er hatte fünf Ampullen mit Nummern versehen, die jeweils einem Organ zugeordnet waren. Organtestampullen beinhalten eine Flüssigkeit, die aus Organen mit einem bestimmten Verfahren hergestellt werden. Zum Beispiel Nummer eins war der Leber, zwei dem Magen, drei der Blase zugeordnet etc. Wir kannten nur die Nummern, keine Organnamen, und sollten nun blind testen.

Meine damalige Kollegin und Mitarbeiterin M. und ich nahmen die Gelegenheit wahr, als alle anderen Mitkursantinnen in der Mittagspause waren, den Fortbildungsraum für uns alleine zu nutzen. Wir lüfteten und führten einige Rituale durch, um den Raum von fremden Energien zu reinigen.

Kollegin M's Arm war stark. Als Nächstes musste ich mich vergewissern, dass der Testmuskel stark reagierte, wenn ich die Organe leicht mit der Hand berührte. Zum Beispiel legte ich die Hand um den Bauchnabel, um zu prüfen, ob die Testampullen mit dem Dünndarm in Resonanz gehen. Wenn der Muskel beim Berühren eines Organs schwach geworden wäre, hätten wir zuerst eine Behandlung für das Organ machen müssen.

Alle Organe testeten stark. Nun befragte ich ein Organ, indem ich nacheinander eine Organampulle an das jeweilige Organ hielt. Zum Beispiel berührte ich am Körper das Blasenareal: Ampullen eins, zwei, vier und fünf testeten nicht, dafür die Nummer drei. Wir erfuhren bei der Auflösung: Die Ampulle drei war die Blasenampulle.

Wir notierten unsere Aufzeichnungen. Die Auflösung am Nachmittag ergab: Egal wie wir testeten, als wir alleine im Raum waren, hatten wir 90% richtige Ergebnisse.

Als später ein weiteres Testpaar am anderen Ende des Raumes dazukam, konnten wir die 90% nicht mehr erreichen. Je mehr Menschen mit Testampullen in den Raum kamen, umso ungenauer wurde unsere Untersuchung. Störten die vielen menschlichen Energien im Raum? Schwangen die vielen Ampullen auf gleicher Ebene und hoben sich dadurch gegenseitig auf? Oder waren wir nur abgelenkt? Diese Fragen kann ich nicht beantworten.

Sich verleugnen, verlieren,
eintauchen in ein Feld des Wissens.
Ausdehnen, Grenzen überschreiten,
die nie existiert haben.
Ankommen im Unermesslichen
und im Herzen.

# 13. Intuitive systemische Aufstellung

Intuitiv hineinfühlen bedeutet, sich etwas anzuschauen, ohne den Denkapparat einzuschalten. Es besagt aber auch, dass ich mit viel Feingefühl die Zeichen der inneren Welt erfasse und sie dann in eine Gedankensprache übersetze.

Systemisch: Dieses Wort kennen viele von der systemischen Familienaufstellung nach Bert Hellinger (1925 – 2019), der ein deutscher Psychoanalytiker, Buchautor und Familientherapeut war. Es geht um das Familiensystem, die Herkunftsfamilie und die Ahnen. Das System will intakt sein. Es treibt uns als Nachkommende oft dazu, Familienlücken, wie ausgeschlossene Familienmitglieder zu ersetzten und dadurch unser Leben nicht eigenverantwortlich zu leben. System hat nicht nur die Familiengeschichte, sondern auch unser Körper. Es handelt sich dabei zum Beispiel um das Hormon- Immun- und vegetative Nervensystem, das Muskelsystem, um nur einige zu nennen. Sie fordern ebenfalls ihre Ordnung ein, wenn sie aus dem Takt geraten sind.

»Ich fühle mich hinein« oder »Ich stelle mich«, sind Sätze, die für mich alltäglich geworden sind. Was bedeuten die beiden Sätze? Beim »Hineinfühlen« fühle ich mich in Menschen, Muskeln, Sehnen, Bänder, Knochen und Gelenke, ebenso in Tiere, Pflanzen, in Holz und Steine hinein und kann deren Energien erspüren, die tatsächlich Informationen beinhalten.

»Ich stelle mich«, bedeutet, ich bin mit meinen Füßen der Mutter Erde und mit meinem Kopf dem Universum am nächsten. Warum fühle und stelle ich mich in einzelne Bereiche hinein? Weil ich die Empfindungen erfahren, begreifen möchte und wissen will, wie deren Schwingungen weitergeleitet werden und mit wem oder was sie in Resonanz gehen. Was hat unsere Umwelt uns zu sagen? Was unsere Gefühlswelt?

Ich hatte mich auf der Insel Lanzarote bei einem Besuch des Parque Natural de los Volcanes' auf ein Lavabruchstück gesetzt. Ich fühlte mich ausgeruht, wohlig, schaute aufs Meer hinaus. Der Wind, der zuvor an meinem Schal und meinen Haaren gezogen hatte, konnte an dieser Stelle nichts ausrichten. Kurz, ich befand mich in einem Alphazustand, indem man gut meditieren kann.

Die Sonne hatte den zu Stein gewordenen Lavabrocken gewärmt und jetzt auch mich. Dadurch spürte ich eine Verbundenheit, die mich dazu brachte gefühlt zu fragen: »Was ist mit uns Menschen und mit der Natur?« Meine Gedanken hatten Pause, deshalb der Ausdruck *gefühlt*. »Mein Kind, nichts ist zu fassen. Es ist viel größer als du es je erahnen kannst«, kam ein Gefühl als Antwort zurück. Meine Gedanken hatten sich wohl unbemerkt etwas eingemischt und wollten wissen, was es mit dem Erdinneren und den Vulkanausbrüchen auf sich hat. »Was ist mit dem Klimawandel?«, wollte ich wissen.

Da das Thema von den Menschen als Katastrophe deklariert wird, uns Menschen schuldbewusst trifft, Stress auch in mir auslöst, meine aufrechte Haltung in eine niedergeschlagene Geste verwandelt, kam ich zunächst aus der Fassung und unsere Verbindung war unterbrochen.

Ich erinnerte mich wieder an die liebevolle Herzenergie in mir, veränderte meine Körperhaltung, und da war sie wieder, diese Vertrautheit mit dem eruptierten Magma. Ich versuchte, die Frage feinstofflicher zu stellen. Es funktionierte nicht. »Deine Fragen und Ängste engen dich ein«, meinte die Lava. Die Lava konnte nichts mit Klimawandel anfangen. »Es ist alles im Fluss, in einer Veränderung, wenn du nicht zustimmst, dann tut es dir weh, es wird trotzdem passieren.«

Ich versuchte es sanft mit einem Aber, gefühlt mit der Bitte nachsichtig mit mir zu sein. Ich bin nur Mensch. Das Gestein schien zu lächeln: »Und sooo klein.« Es ließ mich plötzlich tatsächlich klein wie ein Staubkorn fühlen und ich verschwand regelrecht unter all den Bergen von Lava. »Aber macht es dir denn nichts aus, wenn es zu heiß oder zu kalt wird?«, wollte ich wissen. »Drinnen bin ich flüssig und außen fest, was für eine Frage.«

Ich saß still da und fühlte. Mir wurde bewusst, dass ich noch kleiner als ein Staubkorn und weniger als der Bruchteil einer Sekunde auf der Erde bin, verglichen mit dem, was mir der Stein energetisch zeigte. Die Erde verändert sich ständig. Sie ist im Wandel. Das wäre auch so, wenn es uns Menschen nicht gäbe.

Wir wollen ständig größer, besser, weiter sein, anstatt innezuhalten und zu lernen, das wahrzunehmen, was ist. Die Entwicklung der Menschheit bedeutet Veränderung, alles ist ständig in Bewegung. Ohne Bewegung gibt es keinen Halt. Wenn Ulrike der Veränderung, dem Wandel zustimmt, wäre es ratsam, den Blickwinkel zu ändern. Aber wie und wohin? Dazu braucht Ulrike die Weisheit des Herzens und die Verbindung zum Universum. Plötzlich wurde alles in mir weit, als würde ich in alle Richtungen zerfließen.

Der Reiseleiter unterbrach unsere Zweisamkeit und mahnte zur Eile, für den nächsten Besichtigungsort. In Worte kann ich das Aufgenommene kaum wiedergeben, aber innendrin habe ich etwas sehr Wichtiges verstanden, das mich tröstet und demütig werden lässt. »Was sind wir Menschen für Wichtigtuer«, dachte ich gelassen zurückgelehnt im wohltemperierten Bus.

Sich hineinfühlen bedeutet, zur Ruhe zu kommen, wertfrei zu sein, sich warm, geborgen und jenseits des Körperlichen zu fühlen. Es ist eine innere Weite, wie schwerelos und doch mit beiden Beinen auf dem Boden. Mein Herz, mein Brustkorb fühlen sich unendlich weit an. Die Gehirnströme verlangsamen sich von vielleicht 21 Hz auf 12 Hz, in manchen Fällen verlangsamen sie sich noch mehr. Für diese Art zu fühlen brauchten wir neue Worte. Die Welt der Wahrnehmung in Worte zu fassen, die unser kognitives Gehirn verstehen kann, ist fast unmöglich.

Es ist die Intuition, die mir mein Wissen in den tieferen Wellenlängen (z.B. 12 Hz.) vermittelt. Ich bin mit meinem Herzen verbunden und mein Herz mit dem Universum und mit dem morphischen Feld, wie es der britische Biologe Rupert Sheldrake ausdrückt. Morphogenetische Felder sollen Informationen enthalten, die unter anderem auf uns wirken und in die wir einwirken und so auch neues Wissen daraus schöpfen können.

Wie oft habe ich nach einer Aufstellung gehört: »Woher wissen Sie das, was Sie da fühlen? Selbst wir in der Familie haben den Sachverhalt, den Sie herausgefunden haben, nur geahnt, nicht gewusst.«

Ich habe an vielen Fortbildungen teilgenommen, Lehrer gehabt, die den Dingen auf den Grund gingen, habe deren Inhalte geprüft und in mein Behandlungs- und Wissensrepertoire eingefügt. Die Aufstellung habe ich nicht gelernt. Als sie durch Bert Hellinger und Dr. Klinghardt angeregt war, hat sie sich durch meine früheren Erfahrungen verselbständigt. Mein Unterbewusstes fühlte sich durch die Fortbildungen dieser Lehrer wieder erinnert.

Wie oft musste ich hören: »Ulli, du spinnst.« Ich war nicht verrückt, wenn ich als Kind von bestimmten Ereignissen erzählte. Sie konnten für die Erwachsenen nicht sein, weil sie nicht sein durften. Weil die Ichs der Erwachsenen nicht verstehen konnten, was ein fühlendes Kind wahrnahm. Es sind zwei Welten, die scheinbar keine Verbindung zueinander haben.

Kleinkinder sind oft in der Welt der Wahrnehmung. Sie sprechen mit den Tieren, haben vor Energien Angst, sehen ihre Ahnen, spüren, wenn eine große Gefahr lauert. Erwachsene sind häufig nicht mehr in der Lage diese Energien zu empfinden. Sie wären es, wenn sie es zulassen würden. Der Verstand verstellt die Sicht auf die Weite, ins Innere und auf die universelle Energie. Jeder Mensch trägt diese Anlage in sich. Manchmal habe ich schon darüber nachgedacht wie es wäre, wenn wir alle diese Fähigkeit zulassen würden. Würden wir tatsächlich Neues erfinden und nicht Uralthergebrachtes nur verfeinern? Wir würden über uns hinauswachsen. Wir wären nicht kontrollierbar. Keiner könnte Macht ausüben, sich Menschen untertan machen. Wäre dieser Zustand für uns Menschen unmöglich, weil wir die Dualität brauchen, um uns zu orientieren, um einen Halt zu haben? Schwarz-Weiß, Tag-Nacht, Yin-Yang, Sympathikus-Parasympathikus, Gut und Böse, mächtig und ohnmächtig, stark und schwach, arm und reich?

Zurück zum Fühlen. Ich fühlte mich in ein Gelenk hinein, das meinem Patienten schmerzte. Sein Arzt hatte die Diagnose *Arthrose* gestellt. Ich nahm beide Gelenkanteile gelenknah in beide Hände und fühlte die Bewegung des Gelenkpartners. Die Gelenkeinheit bewegte sich schnell. Da ich mich hineinfühlte, nahm ich als Kniegelenk wahr, dass ich unruhig bin, ich mich fiebrig fühle, eine Grippe habe, Kleinkind bin. Ich erzählte es meinem Patienten, was mir sein Körper mitgeteilt hat. In der Traditionellen Chinesischen Medizin (TCM) nennt man diese Phänomene des nicht ausgeheilten Infekts, der sich im Körper festgesetzt hat, Resthitze. Der Rest des Infekts lagert sich gerne an Gelenke oder an Organe wie das Herz, die Lungen und Nieren ab und wird zu Hitze, zu Entzündungen oder Fieber, greift Gewebe an, das dann erkrankt und sich nach Jahren zu Arthrose entwickeln kann.

Der Patient schaute mich ungläubig an und entließ hörbar seinen Atem, der sich während meiner Schilderung angestaut hatte, unwillig schnaubend über seine Lippen. Ich machte weiter, indem ich dem Energiefeld des Patienten die Krankheit wiederholte und Worte wie »klären« oder »optimieren« murmelte, die das Energiefeld versteht und korrigiert. Die Idee der Herangehensweise stammt aus der »Chinesischen Quantum-Methode« nach Gabriele Eckert. Nach einer Weile nahm das Gelenk seine dreidimensionale Bewegung (Motilität) wieder auf. Ich bat meinen Patienten, sein Kniegelenk zu bewegen, zu ertasten und zu fühlen, ob das Gelenk noch Einschränkungen hatte und ob es schmerzte. Verwundert drehte, bewegte er seinen Unterschenkel, drückte und zog. Erstaunt kam ein kleines: »Das ist doch nicht möglich. Wie sind Sie auf den Infekt gekommen? Ich weiß jetzt, wann das war. Es fällt mir wieder ein. Meine Mutter hat mir erzählt, wie schlimm das Fieber damals war. Sie sagte, dass ich mich in dieser Zeit sehr allein gefühlt habe. Das lag daran, dass sie seinerzeit zwar stundenweise von zu Hause aus arbeitete, aber in vielen Stunden, in denen ich sie gebraucht hätte, nicht für mich da war.«

»Das hat mir Ihr Körper signalisiert. Ich habe mich in ihn hineingespürt und die hilflose Situation von damals, als Sie Kind waren, fühlen können. Im Grunde bin ich das Sprachrohr für Ihren Körper. Der kann sich verbal nicht äußern und meist nehmen wir Menschen seine kleinen Hinweise nicht wahr. Erst wenn er schmerzt, horchen wir auf«, erklärte ich ihm. »Unser Körper ist doch *auch* ein Mensch!«, betonte ich. Nach dieser Behandlung bekam der Klient grippeähnliche Symptome, die etwa drei Tage anhielten. Danach verschwanden die Kniebeschwerden.

Zur Klärung: Ein Infekt kann mit und ohne Medikamente ausheilen, je nachdem, um welche Infektion es sich handelt und mit welchen Erregern sie ausgelöst wurde. Er kann losgelassen werden, wenn die Ursache aufgedeckt ist, auch mit der Methode einer Aufstellung. Danach kann es sein, dass kurz Emotionen aus der Kindheit hochkommen oder sogar ein leichter Reinfekt aufflackert.

Durch verschiedene Ausbildungen weiß ich, dass ein Gelenk schon als Embryo eine dreidimensionale Bewegung, die Motilität, ausführt. Motilität ist eine nicht bewusst gesteuerte Eigenbewegung von Gelenken und Organen des menschlichen Körpers bei Tag und Nacht. Bewegt sich ein Gelenk nur zweidimensional, steht es still oder dreht es sich schnell, dann ist diese Motilität gestört und man tut gut daran, den Ursachen auf den Grund zu gehen, um rechtzeitig körperlichen Schaden abzuwenden.

In der manuellen Therapie der DGMM (Deutsche Gesellschaft für manuelle Medizin) hatten wir unter anderem gelernt, wenn ein

Gelenk gestoßen wurde, einen Schub erfahren hatte, dann machen wir einen Zug, eine Traktion. Ein Gelenkpartner wird mit einer Hand festgehalten und am anderen Gelenkteil wird mit der anderen Hand ein leichter Zug bewirkt.

Wenn ich ganz intensiv hineinfühlte, bemerkte ich, dass das Gelenk den Zug nicht wollte und Widerstand leistete. Bei den Fascial Balancing Kursen mit Gert Groot Landeweer (Niederländischer Physiotherapeut und Heilpraktiker, Hittfeld) brachte uns der Referent bei, dass wir das Gelenk fragen können, was es möchte. Das bedeutet hineinfühlen, spüren, wahrnehmen. Im Falle eines zuvor in das Gelenk hinein vollzogenen unbeabsichtigten Stoßes bewegt sich der Gelenkpartner, den ich frage was passiert ist, wie magnetisiert zum anderen Gelenkanteil. Er zeigt mir sogar die Bewegungsrichtung des Stoßes an, ob er parallel, nach links oder rechts geschoben oder gedreht verlaufen ist.

Wenn ich mich noch tiefer einlasse, erfahre ich, dass der Körperorganismus durch den Aufprall Gefühle gespeichert hat. Die Rezeptoren in den Gelenken können nicht so schnell reagieren und dem Gehirn mitteilen, dass gleich eine ungeheure Kraft auf das Gelenk einwirken wird. Der Körper empfindet Ohnmacht, Hilflosigkeit. »Mama war nicht da, hat mir nicht geholfen.« Oft hat der Körper noch nach Jahren das Gefühl gespeichert, dass der Aufprall gerade erst passiert ist, dass der Schub auf das Gelenk nie aufgehört hat. Der Körper spürt die ganze Zeit den Zustand des Erschreckens, der Lähmung, der Erstarrung. Auch die Muskeln, Sehnen und Bänder sind von diesen Gefühlen betroffen, das heißt, sie sind ständig angespannt, gestresst, als ob der Stoß gerade passiert. Die Patientinnen nehmen das Dilemma gar nicht mehr wahr, weil ihr Kopf signalisiert: »Das ist schon lange vorbei, da ist nichts passiert, alles ist wieder gut, war nicht schlimm, hat nur kurz wehgetan«. Der Körper hat ein eigenes Gedächtnis. Bei jeder Bewegung wird er daran erinnert, dass etwas Schreckliches, Unvermeidbares passiert ist und die *Mama* nicht reagiert hat. Diese Erkenntnisse haben mich dazu veranlasst, einen anderen Ansatz in Bezug auf meine Behandlungen zu wählen.

# 14. Warum die Mama?

Viele Menschen erklären nach einer Operation oder einem Unfall, dass sie sich seither nicht mehr richtig erholen konnten. »Mein Bein ist seit der Operation nicht wieder kräftig geworden«. Nehmen wir das Beispiel einer Knieoperation. Die Patientin hatte seit vielen Jahren Schmerzen im Knie. Mit der Zeit entwickelte sich eine Arthrose, dann eine Entzündung, die Arthritis. Ihr Orthopäde erklärt ihr, warum eine Operation notwendig ist und was bei der Operation gemacht wird. Die Patientin ist einverstanden. Am Tag der Aufnahme ins Krankenhaus ist sie aufgeregt. Es ist ihre erste Operation. Die Situation ist für sie neu und ungewohnt. Sie hat sich vorher im Internet über diese Operationen und ihre negativen Folgen informiert. Sie hatte Gespräche mit Menschen geführt, die ähnliche Operationen hinter sich hatten und der Patientin ihr Leid klagten. Das hat ihre Angst noch verstärkt.

Die Narkose, die Operation und die Wundheilung sind gut verlaufen, aber das Knie und das ganze Bein wollen nicht wieder zu Kräften kommen. Übungen beim Physiotherapeuten, in der Reha und danach alleine zu Hause bringen keine wirkliche Kräftigung.

Beim ersten Termin der Patientin taste ich beide Beine vergleichend ab. Wenn ich die Augen schließe, muss ich sagen, das eine Bein lebt, das andere ist tot. Es sind zwei verschiedene Beine, die ebenso zwei verschiedenen Menschen gehören könnten. Ich fühle in das operierte Knie hinein. Es ist ganz still, als würde es den Atem anhalten. Meine Aufmerksamkeit bleibt auf dem Gelenk, den Muskeln, Sehnen und Bändern. Plötzlich muss ich weinen, denn ich bin das

Sprachrohr dieses Kniegelenks. Ich jammere: »Der Onkel Doktor ist ganz böse zu mir. Der macht was Schlimmes mit mir. Und die Mama ist nicht da. Ich bin ganz alleine.«

Da sind drei wichtige Dinge herauszuhören. Die *Sprache* ist wie bei einem *zwei- bis dreijährigen Kind*, das im *Indikativ Präsens* spricht (ist, tut, bin), obwohl die Operation schon einige Wochen her ist. Das *Kind* vermisst *seine Mutter*. Nichts entspricht der Realität unseres kognitiven Denkens.

Nachdem ich diese Entdeckung und Erfahrung öfter gemacht hatte, wurde mir bewusst, dass unser Körper mit den Jahren zwar gewachsen ist und dem Alterungsprozess unterliegt, aber er weiterhin wie ein kleines Kind fühlt, das sich nach der Mama sehnt, wenn es Widrigkeiten gibt. Übersetzt heißt dies:

Ein Kind verlangt zuerst nach der Mama und nicht nach dem Vater, vielleicht, weil es im Mutterleib großgeworden ist. Mama bedeutet Mutterleib, Geborgenheit, Wärme und Hilfe. Wie oft sehnt sich der Mensch zurück in den Mutterleib, nichts tun zu müssen, als zu wachsen und versorgt zu werden, also zurück in die Passivität.

Bei vielen meiner Patientinnen sind die Eltern schon lange tot. Der Körper will immer noch, dass die Mama für ihn da ist, wenn der Onkel Doktor so etwas Schlimmes mit ihm macht. Trotz der Narkose scheint der Körper weiterhin zu fühlen, aber er versteht so wenig wie ein kleines Kind, dass der Arzt mit gutem Willen den Körper aufschneidet, um etwas in Ordnung zu bringen, was in Unordnung geraten ist, wohl wissend, dass es für seine Patientinnen ein einschneidendes Ereignis ist.

Wer nimmt denn den Platz der Mama ein, wenn wir erwachsen sind, wenn die Mutter gestorben ist oder wenn wir von unserem Elternhaus weit weg gezogen sind? Das frage ich meine Klientinnen gerne, nachdem der Körper nach der Mama gerufen hat.

Es sind wir selbst, die unserem Körper die Geborgenheit, Wärme und Aufmerksamkeit geben können. In der Narkose sind wir tatsächlich nicht in der Lage die Mutter zu ersetzen, aber danach schon. Was tun wir, nachdem wir aus der Narkose aufgewacht und unsere Sinne und die Ich-Gedanken wieder munter geworden sind? Wir fragen: »Wann kann ich wieder gehen? Werde ich endlich schmerzfrei sein? Kann ich mit diesem Knie in zwei Monaten wieder wandern, Bergsteigen, Skifahren?«

Das Knie und selbst die Narben werden dabei übergangen. Unsere Gedanken überfahren alle Gefühle wie ein Bulldozer. »Der Körper hat zu funktionieren und wenn nicht, werfe ich mir einige Schmerzmittel ein.« Da macht der Körper oft nicht mit. Er ist im Ist-Modus der Operation hängen geblieben. Beim Hineinfühlen zeigt sich, dass das Gehirn mit dem Körper noch nicht wirklich Kontakt aufgenommen hat. Das Gehirn hat eine gute Taktik gefunden, bei einem Unfall oder einer Operation einen Cut zu machen und zu behaupten: »Dieses Bein gehört mir nicht mehr. Es gibt es nicht mehr.«

Bei meiner Patientin mit dem operierten Knie verhielt es sich in gleicher Weise. Ich bat sie, mich mit mentalen Bildern zu unterstützen. Während der durchgeführten Posttraumatischen-Belastungs-Behandlung erzählten wir dem Körper, sowohl in der bildlichen wie auch der sprachlichen Form, was geschehen ist. Wir verwendeten die Position, die wir auch einem zwei-dreijährigen Kind gegenüber hätten. Wir schlossen mit inneren Bildern und Gefühlen das Gehirn mit seiner linken und rechten Gehirnhälfte mit dem Körper an, auch das Kleinhirn, das für die Koordination und Feinabstimmung von Bewegungsabläufen zuständig ist. Ebenfalls berücksichtigten wir das Mittelhirn, das limbische System und vor allem die paarig angelegte Amygdala, die unter anderem die Emotionen gespeichert hat. Sofort war das Kniegelenk beweglicher und die Muskulatur kräftiger.

Das grenzt an ein Wunder, was es bestimmt auch ist, wenn wir bedenken, welche Energien, welche chemischen und physikalischen Vorgänge notwendig sind, diese Schritte vollziehen zu können.

Die bildliche- und Gefühlssprache beeinflusst tatsächlich biochemische Prozesse im Körper. Denken wir an das Experiment mit der Zitrone. Schon allein an sie zu denken und die Vorstellung in sie hineinzubeißen, lässt den Mundraum sich zusammenzuziehen und fördert den Speichelfluss. Wir schütteln uns vor dem sauren Geschmack und doch haben wir nicht wirklich in eine Zitrone hineingebissen.

Wir nennen es Wunder, weil wir es mit unserem Verstand nicht begreifen und erklären können. An dieser Stelle verneige ich mich immer gerne vor etwas Größerem, das wir nicht wirklich fassen können.

# 15. Die Gefahr des Hineinfühlens

»Wenn du dich in einen Menschen hineinfühlst, übernimmt dein Körper nicht auch dessen Energien, die Botschaft seiner Biochemie?«, fragte mich eine Kollegin.

Darüber hatte ich noch nie nachgedacht, da ich meinte, dass ich mich achtungsvoll hineinfühlen und ebenso respektvoll wieder entfernen würde. Was macht das Einfühlen mit meinem Körper? Die fremden Energien, die ich dabei aufnehme, verschmelzen für kurze Zeit mit meinen eigenen. Verändert sich dadurch die Biochemie in meinem Organismus? Werden meine Zellen anders programmiert? Verändert sich meine DNA? Denn ich spüre in meinem Körper die Gefühle der Menschen, in die ich mich hineinfühle. Meine Mimik, meine Körperhaltung, meine Muskelspannungen sind dann nicht mehr meine eigenen.

Ich versetze mich bewusst in meine Freundin Marianne. Wenn ich mich nun kinesiologisch teste, dann wird mein Testmuskel nur stark, wenn ich den Namen Marianne ausspreche. Bei Ulrike ist der

Test schwach. Mein Körper scheint sich mit Marianne und ihren Gefühlen zu identifizieren. Mehr kann ich mit meinen Methoden nicht herausfinden.

Wie ich bereits ausführte, sollte ich als Therapeutin neutral sein. Das war ich wohl nicht immer, denn mein Körper, meine Organe zeigen mir nach dreißig Jahren, dass ich wohl doch von meinen Patientinnen die Energien ihrer Krankheiten aufgesogen habe.

Ich kann mich an einen Fall erinnern, als ich noch sehr jung und unerfahren war und in meiner ersten Praxis in den achtziger Jahren arbeitete. Ein Bekannter bat mich, sein rechtes Knie und dessen Schmerz anzusehen, denn die Ärzte wollten es operieren und er wünschte diese Maßnahme zu umgehen. Ich wusste nicht, wie ich das Knie behandeln sollte, nachdem ich die Untersuchung beendet hatte. Mein Patient war zum einen ein guter Bekannter, dem ich beweisen wollte, wie erfahren ich bin, zum anderen war ich ein Neuling in meiner Praxis. Sicherlich wollten damals meine Ichs oder mein Unterbewusstsein mit einer fähigen Behandlung glänzen.

Ich fühlte mich in sein Knie und dessen Strukturen hinein und nicht viel später hatte ich die gleichen Schmerzen in meinem rechten Knie. Ich bat um Bedenkzeit und wir machten zwei Tage später wieder einen Termin. Ich selbst ging mit dem Knieschmerz nach Hause, erforschte, woher er kam, fand eine Lösung und konnte danach meinem Bekannten helfen und ihn somit vor der Operation retten. Mein Schmerz dauerte etwas länger, bis er ebenfalls verflogen war.

Ich war bei der Behandlung nicht neutral geblieben und hatte den Schmerz meines Patienten 1:1 übernommen mit all seinen Emotionen, der Absicht nicht auf das Skifahren verzichten und seine körperlichen Fehlhaltungen nicht verändern zu wollen.

Immer wieder fiel in einem Anamnesegespräch der Satz: »Sie sind meine letzte Hoffnung. Die Ärzte haben mich schon aufgegeben.« Ich bin mir sicher, dass ich in solchen Situationen mich so angesprochen fühlte, dass ich vergaß, neutral zu sein. Wie viele fremde

Energien in mir stecken weiß ich nicht, ich habe sie selbst hereingebeten und sie in mir belassen, weil ich zu *sehr* Hilfe leisten wollte.

Viele Menschen finden meine Art zu helfen eine edle Geste. Für mich war es selbstverständlich, ebenso ein Ansporn immer wieder neue Therapien zu lernen und zu entdecken, wenn ich mit meinem Latein am Ende war und nicht weiterhelfen konnte. Ich war glücklich neue Wege gefunden zu haben, während mein Eifer geradewegs mich in den »Workaholismus« steuerte.

Aufgrund meines heutigen Wissens habe ich erkannt, dass diese Gesten, die ich »Helfersyndrom« nenne, zum einen aus meinen Kindheitserfahrungen meiner Ursprungsfamilie entstammen, zum anderen die Ichs verursachten, die mich zu meinem Handeln antrieben. Damals wusste ich noch nichts über sie, hatte sie nicht als die starke Energie entlarvt. Für meine Leber war das kein gesunder Zustand, sie litt und leidet bis zum heutigen Tag sehr darunter. Die Ichs versperrten mir den Gedankenweg authentisch und zu mir ehrlich zu sein, zu erkennen, dass ich eine Wahl habe, wie ich entscheide. Ich selbst gab den Ichs viel mehr die Aufmerksamkeiten, die nicht zu Ulrike und der universellen Essenz standen. Die Aussage, dass jeder seines eigenen Glückes Schmied ist, habe ich sehr, sehr lange nicht in meinem Inneren verstanden.

Wenn mich jemand um Hilfe bat, habe ich selten gefragt, wozu er oder sie bereit sei, für die Lösung oder die Gesundheit *aktiv* zu werden. Ich habe mich unmerklich in die Rolle einer Mutter oder eines Vaters begeben, meine Rolle dadurch als Therapeutin instrumentalisiert und auf eine Weise geholfen, dass die Patientinnen sehr oft passiv bleiben konnten.

Mir war nicht klar, dass ich mich in Schicksale eingemischt, dass ich sie gelöst habe, während die Patientinnen und Patienten gar nicht bereit waren, engagiert etwas für sich selbst zu tun.

Meiner Meinung nach ist dieser Tatbestand erklärungsbedürftig. Im Wort »Schicksal« steckt viel Passivität. Sein Ursprung lässt sich eher mit dem Begriff »Anordnung« erklären. Denn wenn mir jemand befohlen, angeordnet hätte mein Leben in diese oder jene Richtung zu lenken, hätte ich nichts dagegen tun können. Manchmal wird das Wort Schicksal auch als göttliche Vorsehung, als Bestimmung verstanden. Dann ist in jedem Fall jemand anderes für den Verlauf meines Lebens verantwortlich, ja sogar schuld, wenn es nicht gut läuft.

# 16. Das vegetative Nervensystem

Das vegetative Nervensystem (VNS), wird auch autonomes Nervensystem (ANS) genannt, da es sich weitgehend unserer willkürlichen Kontrolle entzieht. Es beeinflusst und reguliert Herzschlag, Atmung und Stoffwechsel.

Das vegetative Nervensystem, schließt den Sympathikus mit ein, dessen Nervenzellen sich im Rückenmark (C8 Hals – L3 Lendenwirbelsäule) befinden. Er regt die Funktion des Körpers an. Der »Gegenspieler« der Parasympathikus, der eher ein »Miteinanderspieler« ist, hat seinen Ursprung im Hirnstamm und im Sacralmark (Ende des Kopfes und Ende des Rückenmarkes). Ihn brauchen wir zum Beruhigen und zur Heilung. Dabei spielt das enterische Nervensystem ebenso eine Rolle. Es ist für die Verdauung zuständig, wird allerdings sowohl vom Sympathikus als auch vom Parasympathikus beeinflusst. Die drei zusammen bilden somit das vegetative Nervensystem. Auf dieses System möchte ich näher im Herzbuch eingehen.

Seit einigen Jahren fühle ich mich in das vegetative Nervensystem, in den Sympathikus und in den Parasympathikus hinein. »Geht das denn?«, werde ich gefragt. »Ja«, kann ich einfach so antworten, da ich 2017 Kurse in HeartMath® bei Rainer Krutti in Kirchzarten besucht hatte. Wir verwendeten ein Computerprogramm, das »emwave«, um die Herzratenvariabilität zu messen. Das Programm zeigt unter anderem eine Rubrik für das vegetative Nervensystem an. Man kann herauslesen, wie Sympathikus und Parasympathikus miteinander arbeiten, ob sie im Stress sind, oder in einem ruhigen Zustand. Zeigt sich Stress, gibt es sowohl spezielle Atem- wie auch Imaginationsübungen.

Immer noch entscheidend für mich war und ist: Ich fühle mich in das vegetative Nervensystem hinein, schaue anschließend die Grafik im Computer an und stelle dabei eine Übereinstimmung fest. Bestätigungen von anderer Seite sind mir grundsätzlich wichtig und hilfreich.

Wenn ein Mensch in seinem Gleichgewicht ist, geht der Sympathikus mit festem Schritt nach vorne. Gibt es Aufgaben zu lösen, beginnt er zu laufen. Wird der Stress größer, bleibt er wie angewurzelt stehen, verkrampft sich und sagt zum Beispiel: »Dann muss ich noch das machen und das auch noch und das habe ich nicht richtig gemacht, das muss auch noch erledigt werden, das auch noch...«, ohne sich zu bewegen oder die Miene zu verziehen. Er ist blockiert. Wird der Stress noch größer, das konnte ich in der Pandemiezeit erleben, dann schaltet er ab und wird schlaff. Er ist nicht mehr arbeitsfähig und die Regulation im Organismus funktioniert nur noch auf Sparflamme.

Der Parasympathikus, sein Gegenspieler, ist unter anderem derjenige, der den Sympathikus bremst, wenn er unnötig und grundlos schnell loslaufen will, denn es steht kein hungriger Löwe vor dem Menschen. Der Parasympathikus tritt dann dem Sympathikus auf die Bremse. Er gebietet ihm Einhalt. Das nennt man Regulation. Erhöht sich der Stress für den Menschen, scheint der Parasympathikus schneller als sein Gegenspieler abzuschalten.

Er steht dann wankend da und sagt zum Beispiel: »Komm ichh heute nichcht, komm ichh morgen, oder übermorgen.« Bei übermäßigem Stress fällt er zusammen wie eine Marionette, wenn man oben das Kreuz loslässt.

In diesem Zustand spricht man von: »Die Regulation ist blockiert.« Eine Regeneration von Krankheiten oder ausheilen einer Grippe kann zum Beispiel nicht gelingen.

Wenn Stressgedanken wieder einmal für Unruhe sorgen und die Bewegungen gehetzt und abgehackt wirken, gibt es eine einfache Übung, um wieder aus dem Nervositätshoch herauszukommen.

»Gehen Sie mit aufrechter Haltung und locker hängenden Armen eine Strecke im Raum auf und ab. Klopfen Sie nun mit der flachen Hand langsam und rhythmisch seitlich gegen Ihre Oberschenkel und zählen sie langsam, 21, 22, 23…. . Sie werden fühlen, wie Sie ruhiger und gelassener werden.

Diese Übung hilft auch, wenn Sie bemerken, dass Sie träge und schwerfällig sind und nicht in Schwung kommen. Dann klopfen Sie schneller auf die seitlichen Oberschenkel. Sie werden lebhafter.«

# 17. Der Heilzustand

Wenn wir gesunden wollen, ist es wichtig, dass das vegetative Nervensystem gut funktioniert. Der Sympathikus tritt in diesem Fall etwas kürzer und lässt dem Parasympathikus den Vortritt.

Bis vor Kurzem meinte ich, wenn ich mich in die Beiden hineinfühle und sie sich in einem verträglichen Zusammenspiel befinden wie: machen, gehen, rennen, bremsen, dann sei alles gut. Das stimmt, denn die Regulation ist in diesem Fall frei und der Körper kann angemessen auf äußere und innere Reize reagieren. Eine Aussage zum Heilzustand ist diese Reaktion jedoch nicht.

Ich wurde eines Besseren belehrt, als ich oben auf dem Wankberg in der Nähe von Garmisch-Partenkirchen einen Rundgang machte. Ich genoss die warme Herbstsonne, hielt immer wieder an, um die Berge zu bewundern, sog das Grünbraun der Grashänge in mich ein, mitsamt einer Luft, die ich ganz sicher nicht in dieser Form zu Hause empfinden konnte. Die Krönung war dann, als ich den Herbstenzian mit meinem Fotoapparat eingefangen hatte.

Ich setzte mich selbstzufrieden, dankbar und freudig auf eine Bank. Der Weitblick auf die Berge rundherum war ein Traum. Ich atmete tief und gleichmäßig ein und aus, machte unter meiner Anleitung meine Herzmeditation und spürte absolute Ruhe in mir.

Da kam ich auf die Idee, mir mein vegetatives Nervensystem mental anzuschauen. Ich fühlte mich in den Sympathikus hinein und war verwundert, dass er sehr emotionslos langsam vor sich her schlenderte. Als ich mich in den Parasympathikus hineinfühlte, verstand ich die Reaktion seines Gegenspielers. Der Parasympathikus ging leicht, hüpfend wie ein kleines Kind, fröhlich und unbekümmert den Weg entlang mit den Worten: »Gell wir sind Freunde. Wir machen jetzt mal was.«

Ganz so frischweg wie mein Parasympathikus war meine Stimmung nicht, denn was ich gerade erlebte, war der Heilzustand, der vagotone- oder Yin-Zustand, wie diese Situation auch genannt wird. Ich selbst, mein Körper fühlten sich angenehm müde an, so wie es einem geht, wenn der Körper sich regeneriert. Er fährt vom Stresslevel herunter und die Muskelanspannung lässt nach.

In diesem Augenblick gab es nichts als Stille, die keine Fragen stellt und die keine Antworten braucht. Es atmet und lebt reines Gefühl und die Seele wohnt in mir in einem stillen Glück.

# 18. Der Körper lügt nicht.

Dass der Körper nicht lügen würde, habe ich nicht nur in der Kinesiologie kennengelernt, sondern auch, indem ich mich in den Körper hineingefühlt habe. Manchmal kann er unsere Gedanken und Fragen jedoch nicht verstehen, weil wir undeutlich mit ihm reden.

Wieso wird mein Arm beim Testen schwach, wenn ich die Aussage treffe: »Ich habe die Krankengymnastikprüfung 1977 bestanden.« Wieso bleibt der Test schwach, auch wenn ich meine Urkunde heraushole und meinem Gehirn den Text vorlese? Die Prüfungen hatte ich übrigens vor siebenundvierzig Jahren bestanden. Mein Körper lügt ganz offensichtlich.

Es gab über die Jahre viele Ungereimtheiten, die ich praktisch übersehen habe, da ich während der kinesiologischen Behandlung meinen Fokus auf andere Details setzte. »Ich bin männlich,« behauptete der Muskeltest bei einer weiblichen Person. »Ich bin verheiratet,« beharrte der Testmuskel einer schon seit zehn Jahren geschiedenen Patientin auf seine Aussage. »Mein Bruder lebt,« pochte der ausgetestete Muskel darauf bei einem Patienten, dessen Bruder im Krieg gefallen war.

Ich stellte jedoch fest, dass es sich keineswegs um einen nicht-funktionierenden Test handelte, eventuell fehlerhaft von Seiten der Klientinnen oder von mir ausgeführt. Ermitteln konnte ich durch meine neugierigen Fragestellungen, dass diese vermeintlichen Aussagen unser Leben jedoch in großem Maße beeinträchtigen.

»Ist es alleine der Körper, der die Fehlleistungen in sich trägt?«, war meine nächste Frage. Was schwächt meinen Muskel oder was lässt ihn stark werden? Es öffnete sich ein großes Spektrum von Faktoren, die unseren Körper beeinflussen. Wind, Kälte, Wärme, Trockenheit, Nässe, Gewitter, Sonnenschein, Schnee, nur um einige äußere Faktoren zu nennen.

Ein warmer Wind, der sanft über meinen Körper streicht, stärkt mich, während ein kalter, kräftiger Wind mich schwächen kann.

Eine Klientin schwärmt regelmäßig von ihren Urlauben an Ost- und Nordsee mit den kräftigen Winden, die für sie kalt sein dürfen. Ihr Indikatormuskel testet bei ihren Erinnerungen stark.

Diese Empfindungen sind von Mensch zu Mensch verschieden. Die Tests sind hilfreich, denn es ist wichtig zu wissen, was uns nicht guttut, oder was uns stärkt. Wir brauchen solche Hilfen, weil wir das Gespür dafür nahezu verlernt haben. Heute vertrage ich den kühlen Wind, nächste Woche schadet er mir. Ich konnte feststellen, dass die Patientin sich zwischenzeitlich erkältet hatte und ihr weitere Kälte schaden würde.

Unsere Gefühle spielen eine große Rolle, wie sich unser Körper erlebt. Ein warmer Wind, der mich liebkost, ersetzt eine Mutter, einen liebevollen Partner oder eine Partnerin. Ein starker Wind kann für manche Menschen die Stärke bedeuten, die sie meinen selbst nicht zu haben, oder ein Freiheitsgefühl erzeugen, indem sie sich wie ein Vogel im Wind fühlen, der allen unangenehmen Alltagsthemen davonfliegen kann. Beim Ersteren ist der Testmuskel stark, beim Letzteren schwach.

»Bei Wind und Wetter gehe ich joggen,« berichtete mir ein Klient, mit einem Unterton von: »Das ist gesund«. An seinen Augen konnte ich erkennen, dass sein Mund etwas anderes sprach als seine Augen ausdrückten. Der Muskeltest war schwach, obwohl der Patient von seinem Tun überzeugt war. In solchen Fällen sind Boykotteure am Werk.

»Eine Klientin, die mich mit Dackelaugen um Hilfe bat, sagte: «Ich versuche, es allen recht zu machen.« Der Muskeltest fiel wider Erwarten stark aus, weil die Ichs geantwortet hatten und nicht im Sinne der Klientin.

Mein Organismus schien all die Ungereimtheiten über die Jahre hinweg gesammelt zu haben, um genau zu diesem Zeitpunkt eine *plötzliche Eingebung zu präsentieren*. Mein Energiesystem fand es als dringlich und unterbreitete mir die Lösung. Doch davon später.

Das Ich:
ICH mache einen Bogen
um die universelle Wahrheit.
Komme ICH in ihre Nähe,
löse Ich mich auf.

Der Adler steht für Freiheit, Scharfsinn und Kraft

# 19. Lügen und Glauben

Lügen wir nicht ständig? Im Grunde uns selbst an? Ich war der Meinung gewesen, dass ich der ehrlichste Mensch auf Erden sei, bis ich mich ertappt habe, wie oft ich lüge. Heute entlockt mir der Gedanke ein Schmunzeln. Wissenschaftler wollen herausgefunden haben, dass der Mensch zwischen 150- und 250-mal am Tag lügt.

Notlügen nannten wir früher die Lügen, die zu verzeihen waren. Es ging nicht um große Verleumdungen, Verrate, Fälschungen oder Affären, sondern um etwas zu verheimlichen, zu verschweigen, falsche Bescheidenheit, Hochstapelei oder um schmeichelnde Komplimente.

Als ich die Lügen bei mir entdeckte und nachdachte, ging es mir nicht um die Wahrheit, sondern um das »Warum-tue-ich-das«? Durch meine Neugier und meine tägliche Arbeit in der Praxis wird mir das Finden der Antworten leichter gemacht. Ich beobachte andere Menschen, höre ihnen zu und stelle Parallelen zu mir fest. Wenn ich nur mich beobachtet hätte, wäre ich wohl nicht fündig geworden.

Wenn ich in einem Knoten sitze, kann ich ihn schwerlich von außen betrachten und eine Lösung finden, das ist mir klar. Wir Menschen wollen geliebt, beachtet und angenommen werden, deshalb greifen wir zu einer Notlüge, um es den Menschen recht zu machen, von denen wir abhängig sind. Wir wollen nicht von der Gesellschaft ausgeschlossen werden, »…denn sonst frisst dich der Säbelzahntiger«, scheint mich der Teil meines Urgehirns in solchen Situationen warnen zu wollen. Dieser Teil des Gehirns trägt immer noch die Energien aus seinen Erfahrungsspeichern von vor über 28.000 Jahren in sich.

Wesentlich schlimmer sind die Lügen, die uns die Ichs und Egos bescheren. Immer wieder habe ich die Aphorismen von Lehrern oder Autoren nachgeplappert und meinen Ichs dadurch noch mehr Aufmerksamkeiten gegeben. Wie oft stand ich unter der Dusche und klopfte den Dünndarm 3 Akupunkturpunkt, während ich mein Mantra aufsagte: »Ich liebe mich. Ich habe ab jetzt Erfolg. Ich lerne aus jeder Erfahrung. Ich vertraue darauf, dass das Leben mir Gutes bringt. Ich liebe meinen Körper. Ich liebe mich und akzeptiere mich, so wie ich bin. Ich bin schlank. Ich bin vollkommen gesund und glücklich.« Man hat uns in Kursen versprochen, dass alles eintreten wird auf was wir unsere volle Aufmerksamkeit richten.

Andere Sätze lauteten etwa so: »Ich bin willens, mich von den Gedanken zu befreien, die mich in diesen Zustand gebracht haben, will sie verändern und darauf vertrauen, dass sie wirksam werden.« Meistens waren sie noch einige Zeit und mit allen Eventualitäten verknüpft. Es hätte nicht komplizierter sein können. Ich habe die Sätze auswendig gelernt, weil ich sie innerlich nicht empfinden konnte. Sie waren synthetisch, gestelzt. Wer anders als mein Intellekt konnte den Satz wahrnehmen? Die »Ichs«, natürlich. Sie lernten wie ich auswendig, ohne Verständnis, was damit gemeint war, und machten weiter wie bisher. Da hat sich nichts verändert.

Ulrike sprach in diesen Momenten nicht ihren Körper an, sondern die Ichs. Meine Aufmerksamkeit galt allein den Ichs! Ulrike hat sich selbst belogen.

Den Ichs war im Grunde egal, was Ulrike da vor sich hinsagte, denn für sie waren die von ihnen erfundenen Aphorismen bedeutsamer, wie: »Ich müsste mal aufräumen. Ich müsste geregelter leben. Ich tue nicht genug. Ich bin nicht liebenswert. Keiner will mich. Ich sollte gehorsamer sein.« Selbstkritik kostet immense Energie, die wieder ein Fünfgängemenü für die Ichdynastie bereitstellt. Bisher war ich der Meinung, dass diese Energie im Nichts verpufft sei, bis ich merkte, dass sie in ein kollektives Feld einfließt, das die Ichs und Egos erschaffen haben.

Die Glaubenssätze und Schwüre, die sich in mir entwickelten, als ich mich gefühlsmäßig in großer Not befand, scheinen ebenfalls zu Ichs geworden zu sein.

Ein Beispiel: Ich stehe vor einer Aufgabe. Gerade erst habe ich mich gefreut sie anzugehen, als sich ein Schalter, wo auch immer der sich in mir befindet, umdreht und ich mich so verhalte, als hätte jemand zu mir gesagt: »Das kannst du nicht, lass es bleiben.«

Ich liege im Bett, bin gerade am Morgen aufgewacht und habe konkrete Pläne: Ich werde gleich aufstehen, nach dem Frühstück ,gschwind' die Post erledigen, dann zwanzig Seiten dieses Buches korrigieren und anschließend einen Spaziergang machen. Und was tue ich? Ich bleibe liegen und meine Gedanken machen sich selbständig. Ich schaue auf die Uhr, eine halbe Stunde ist vergangen und ich habe nichts getan, mich nicht einmal im Bett umgedreht. Jetzt ärgere ich mich über mich selbst, denn der Tag hatte mit guten Vorsätzen begonnen. Bewusst höre ich meinen Gedanken zu und bin entsetzt, auf welche Ideen sie kommen oder mit welchen Menschen sie assoziativ kommunizieren, oder längst vergessene Situationen wieder herholen, die mit meinem Vorhaben, im Büro die Abrechnungen zu machen, nicht das Geringste zu tun haben. Die Gedanken hüpfen von einem Thema zum anderen, wie ein Affe, der sich von Ast zu Ast hangelt und ab und zu mit einer Liane ans andere Ufer schwingt. Das Ich lügt! Würde Ulrike sich auch anlügen? Bleibt Ulrike auch im Bett liegen? Nein Ulrike steht auf! Wenn Ulrikes Fokus auf Ulrikes Herzenergie liegt, handelt Ulrike und denkt sich nicht ins Niemandsland.

Wenn ich mit dem kinesiologischen Muskeltest oder mit dem Armlängentest abfrage und das Ich aussagen lasse, dann sind die Patientinnen und ich als Therapeutin irritiert. Das Ich lässt uns nicht in unserem Sinne (Herz und Seele) denken und handeln. Wir reagieren schließlich ärgerlich auf das Ich, lehnen es ab, lehnen fälschlicherweise damit uns ab und kritisieren uns ununterbrochen. Wir müssen uns nicht wundern, denn das Ich ist ein soziales Ich und wird grundsätzlich die Überzeugung der Gesellschaft vertreten.

Das Ich ist gegenüber den gemeinnützigen Einrichtungen wie Staat, Kirche, Familie, die das Ich heranziehen, absolut loyal eingestellt. Die Institutionen versprechen Hilfsbereitschaft, Schutz, Güte und Wohltätigkeit. Sie können uns über das Ich prägen, denn dieses lechzt nach der angelernten Liebe und Geborgenheit, nach einer Passivität und lässt uns aus Mangel an Sensibilität und Emotionen in eine Gefühlsarmut rennen, in dem wir eventuell den falschen Beruf oder Partner wählen.

Ein Spruch, den ich oft unbewusst meinen Kursteilnehmerinnen und Klientinnen gegenüber äußerte, bewahrheitet sich: »Die Ichs können uns tief in die Augen sehen und ohne mit der Wimper zu zucken, in einer Sekunde zwanzig Lügengeschichten erfinden.« Dabei spüre ich einige Ichs, die nickend mit einem zustimmenden Schmunzeln um mich herumschweben.

Was Worte bewirken und wie sie uns beeinflussen können, versuche ich an verschiedenen Beispielen zu demonstrieren.

Zunächst die unbewussten Eigenlügen, die vom kollektiven Bewusstsein geschürt werden. Je nachdem, in welchem Land, Bundesland, in welcher Stadt oder welchem Dorf wir aufgewachsen sind, werden wir wortwörtlich geprägt.

Mit meiner zweijährigen Tochter an der Hand ging ich durch die Stadt, um für sie Schuhe zu kaufen. Schon auf dem Weg zum Schuhgeschäft plapperte sie vor sich hin: »…und dann gehen wir swind da und dann swind dort hin. Wir gehen swind suhe kaufen.« Mir fiel das Wort *swind* auf und konnte mir keinen Reim daraus machen. Als sie auf dem kleinen Elefantenstuhl im Laden saß und die Verkäuferin ihr ein paar Schuhe anprobierte, sagte meine Tochter wieder einen Satz mit swind. »Ha«, meinte da die Verkäuferin, »des Mädel isch bei uns recht, die said scho gschwend.«

Es ging um ein wichtiges schwäbisches Wort, das ich wohl angenommen hatte, als ich vom Badischen ins Schwäbische gezogen bin. *Geschwind*, schnell, flott, sofort sind gängige Wörter, die gschwind mal einen Druck aufbauen können, zu Eile zwingen und das Stresslevel erhöhen. Stressiger wird es mit: »Ich *muss* mal gschwind das und das tun.« Das nächste Wort, das uns noch mehr Stress bereitet, ist »muss«. Darüber habe ich schon oft geschrieben. *Muss* bedeutet, jemand steht hinter mir, bedroht mich, damit ich tue, was derjenige von mir verlangt, was ich ganz sicher nicht tun möchte noch diesem Niemand meine Verantwortung übergeben werde. Mit diesen beiden Wörtern werde ich immer mein Stresslevel hochhalten, auch wenn ich sie inzwischen belanglos übernommen habe und nicht so meine.

Führen wir weiter aus. Angenommen *muss* und *gschwind* treiben mich mit dem Auto fahrend in den nächsten Ort zum Einkaufen. Meine Gedanken werden schrecklich wütend, wenn vor mir ein Traktor oder ein Auto fährt, dessen Fahrer viel Zeit hat. Ich werde aggressiv und aus mir explodieren Schimpfwörter heraus.

Wenn ich diese beiden Wörter aus meinem Vokabular immer öfter streiche, sobald ich sie in meinem Gedankengang erwische, ihnen keinen Fokus gebe und sie nur mit ‚Ulrike fährt Einkaufen‘, ersetze, dann zuckelt der Traktor immer noch vor mir her, aber ich habe Zeit, weil ich in mir ruhe.

Das war ein winziger Ausschnitt der Selbstlüge, denn mal ehrlich, wann war ein Schrank schnell aufgebaut, wann habe ich schnell gebügelt oder schnell die Hausaufgaben gemacht? Wann steht jemand mit der Peitsche hinter mir und zwingt mich zu alltäglichen Aufgaben?

Wenn ich sage: »Ich baue den Schrank zusammen«, baue ich gerade im Moment und es sagt nichts darüber aus, wie lange ich das tun werde. Wenn ich baue, dann bin ich im Hier und Jetzt und handle eigenverantwortlich. Die Ichs sind in dem Augenblick ausgeschlossen. Mitunter geht dann alles schneller als in der Hektik der Ichs.

Im Grunde lügen wir uns an, wenn wir morgens den wolkenverhangenen Himmel anschauen und meinen: »Die Sonne scheint heute nicht.« Unser Körper bekommt in diesem Moment eine traurige Nachricht, denn er sehnt sich, wie fast jedes Tier und jede Pflanze nach dem Sonnenlicht.

Wir haben gelogen. Die Sonne scheint immer. Würden wir sagen: »Heute bedecken Wolken das Sonnenlicht«, dann würden wir unserm Körper und dem Unterbewussten eine weniger destruktive Botschaft vermitteln. Der Sachverhalt bleibt gleich, doch der Körper hätte das Gefühl, im Moment ist die Mama (Wärme) nicht zu spüren, aber sie ist da und schützt mich. Das Thema, dass sich unser Körper wie ein zweijähriges Kind fühlt, egal wie alt wir sind und nach der Mama ruft, habe ich oben beschrieben. Diese Entdeckung nimmt inzwischen einen großen Teil meiner Behandlungen ein. Diese Beispiele zeigen, dass wir mit Worten verantwortungsvoll umgehen dürfen. Sollte, hätte, müsste, könnte bringen Hektik in den Alltag. Das Gehirn glaubt, was wir ihm wörtlich vorsagen.

Lügen können zudem absichtlich gemacht werden, um einen eigenen Vorteil zu erlangen. Manchmal wird gelogen, um sich wichtig zu machen, um Leistungen größer, Bekanntschaften bedeutender und materielle Güter teurer erscheinen zu lassen, oder andere Menschen zu erniedrigen. Größere Lügen werden auch als Manipulation bezeichnet. Lügenworte verleihen der Person, die sie ausspricht, einen anderen Tonfall und eine bestimmte Mimik. Letztere kann von geübten Lügnern als Pokerface getarnt werden.

Jedes Wort hat eine Energie, eine Wellenlänge, die feinstofflich weitergeleitet wird. Diese Wellenenergie trifft denjenigen Menschen, der auf der gleichen Welle schwingt. Beide Personen gehen dann in Resonanz und sie meinen sich zu verstehen. Allerdings kann das in einer euphorischen, nach außen freudig scheinenden Wellenlänge sein, oder aber in einer ebenfalls euphorischen aggressiven Welle. Beides geht in Resonanz mit den Lügenwörtern.

Bin ich auf dieser Wellenlänge wird mich die Lügenenergie treffen und ich schwinge mit, werde Gefolge des Lügenden oder der Lügenden. Ich stecke weitere Personen an und schließlich wird eine Masse von

Menschen den Lügen Vertrauen entgegenbringen und dann schnappt die Falle zu. Die erste Lügenperson hat mit ihrer Manipulation eine Menschenmasse vereint und sie werden in ihrem Sinne handeln.

Wenn ich in der Praxis bei einer Aufstellung eine unbewusste Eigenlüge einer Klientin entdeckt hatte, konnte ich oft erklären, warum sie auf einen Schwindel einer anderen Person hereingefallen ist, da sie eine Lüge gleicher Wellenlänge in sich getragen hat.

Die Selbstlüge kann Gefahren in sich bergen: »Ich bin nicht gut genug«, zieht automatisch einen Menschen an, der mich demütigt und mir bestätigt, wie wertlos ich bin. Oder es gibt mindestens einen Menschen, der meine Lüge, die ich zu glauben gelernt habe, für sich ausnutzt und mir schmeichelt, meine Lüge ins Gegenteil verkehrt. In diesem Moment giert mein Ich nach Sätzen wie »Du bist das Beste, was mir je passiert ist« und ich bin Wachs in den Händen des Menschen, der meine Schwäche schamlos missbraucht.

Für mich stellte sich die Frage, ob mich mein Herz auch anlügen würde? Die Antwort ist ein klares »Nein«. Manchmal hatte ich dieses im Verdacht, doch dann stellte ich fest, dass sich mein Kopf- oder Ich-Gedanke schnell zwischen meine Frage und mein Herz geschoben und ich es nicht bemerkt hatte.

# 20. Das Man, das Ich, das Selbst

Wenn ich nach dem Essen zu meinen Kindern sagte: »*Man* könnte den Tisch abräumen«, dann kamen die Teller und Schüsseln nicht von alleine in die Küche, denn meine Kinder standen vom Tisch auf, als hätte niemand mit ihnen gesprochen und gingen in ihre Zimmer. Sie erklärten mir: »Wenn du *Man* sagst, dann meinst du nicht uns, nenn uns bei unserem Namen.« Psychologisch gesehen ist es besser, bei einer Aufforderung den Namen des Kindes zu nennen, eine kleine Pause zu machen und dann die Anweisung zum Aufräumen auszusprechen. Diese Methode verhilft zu mehr Aufmerksamkeit des Kindes.

»Was denkt *man* sich aber auch nur so zusammen,« äußerte sich kopfschüttelnd eine Patientin, die nach einer Behandlung endlich verstanden hatte, dass ihr größter Gegner ihr Denkhopping war. »Warum hat *man* so etwas mitbekommen? Wer hat das in uns großgemacht?« wollte sie wissen. Nachdem ich keine fundierte Antwort geben konnte, meinte ich flapsig, »Mutation, reine Mutation.« Das kann sogar stimmen, jedoch haben wir in uns eine Instanz, die uns die Wahl lässt, wie wir unser Denken einsetzen. Für viele Menschen ist die Beobachtung ihrer Gedanken zu anstrengend, zu lästig, sie haben keine Zeit. Lieber identifizieren sie sich mit den Ichs und dem Man. Ein Spruch bewahrheitet sich immer wieder: Leiden ist leichter als handeln.

Letztendlich räumte *Man* auf, nämlich ich. Ich habe mich oft zu einem *Man* gemacht. So kam es eines Mittags beim Geschirrspülen, dass ich überlegte, ,was ist ein Man?' Wer war ich, wenn ich man sagte? Ein Mensch, ein Mann, eine Frau, eine Tochter, ein Kind, eine Mutter, eine Schwester, eine Partnerin, eine Freundin, eine Therapeutin? Je nachdem, mit wem ich in Kontakt kam, war ich ein anderer Mensch. Ich verhielt mich nicht gleich, ich benutzte sogar andere Worte, einen anderen Tonfall und nahm eine völlig andere Haltung ein. Besonders auffällig war meine Veränderung, wenn ich meine Eltern besuchte. Ich schaltete sofort in den Kindmodus, ich war nicht mehr autonom, und sie trauten mir deshalb gewisse Dinge nicht zu. War ich, als Man, überhaupt selbstbestimmt?

Nennen wir uns *man*, weil wir dann zu einem anderen Menschen werden, unsere Probleme outsourcen, auslagern so, wie es Betriebe tun, wenn sie bestimmte Arbeitsabläufe von einem externen Betrieb erledigen lassen? Das Wort *man* meint im Grunde irgendein unspezifisches menschliches Wesen. *Man* kann sowohl ein Der als auch ein Die und Das sein. Es lässt sowohl die männliche als auch die weibliche Form zu, obwohl *man* an das Wort Mann oder an das englische Wort ,man' erinnert. Das Pronomen wird als Stellvertreter für ein Nomen verwendet, bleibt neutral und ist nicht persönlich. Das *Man* zeigt keine Empathie, es lagert den wirklichen Menschen mit seinem Geist und seiner Seele aus dem Körper aus.

In Interviews von Sportlern, Sängern und Schauspielern habe ich bemerkt, dass sie oft vom *Man* sprechen. *Man* habe das Lied anders interpretiert, *man* habe die Rolle angenommen, *man* habe die Stellung gegenüber der anderen Mannschaft verteidigt und zuletzt habe *man* den Ball dann doch ins Tor bekommen.

Das Man ist allerdings keine sich verselbstständigende Energie, die größer wird oder sich vermehrt, wie die Ichs es tun. Sie wird lediglich von uns als eine Art Gegenstand oder Erklärung gebraucht, um von uns abzulenken. Steckt dahinter vielleicht eine Scham, die uns abhält selbstbestimmt zu sein? Hat es etwas damit zu tun, dass wir uns als Erwachsene immer noch dem Willen und den Geboten unserer Eltern unterwerfen oder wir uns in unserer Haut nicht mehr wohlfühlen und uns sogar verleugnen wollen?

Man, Ich, Selbst sind Uniformitätsmeinungen. Die drei Wörter sind stumpf, unpersönlich und besitzen keine Einfühlungsgabe. Sie sind nichts Persönliches, gehören nicht zu unserer Essenz, zu dem, was das Universum mit uns gemeint hat, als es uns entstehen ließ. Diese Nomenklaturen sind Verallgemeinerungen, die allgemein gültig sind und daher von der Mehrheit der Menschen verstanden werden.

Das Man war für mich als Kind der große Unbekannte, vor dem ich mich fürchtete, oder der alles machen *musste*. Man ist irgendjemand, irgendwer, ist die Öffentlichkeit, *man* meint undefiniert Leute, Menschen, Personen. Wenn man das Wort *man* einsetzt, wird die Unterhaltung unpersönlich und *man* wirkt distanziert.

Wenn ich im Gespräch vom Ich zum *man* wechsle, dann weise ich darauf hin, dass ich nicht meine Meinung mitteile, sondern die

Auslegung des Kollektivs mit dieser Aussprache vertrete und nicht bei mir bin. »Vor dem Essen und nach dem Toilettenbesuch wäscht *man* sich die Hände.« Das *Man* meint damit alle Menschen. Und die Person, die das *Man* ausspricht, will in diesem Fall nicht im Geschehen selbst stecken, sie will außen vor sein. Das Wort *man* bezieht sich auf die Allgemeinheit der Menschen und wird nicht für Tiere oder Pflanzen benutzt.

Bei der Anamneseerhebung mache ich mir Notizen und bemerke, dass das *Man* mir viel öfter gegenübersitzt, als die Person, die vielleicht Margarete heißt: »Wenn *man* zu einem Empfang eingeladen ist, dann fühlt *man* sich unwohl, wenn *man* solche Schmerzen hat.«

Ein ständig wiederkehrender Satz ist: »Da muss *man* sicherlich daran glauben, sonst hilft die Behandlung nicht.« Das stimmt sogar, was das *Man* betrifft. Die betreffende Person muss tatsächlich glauben, weil sie sich an dem Glauben festhalten muss, weil sie keine Persönlichkeit besitzt. Margarete muss nicht glauben, denn sie kann körperlich spüren, dass die Therapie greift, fühlen, wie die Muskeln nach einer Behandlung kräftiger reagieren, die Wirbelsäule sich besser aufrichten lässt, die Füße endlich wieder geschmeidig abrollen können.

»*Man* hat eine Party besucht, dort hat *man* etwas zu viel getrunken und geraucht, dann weiß *man* nicht mehr, wie *man* nach Hause gekommen ist. Da kann *man* ja nichts dafür, weil *man* ja nicht sich selbst war.«

Machen Sie für sich einen Test, indem Sie den Text statt dem *Man* mit dem *Ich* ersetzen. Spüren Sie Ihren Worten nach, wie sich diese Erläuterungen anhören. Danach setzen Sie Ihren Vornamen statt dem Ich ein, welche Bedeutung bekommen jetzt Ihre Aussagen?

Ich mache einen Selbstversuch:

1. »Man sitzt gerade vor dem PC und schreibt.«
2. »Ich sitze gerade vor dem PC und schreibe.«
3. »Ich selbst sitze gerade vor dem PC und schreibe.«
4. »Ulrike sitzt gerade vor dem PC und schreibt.«

Nummer 1 hat mit meiner Persönlichkeit gar nichts zu tun. Wenn ich den Satz lese, bekomme ich eher das Bild von einem Großraumbüro, in dem mehrere Personen sitzen und auf ihrem PC schreiben.

Bei Nummer 2, fühle ich (Ulrike) mich wie in einer anderen Welt und tippe mechanisch auf meinem PC herum.

Nummer 3 scheint mich noch mehr aus meiner realen Welt hinauszukatapultieren. Ulrike fühlt sich wie ein Roboter, nicht nur in einer Anderwelt, sondern noch zusätzlich fremdgesteuert.

Nummer 4, lässt mich lächeln, mein Herz scheint mir meine Worte, die ich schreibe, zu diktieren. Ulrike ist im Hier und Jetzt.

Ich bin immer wieder überrascht, was sich neu entdecken lässt, wenn ich (Ulrike) mich meinen Gefühlen, meiner Herzenergie hingebe.

Meine Fragen waren bisher: Wenn *man* die Meinung der Allgemeinheit teilt, was bedeutet dann das *Ich*? Das Personalpronomen, *Ich*, weist auf mich selbst, persönlich hin. Wer aber ist das Selbst? Ein Jemand, ein Mensch? Schon wieder haben Menschen einen Begriff erschaffen, der eine Person zu etwas Allgemeinem macht, sie aus ihrer Körperlichkeit verdrängt.

Wenn ich mich in das Wort *Selbst* hineinfühle, stehe ich da und weiß nicht, wer oder was ich bin und wozu ich da bin. Ist das Wort *Selbst* eine weitere Abstraktion unseres kognitiven Denkapparates? Im Grunde wissen wir was wir mit diesem Begriff meinen und doch fühlt es sich wie eine Lüge an. Der Kopf kann die Nomenklaturen, wie wir sie in vielen Berufszweigen verwenden, verstehen. Der Körper, unser Unterbewusstes, die Seele haben keine Ahnung, um was es geht.

Das Selbstbild spiegelt wider, was wir von uns selbst denken oder wie wir glauben, von anderen gesehen zu werden. Bei vielen Menschen steht das Selbstvertrauen auf wackeligen Beinen. Es besteht oft aus dem Erwerb von Wissen über sich selbst, durch soziale Kontakte. Eine Selbstwahrnehmung entsteht. Aber welche Anteile von mir bestimmen das? Wie viel Einfluss haben das Ich und das Ego? Unsere Selbstbewertung hängt oft von der Meinung anderer ab oder von Vergleichen, die wir anstellen. Irgendwann reift der Selbstausdruck. Wen oder was »drucken« wir aus? Meistens eine schlechte Kopie von uns selbst.

Stelle ich mich für der, die, das *Man* hinein, hat der Begriff wie auch beim Selbst keine Ahnung, was sie hier sollen. *Man* wartet, bis *man* ihm einen Sinn gibt. »*Man* fährt Auto.« Mechanisch scheint der *Man* uns die Kupplung zu treten, den Gang einzuschalten und Gas zu geben, während *man* die Kupplung loslässt. Das *Man* scheint ein kleines Männchen zu sein, ein Gnom, ein Kobold oder ein Wichtel, der unten im Fußraum des Autos sitzt und unsere Beine und Füße betätigt, während unser Kopf meint, dass wir es selbst tun würden. Dabei hat der Körper eine Art Autopiloten eingeschaltet. Es ist eine emotionale und unbewusste Steuerung, die unser Alltagsleben lenkt, ohne dass wir uns bewusst einmischen.

Das Ich hingegen, wirkt aufgestellt ganz anders. Es sind verschiedene Ichs, die für Vater, Mutter, Oma, Opa, für Lehrer, für die Meinungen der Medien, der Gesellschaft und Institutionen hier stehen. Es steht breitbeinig, männlich da und ist sich seiner Sache hundert Prozent sicher. Es erinnert an Menschen, die ihre Mitmenschen, ohne mit der Wimper zu zucken, in den Wahnsinn treiben können.

Das *Ich* kann so stark auftreten, weil es hinter sich viele einflussreiche Menschen weiß, die ihm jederzeit den Rücken stärken würden. Das Ich kann behaupten was es will, es wird nie an den Rand der Illegitimität geraten, weil es immer Fürsprecher haben wird, die seine Untaten, Irrungen, Lügen und die Unmoral so verdrehen, dass es sauber dasteht. Es wird ihm Recht gegeben und sogar oft mit der Herzenergie verwechselt und für sie gehalten. Egal, wann ich mich in ein Ich hineinfühle, schwebe ich in der Luft und habe keinen Boden unter meinen Füßen. Das heißt, ich habe keinen Standpunkt, den ich bestimmt vertreten kann.

Fühle ich mich in die Herzenergie (sie ist uns am nächsten und hat Empathie für uns) hinein, stehe ich für eine lächelnde Energie da, die mit einer einladenden Gestik, mit ausgebreiteten Armen, ohne etwas zu fordern, mit beiden Füßen auf dem Boden dasteht. Sie wird uns immer lieben, egal wie weit wir uns von uns und ihr entfernt haben, wie viele Male wir sie verleugnet oder mit dem Ich im Vergleich schlecht aussehen ließen.

Stelle ich mich für meinen Namen in Verbindung mit meinem Körper, dann steht da eine Energie, die freudig, kindlich neugierig und trotzdem erwachsen ist. In der Herzenergie schließt sich das eine von dem anderen nicht aus. Das Herz kann die beiden vitalisieren, sie in ihrem Vorhaben unterstützen und beseelen. Die Ichs stellen sich in solch einer Situation den dreien leider oft in den Weg.

Jeder weiß was wir meinen, wenn wir sagen »Ich selbst«. Wir meinen den Menschen, den Körper, den wir spüren. Ich gehe selbstständig, handle selbst. Ich weiß, was ich will oder nicht möchte. Jedoch bekommt dieser Satz eine andere Bedeutung, wenn wir die Geschichte des Ichs kennen. »Ich will ich selbst sein.« Welches Ich der Ichs möchte *ich* und welches *selbst* sein? Meine Freundinnen wollen auch »ich selbst sein«, meine Klientinnen ebenfalls. Wer von uns ist ich selbst? Wieso sind wir alle die ich *Selbsts*?

# 21. Das Ego

Im Jahr 2013 habe ich den folgenden Text über das Ego geschrieben, in dem ich beschreibe, was ich zu dieser Zeit während meiner Behandlungen beobachtet habe.

Das EGO ist im Grunde nur die lateinische Übersetzung von unserem Ich, das wir schon kennengelernt haben. Es vermittelt das Bild, das ich von mir selbst gemacht habe. Wie definiere ich mich?

Name, Alter, Geschlecht, Bildung, Beruf, Hobby, Familie, materielle Dinge, die ich besitze oder Reisen, die ich gemacht habe, sind Aufzählungen, um mich zu beschreiben. Aber bin ich das wirklich?

Unser Ego bestimmt unsere Gefühle, unser Verhalten und unsere Wertvorstellung uns selbst gegenüber. Ist das Ego gar unser Feind, der hinter unserer Stirn wie ein Pilot seinen Sitz hat, und meint für die Planungen und Entscheidungen des Lebens zuständig zu sein? Wir leben jetzt im Zeitalter des Egos. Wir dürfen es nicht als Gegner sehen, sondern viele unserer Mitmenschen erklären uns, dass es durch uns wirken soll und uns nach außen eine scheinbare Charakterstärke verleiht. Diese wird in der Öffentlichkeit höher bewertet als unsere Authentizität, die in einer unvoreingenommenen Weise bedeutet, uns selbst treu zu sein, aber auch die Werte unserer Mitmenschen zu würdigen.

Unser Ego hat sehr viel und doch nicht wirklich etwas mit uns zu tun, wenn wir von Körper, Geist und Seele sprechen. Es scheint wohl das Bild in sich zu tragen, das wir von uns gemacht haben.

Doch wir sollten versuchen, uns davon zu distanzieren. Um uns verstehen zu lernen, ist es wichtig, das Ego, seine Denkweise in uns zu begreifen. Wer sucht den Erfolg? Immer die Erfolglosen. Wer wünscht sich das Paradies auf Erden? Derjenige, der es sich verboten hat. Wer hats verboten?

Das Ego hält uns in der Vergangenheit, droht uns rücksichtslos, vor dem Neuen, das wir in der Gegenwart erleben. Es kennt nur die Vergangenheit, die Ge- und Verbote unserer Eltern, oder der Erziehungsberechtigten und Ahnen. Es verbietet uns, was diese uns damals untersagt haben, warnt uns und will uns in derselben Weise beschützen, wie es unsere Eltern getan hatten, manchmal aus Sorge, es könne uns etwas passieren, aus Prinzip, oder aus Angst vor Ungewohntem. Das Ego tendiert dazu, aus dem Verborgenen in eine Situation im Jetzt einzugreifen, die es nicht beurteilen kann. Es fühlt sich bedroht, wenn wir anders denken, macht uns klein und treibt uns in eine Bedrücktheit oder lässt uns überheblich werden. Mit der Egoenergie identifizieren wir uns mit etwas, was wir gar nicht sind. Wir sind dadurch gefangen in einer Welt, die nicht existiert und fühlen uns unfrei.

Das waren meine Gedanken vor einigen Jahren, als ich über das Ego nachgedacht habe. Ich gab dem Ego eine andere Bedeutung als dem Ich, was nach meinem neuesten Wissen immer noch stimmig ist. Das Wort Ego ist schwer, klebrig, zäh und hält am Alten fest. Dagegen wirken die Ichs leichter, heller und wacher. Das macht die Wortmelodie aus, über die ich später berichte.

Auch hier müssen wir bedenken, dass vielerlei Definitionen über das Ego kursieren. Egomane, Egoist, Egoismus, Egozentrik, Eigennutz, Ichsucht, Eigenliebe, Selbstsucht, Überheblichkeit, Narzissmus sind Begriffe, die im Zusammenhang mit dem Ego ausgelegt werden.

Aus reiner Unwissenheit hatte sich in mir vor langer Zeit ein Vorurteil gegenüber dem Ego als unserem großen Gegenspieler des Herzens entwickelt, bis ich erkennen durfte, dass das Ego eine Instanz ist, die uns in der Kindheit schützen wollte. Diese Instanz, die immer die Vergangenheit im Schlepptau hat, kann die akute und gegenwärtige Situation nicht einschätzen. Es sind seine Erinnerungen, die ständig wiederholen, was in der Vergangenheit schief gelaufen ist und was wir nicht wiederholen sollten. Das Ego warnt uns geradezu, dass wir uns nicht trauen, etwas Neues zu wagen. Es ist selten ein guter Ratgeber in der Welt der Erwachsenen. Es *ist* die Vergangenheit, von der uns unser Ego abhängig macht, uns vorgaukelt, verbunden zu sein. Es will, dass wir uns unseren Eltern gegenüber in jeder Lebenssituation loyal verhalten.

Menschen, die nicht gerne im Hier und Jetzt leben, sich vor spontanen Entscheidungen fürchten, nehmen das Ego in das Erwachsenenleben mit, ziehen sich ins Ego zurück und erschaffen sich künstliche Stolpersteine. Wenn man sich diese Tatsache bewusstgemacht hat, dann kann man das Ego zum Spazierengehen schicken, sobald es sich zeigt. In der Therapie rate ich, es bunt anzuziehen. Mit gelben Stiefeln, roten Hosen, grüner Jacke, blauer Mütze ist es lustig anzusehen und aus der ernsthaften Vergangenheit entkorkt. Bei diesen Vorstellungen wird die rechte Hälfte des Gehirns stärker in Anspruch genommen als die linke.

Erwachsene schauen mich dann etwas seltsam von der Seite an. Sie benötigen Erklärungen für die komische Art mit einem Gedankengebilde umzugehen, obwohl sie von innen heraus gleich viel heiterer wirken. Noch mahnt ihr Ego, nicht so kindisch und lustig zu sein, denn das Leben sei ja ein Kampf. Kinder können mit meiner Buntmalerei viel besser umgehen. Kinder bis etwa sechs Jahren, sind noch nicht maßgeblich im Ego eingerichtet, denn die Herzenergie genießt bei ihnen weiterhin, wenn auch schon etwas durch die Erwachsenen eingeschränkt, ihre Freiheit. Die Kinder haben Spaß an den bunten Egos, die sich dann für sie sofort in Luft auflösen.

Wenn wir es zulassen, produziert das Ego Stress am laufenden Band, ohne uns schaden zu wollen. Ich betone, *wenn wir es zulassen.* Wir Menschen haben eine Gedankenfreiheit, derer wir uns selten bewusst sind, sie jedoch jederzeit anwenden können.

Das Ego hat die für das Kind destruktiv scheinenden Aussagen unserer Erziehungsberechtigten gespeichert. Das Kleinkind ist selbständig, wissbegierig und probiert alles aus. Bei dieser Aktivität wird es oft von den Eltern gestört. Gutgemeinte Ver- und Gebote hindern den Tatendrang. »Pass auf, sonst fällst du hin. Mach dies und das nicht, das ist nicht gut für dich.«

Das Fallen kennt das Kind zu Beginn dieses Entwicklungsschrittes nicht als negative Erfahrung. Bei seinen ersten Schritten fällt es zwar hin, steht aber gleich wieder auf und wiederholt sein Vorhaben noch einmal. Sein Gesicht zeigt zunächst keinerlei Emotionen. Kleinkinder wissen noch nicht, was sie fühlen sollen. Sie lernen durch den Gesichtsausdruck der Eltern.

Erst die erschrockene Reaktion der Erwachsenen löst beim Kind Unbehagen aus. Mimik, Tonfall, Aufregung und Angst der Mutter, des Vaters übertragen sich auf das Kind. Sein Selbsterleben wird durch die Reaktion der Eltern bestimmt. Wenn die Mutter erschrickt, wenn ihr Kind hinfällt, entscheidet der Organismus des Kindes, dass hinfallen etwas Schlechtes ist.

Das Verwirrende bei der ganzen Sache ist, dass das Kind nicht weiß, was daran gefährlich sein soll, weil es sich beim bisherigen Fallen nicht weh getan hat. Das Gehirn bekommt einen Switch. Es sieht keine Gefahr, es spürt keine Gefahr, kein wildes Tier will es fressen und doch sind die Eltern völlig aus dem Häuschen. Das Ego wird dem Kind innerlich das Fallen verbieten und es in der Zukunft sehr vorsichtig werden lassen oder es sogar daran hindern Neues zu entdecken.

Hinfallen und wieder aufstehen ist ein wichtiger Vorgang, der im Erwachsenenleben oft in Vergessenheit gerät. »Hinfallen ist keine Schande, aber liegenbleiben schon«, war ein Spruch meines Vaters. Im übertragenen Sinne fallen wir hin und bleiben liegen, warten darauf, dass uns jemand aufhilft, sich unser erbarmt, sich unserer annimmt und Mitleid hat. Dabei bleiben wir passiv. Wenn uns niemand zu Hilfe kommt, sind wir enttäuscht und bleiben deprimiert liegen, weil das Fallen etwas Schlimmes oder Beschämendes ist.

Es ist das Ego mit seinem Gedächtnis der Vergangenheit, das für diesen Denkprozess sorgt. Unter anderem ist es das Ego, das uns glauben lässt, dass nur das, was wir mit unseren Körpersinnen wahrnehmen, real ist und alles andere nicht existiert. Mathias Claudius, (deutscher Dichter, 1740-1815) hatte sich schon im sechzehnten Jahrhundert in seinem Gedicht über den Mond darüber Gedanken gemacht. Der Mond, den wir an vielen Tagen als aufsteigenden oder absteigenden Teilmond sehen, bleibt immer rund, egal wie wir ihn wahrnehmen. Wir sehen an bestimmten Tagen nur seine beleuchte Sichelseite. Wie viele Dinge belachen wir, weil wir sie nicht vollständig sehen und begreifen können?

Ob diese Problematiken schon immer bestanden seit der Mensch lebt? Um nicht Verstandenes wurden Mythen und abschreckende Geschichten gewoben, die die Menschheit lange Zeit davon abhielt, zu forschen. Wer Lösungen und Erklärungen gefunden hatte, wurde ausgelacht, gemobbt, verfolgt oder schlimmstenfalls ermordet.

Im Gegensatz zu den Ichs, die sich ständig vergrößern, sich ausdehnen wollen, hat das Ego nur eines im Sinn, seine Existenz zu bekräftigen. Es muss etwas Besonders schaffen, um zu bestehen, aber nicht um sich auszudehnen und größer zu werden. Es muss speziell sein und will außerordentlich auffallen, damit es Aufmerksamkeit bekommt, ähnlich wie die Ichs.

Das Ego hat keine Wirkkraft mehr, wenn wir in unserer Herzenergie sind, die wiederum sich nur in der Gegenwart entfalten kann. Das Ego trennt uns von der großen Wahrheit und lässt uns spüren, dass wir klein sind, ein Mensch, der sich in engen Grenzen zu bewegen hat und die Weite des Universums nicht antasten darf. Es vergleicht, hört auf Eltern, Freunde, Lehrer, Medien und macht sich falsche Vorstellungen. *Vorstellungen* stehen vor mir, hindern mich weiterzugehen, wenn ich sie nicht entferne oder über sie hinwegschreite.

Wir Menschen besitzen ein natürliches, elektromagnetisches System, das mit der Umwelt in einem Austausch schwingt. Die Außenwelt beeinflusst dieses, jedoch haben wir, unser Inneres, eine viel größere Einflussnahme.

Es ist an dieser Stelle angezeigt, eventuelle Verständnisschwierigkeiten auszuräumen. Das Ich und das Ego werden oft in ihrer Definition gleichgestellt. Für mich sind sie zwei verschiedene Begriffe. Das Ego hat eine andersartige Energie als das Ich, wenn ich mich in beide hineinfühle. Das Ego ist ernster und nicht so luftig wie die Ichs. Es fühlt sich dogmatischer an, nicht so einfallsreich oder vernunftbegabt, weil es weniger Flexibilität vorweisen kann. Es hat etwas Ehrliches, Bodenständiges an sich. Wenn es mit der

Zeit gehen würde und nicht an der Vergangenheit festhielte, wäre es uns vielleicht sogar eine Stütze. Wie schon erwähnt, ist es eine Definitionssache.

Das Ego, ebenfalls eine Quasselstrippe, bekam damals von mir den Namen »Überverstand« weil seine Denkweise der Meinung ist, sich über alle anderen allwissend erheben zu können. Das Ego hat seinen Ursprung in der Vergangenheit, hat destruktive Erfahrungen im Gedächtnis und endet vor der Gegenwart. Das Ego ist in den meisten Fällen die Ursache dafür, dass Schmerz immer wieder ausgelöst wird, vor allem auf der emotionalen Ebene.

Nehmen wir als Beispiel den Liebeskummer. Wie oft lässt uns das Ego das Lieblingslied auf der alten CD spielen, das wir damals, gerade frisch verliebt, mit unserem neuen Freund, unserer neuen Freundin, gehört hatten und nun ist die Beziehung beendet und das Ego lässt uns im Leid suhlen, untermalt mit dem Lieblingslied aus der damaligen glücklichen Zeit, die endgültig vorbei ist. Das Ego stellt sogar unseren CD-Spieler auf Memory. Das Ego scheint uns leiden zu lassen. Es erinnert mich sehr stark an meine Eltern und deren Reaktionen bei meinen Liebeskummer-Geschichten. In den tiefen Stunden des Liebeskummers sind die Ichs nicht vorhanden. Sie können mit überschwänglichen Gefühlen, die immer noch mit Anteilen von Verliebtheit oder Liebe gefüllt sind, nicht umgehen. Das ist wie Knoblauch für den Vampir.

Unsere Gefühle sind dem Ego egal, weil es wie die Ichs keine Empathie für uns hat. Wir empfinden uns schwach, wie wir es als Kind waren, als unsere Eltern uns maßregelten. Das Ego ist die rechte Hand der zurechtweisenden Erwachsenen, hat alle ihre Regeln und Aussagen gespeichert. Als Kind waren wir etwas Besonderes. Wir wurden behütet, umsorgt, wir waren der Mittelpunkt und wurden geherzt, weil wir so süß und so goldig waren.

Ein anderer Aspekt des Egos allerdings ist darin zu sehen, dass es wie ein Kind behandelt werden möchte. Ein Kleinkind kann sich wie durch einen Spiegel seiner Mitmenschen erfahren. Wird das Kind lächelnd aufgenommen, dann fühlt es sich angenommen. Schimpft jemand mit dem Kind, fühlt es sich schlecht. Also wird das Kind alles tun, um wohlwollend aufgenommen zu werden. Die dadurch sich entwickelnden Glaubenssätze und Gedanken, manipulieren unmerklich, so dass wir ständig dabei sind, uns über die Maßen von uns weg zu verhalten, damit wir anerkannt werden. Als Erwachsener bin ich nichts Besonderes mehr, bin nicht mehr niedlich, suche jedoch weiterhin die Zuneigung von außen, werde maßlos enttäuscht, weil von außen nicht eintrifft, was ich mir wünsche. Es bleibt mir eine überhebliche Reaktion oder ich falle in eine Art Selbstmitleid. Wir bemerken bei all diesen Bemühungen nicht, dass wir vom Ursprung her einzigartig sind.

Wir durchschauen auch selten das Bedürfnis, etwas Besonderes sein zu wollen, verbringen unser gesamtes Leben damit, uns glücklich oder unglücklich, wichtig oder unwichtig zu fühlen. Wir identifizieren uns bewusst durch und mit unseren Gedankenkonstrukten. Wir *werden* zu dem, was die gedanklichen Konzepte uns eingeben.

Viele meiner Patientinnen können die Lösungen ihrer Behandlungen nicht freudig annehmen. Das Warum führte mich zu einer weiteren Frage: Wer bin ich ohne mein Ego? Auf jeden Fall niemand Besonderes mehr, Jemand der krank sein will oder großtuerisch, bemitleidenswert oder auf den man hochschauen soll. Im Grunde bin ich mir selbst überlassen und müsste mir selbst die Befriedigung geben, indem ich mich schätze und mich als wertvoll erachte. Damals fragte ich nicht: »Wer ist Ulrike ohne Ulrikes Ego und den Ichs?« Ohne sie gibt es weniger Höhen und Tiefen, weniger Aufregungen, jedoch mehr Vertrauen in Ulrike und in einen größeren Plan, den Ulrike in seiner Gänze nicht erfassen kann.

Das Ego ist per se nichts Schlechtes. Wenn wir ihm nicht ständig unsere Aufmerksamkeit zollen würden, dann wäre es bedeutungslos.

Es ist ein Konstrukt unserer Gedanken, das wir ständig weiterspinnen und uns schließlich in unserem eigenen Spinnennetz verfangen

Aus heutiger Sicht könnte meine Definition vom Ego, sowohl die Informationen der linken Hirnhälfte sein, als auch die Gedanken, die ich *im Hinterkopf* gespeichert habe. Durch die psycho-kinesiologischen Behandlungen und intuitiven (Familien-) Aufstellungen fand ich heraus, dass viele Probleme durch das kurze Zurückgehen in die Kindheit oder zu den Ahnen gelöst wurden, doch bestimmte Handlungen immer gleich blieben, egal wie oft wir an das Thema von verschiedenen Seiten herangegangen waren. Im Unterbewussten hatten wir die Problematiken gelöst, doch das Ego und die Ichs sorgten dafür, dass wir an der Oberfläche noch das gleiche Denken wie vor den Therapien beibehielten. Diese Tatsache verlangte nach neuen Behandlungsansätzen, denn wenn ich immer das Gleiche tue, kann ich nicht erwarten, dass sich etwas ändert.

Das Ich ist wer?
Wer bin Ich?
Kein Geist, kein Körper,
wirklichkeitsfremd und doch
bin ich sehr wichtig.
Werde immer genährt.

# 22. Bin Ich, weil ich denke?

»Cogito, ergo sum«, René Descarte`s, berühmter Satz war vielleicht anders gemeint, als ich ihn heute auffasse. Das Ich lässt uns denken und damit erhält es sich am Leben und breitet sich aus. Es denkt uns die ganze Nacht hindurch und lässt uns nicht schlafen. Das Herz *weiß*, es braucht uns nicht ständig unrealistische Geschichten erfinden zu lassen, es lässt uns gut schlafen und sinnvoll handeln, sobald wir uns der Ichs entledigen und der Herzweisheit den Vortritt geben.

In der Psychologie gibt es noch das Es, das Über-Ich und das Ich. Freud sieht das Ich als das Überbleibsel der Autorität der Eltern an, die wir in der Kindheit erfahren haben. Das könnte bedeuten, dass sich das Kleinkind definiert, wie es von anderen Menschen wahrgenommen wird. Die Definition ist gleich dem Ich. Das Ich ist auch ein übernommenes Ich von den Erwachsenen, weil sie Vorbilder sind, oder weil sie das Kind in einer strengen Weise dominiert haben, sodass das Kind, das Ich der Eltern aus Furcht oder Loyalität angenommen hat.

Wir kopieren als Kinder viele Gewohnheiten, Glaubenssätze und Meinungen von unseren Eltern oder Erziehungsberechtigten und wenn wir beim Älterwerden nicht aufpassen, dann kann es passieren, dass wir die Kopie für immer behalten. Wir wundern uns, weil wir ein ganz anderes Leben als das der Eltern führen wollten jedoch genau in ihre Fußstapfen treten. Wir werden auch mit unseren Eltern verglichen. Die Aussage: »Du hast die gleiche Haltung wie dein Vater«, lässt dann sogar den Schluss zu: »Das habe ich von meinem Vater geerbt.« Es ist jedoch eher die Prägung. Prägung passiert durch ständige Wiederholungen. Da ist es bedeutungslos, ob ich wiederholt meine Eltern nachahme oder meine Eltern mir wiederholt ihre Art von Leben begreiflich machen.

Entspringt das Selbst aus dem Ich? Bestimmte Menschen erfinden Worte, um etwas zu bezeichnen, um eine Allgemeingültigkeit zu geben damit sie mit diesen Worten eine Masse an Menschen erreichen können. Sie setzen damit ein Zeichen, das alle anderen Menschen übernehmen müssen, wenn sie sich auf einem bestimmten Level miteinander unterhalten wollen. Hier wieder meine Frage: »Denken wir an die Fachsprache, zum Beispiel an die medizinischen Ausdrücke, welche die meisten Menschen nicht verstehen, oder das Jägerlatein, sind dann die Wörter, *ich*, *selbst*, *man* ebenso einer Fachsprache entwachsen?«

Das Selbst versucht das Ich eher zusätzlich zu unterstreichen. Das Selbst soll uns in der Tiefe beschreiben. Dann wäre ja das Ich ein oberflächlicher Begriff und das Selbst ein in uns, zu unserem Unterbewusstsein affiner Begriff. Über die verschiedenen Ausführungen können wir bei C.G. Jung und Freud und bei vielen anderen Psychologen oder Philosophen nachlesen. Im Kontext all der klugen Ausführungen habe ich eines vermisst: Das ganz Persönliche, das wohl nicht stattfinden kann ohne unseren Vornamen und der Essenz des Universums, oder kurzgefasst: ohne unsere Herzenergie.

Das *Selbst* kommt mir persönlich eher dem nahe, was ich fühle und beleuchten möchte. Es soll unsere Persönlichkeit darstellen, das Innere von uns, das wir mit dem Ich nach außen kehren. Wir werden Selbst-bewusst, Selbst-kritisch, Selbst-verwirklicht. Ich habe viele Abhandlungen über das Selbst gelesen, teils verstanden, teils zu abstrakt empfunden, weil ich mir keine Bilder kreieren konnte, weil ich meine Umgebung hauptsächlich mit der rechten Hirnhälfte aufnehme. Die Begriffe sind so theoretisch, so intelligent, doch weit entfernt von Körper und Seele, weil es Ausführungen des Kopfes, des Intellekts und nicht des Inneren Fühlens sind.

Ich testete mich kinesiologisch aus. Beim Lesen dieser Texte wurde mein Indikatormuskel schwach. Die Abstraktionen entfernten mich von mir. Ich war mir eine fremde Person geworden, die einen

Text liest, der nichts mit mir (Ulrike) zu tun hat. Um wieder in meine Stärke zu kommen, verwendete ich meinen Namen und die Herzenergie.

»Du musst in deine Mitte kommen. Du musst looooslassen. Du musst dich selbst werden.« Wie oft habe ich diese Sätze, die mit tiefem Ton magisch, mahnend in mich eindrangen, als junger Mensch gehört, die in mir eine Ohnmacht, eine Verzweiflung und gleichzeitig eine Wut auslösten, weil ich nicht fähig war sie zu be-greifen, diese Mitte. Ebendiese so klugen Worte wurden mir von Menschen beschwörend suggeriert, die selbst nicht wussten, was *Mitte* wirklich bedeutet und die fest mit beiden Beinen in der Luft standen. »Du musst zu deinem Selbst kommen.« Was habe ich nach diesem Selbst gesucht, das mir als ein unerreichbares Ziel erschien. Es war ein Fahnden nach einem Phantom, das mich zu einem unfähigen Menschen werden ließ, der auf der ganzen Linie versagt hat, weil er das Selbst nicht begreifen konnte. Ich wusste nicht wie ich loslassen, zu meiner Mitte kommen und mich selbst werden sollte. Als ich aufhörte zu suchen, mich zu mühen, zu denken und zu grübeln, wurde es um mein Herz leichter und der Brustkorb weiter. In mir breitete sich ein Lächeln aus, eine Wärme in jeder Zelle und ich wusste auf einmal, was die Therapeutinnen meinten. Sie hatten ungeschickt versucht, mit synthetischen Worten auszudrücken, was ich meine, dass es nur über den Fühlweg möglich ist zu be-greifen: Meinen Körper wahrzunehmen, mit jedem einzelnen Organ, jedem Gefühl, mit der Wärme und der Freude, mein Herz zu spüren.

# 23. Die Ichs glauben

Ich werde weiterhin verschiedene Begriffe für das Ich verwenden, wie zum Beispiel: Unnütze Gedanken, empathielose Gedanken, Ich-Verstand oder Quasselstrippen, damit der Inhalt nicht nur aus Ichs besteht. »Mir fehlt der Glaube daran.« »Das ist Glaubenssache.« »Da muss ich erst einmal dran glauben.« »Eine Therapie, Homöopathie kann nur funktionieren, wenn man daran glaubt.« »Ich kann mir nicht vorstellen, dass das hilft, was sie mit mir machen, ohne dass ich daran glaube.«

Das sind Sätze, die ich fast jeden Tag von Klientinnen oder Ärztinnen höre. Selten fällt der Satz: »Ich bin davon überzeugt, dass ich wieder gesund werde.« Eine Klientin meinte: »Ich weiß, dass ich gesund sein kann, aber ich glaube nicht daran.« Das war ein ehrlicher Satz, welcher der Wahrheit am nächsten kommt. Ich als Therapeutin konnte seine Bedeutung erst im Nachhinein verstehen. Meine Interpretation: Das Herz *weiß*, dass sie gesund sein kann, während der Ich-Verstand *glaubt*, dass das nicht geschehen kann, er *meint*, *hofft*, *denkt*. Das Herz ist aktiv, der Ich-Verstand schwebt vage, zweifelnd, unsicher und passiv in der Luft. Wenn wir in unserer Herzenergie sind, dann haben wir festen Boden unter unseren Füßen, während wir im Ich-Modus mit beiden Füßen fest in der Luft stehen.

Wie eingangs schon erwähnt, glauben wir Institutionen, glauben wir vielen manipulativen Menschen, glauben wir an Gott, oder glauben nicht an ihn. Menschen wollen an die Weisheit höherer Mächte glauben, sie verehren Jesus, Allah, Buddha, den Papst oder den Dalai-Lama. Menschen erfinden komplizierte Riten, die nur einmal im Jahr stattfinden dürfen, damit man während des übrigen Jahres ja keine Chancen auf Freude, Erfolg oder Gesundheit hat.

Schauen wir auf das Weihnachtsfest, das Fest der Liebe und der Freude, ein Kind ist geboren, unser Retter. Die Weihnachtszeit ist für mich auch eine besinnliche Zeit, wenn die Kerzen am Christbaum leuchten, ich gemütlich am brennenden Kaminfeuer sitze und mir vielleicht nur eine halbe Stunde eine Auszeit von der Alltagshektik herausnehme. Ich bin dankbar für das, was ich habe, was ich bin. Doch dann schleichen sich bei mir Fragen ein wie:»Warum glauben wir an all die weisen Menschen und die Rituale, die wir uns durch oder über sie geschaffen haben? Ersetzen sie unser Herz? Sind sie das Bindeglied zu der großen Energie, die ich die große Wahrheit nenne, von der wir all unser Wissen abrufen können, die alles, was wir schon wissen und noch nicht wissen gespeichert hat?«

Ich behaupte, ja, denn das Herz weiß sehr viel, es ist an das Universum angebunden. Die Ichs hingegen »glauben«, weil sie an das universelle Wissen nie heranreichen können, weil sie von Menschen erschaffen wurden. Bräuchten wir all die weisen Menschen, wenn wir uns in unserer Herzenergie befinden würden? Wir könnten doch das Wissen selbst abrufen, ohne Gefahr zu laufen, dass wir von skrupellosen, machtgierigen Menschen betrogen werden, die als Trittbrettfahrer die große Intelligenz imitieren.

Die Ichs formen unseren Charakter. »Ich bin so traurig, da meine langjährige Freundin nichts mehr von mir wissen will. Sie hat sich von mir abgewandt. Was ist an mir so falsch?«, will Katrin wissen.

Für mich ist diese Entwicklung nicht bedenklich. Sie braucht lediglich ein Umdenken. Katrins Freundin Michaela kenne ich privat. Sie hat eine Lebenserfahrung gemacht, die einen längeren Klinikaufenthalt unabdingbar machte. Sie sei in dieser Zeit endlich zu sich (in ihre Herzenergie) gekommen und wolle jetzt ihr Leben neu gestalten. Michaela hatte sich bis zu diesem Zeitpunkt mit einem bestimmten Mutter-Ich identifiziert. Dieses Ich hatte spezielle Menschen angezogen, die mit ihm in Resonanz gingen und es konnte sich mit ihnen gut verstehen. Nach dem Klinikaufenthalt hatte dieses gewisse Ich keine Chance mehr Michaela zu dirigieren, denn sie hatte gelernt, wie sie immer öfter in ihre Herzenergie kommen kann.

Katrin und Michaela hatten hauptsächlich nur diese Ich-Beziehung und keine weiteren Gemeinsamkeiten. Das vermittelte ich Katrin in einer Sitzung und sie konnte es verstehen, weil sie selbst begann ihr Ich zu identifizieren und es für die Herzenergie eintauschen wollte.

Ein Beispiel mit einem Farbengleichnis: Mein Ich hat die Farbe Gelb, die von mir ausgestrahlt wird. Folglich ziehe ich Menschen und Situationen an, die eine Gelbenergie besitzen. Die Komplementärfarbe zu gelb ist lila. So kann es sein, dass mein Gelb beziehungsweise Lila gegensätzliche Menschen anzieht. Wechsele ich meine Ich-Farbe, so werde ich andere Menschen und Situationen anziehen.

Natürlich dürfen wir nicht unser ganzes Leben nach den Ichs beurteilen. So einfach ist das nicht. Wir bringen eigene Energien in unser Leben wie unser Karma, aber auch die Zeugungsenergie unserer Eltern, die Gefühle unserer Mutter in der Schwangerschaft, Vererbungen über die Gene unserer Ahnen. Die Energien, die durch unsere Familie übertragen werden, spielen ebenso eine Rolle, wenn es um unser Leben geht. Unsere Umwelt, Freunde, Arbeitsplatz, Freizeitgestaltung haben ebenfalls einen Einfluss. Wenn wir es im Farbgleichnis ansehen, so kommt es vor, dass unser Leben in einem stumpfen Braun verläuft, weil sich die Farben rot, gelb und blau vermischten. Für ein helles Braun wurde es mit einem Weiß oder für ein dunkleres mit Schwarz gemixt.

Ein anderes Beispiel: Wenn das gestrenge Vater-Ich in Form eines Chefs auf Michaela traf, wurde sie sofort wieder zu einem Kind und verhielt sich dem Chef gegenüber entsprechend, der sie somit nicht für voll nahm.

# 24. Erziehung

Die Wahrheit scheint ein Gegenspieler der Ich-Energien und ein Türöffner zu unserem Herzen zu sein. Immer wieder erwähnte ich, dass zuerst die Eltern und die Ahnen uns prägen und uns ihre Ichs vermachen. Dabei stolperte ich über das Wort »Erziehung«. Das Präfix »er« bedeutet unter anderem das Erreichen eines Zweckes, eine Tätigkeit ausführen. Bei der »Ziehung« kommt mir der Gedanke, in welche Richtung ziehen Eltern ihre Kinder? Bei der Erziehung sind es Erwachsene, meist die Eltern, die für ihre Kinder einen bestimmten Plan vor Augen oder im Sinn haben und den sie zielgerecht durchziehen wollen. Normalerweise sollten die Bedürfnisse und das, was das Kind in sein Leben mitgebracht hat, dabei berücksichtigt werden. Meist erziehen die Ichs, welche die Vergangenheit lieben, die Meinungen der Vorfahren übernehmen und äußern, dass dies das Richtige sei. Ihre Ansichten sind oft nicht mehr zeitgemäß und da sie keine Empathie besitzen, gehen sie nicht auf die individuellen Bedürfnisse der Kinder ein.

Erziehung sollte nicht Grenzen setzen, sondern Grenzen geben, eine Geborgenheit schaffen, damit Kleinkinder nicht grenzenlos überfordert sind. Dazu gehören Beobachtung, Vertrauen, eine Verlässlichkeit und vor allem Liebe, die später einen Startblock ins Leben bedeuten.

Meine Mutter hat mich oft kritisiert, dass ich meine Kinder nicht richtig erziehe, sie zu sehr verwöhne, ihnen zu viel durchgehen lasse. Sie (er-) zog an mir sogar noch, als ich erwachsen war. Kritik nehme ich gerne an, beziehungsweise ich bedenke sie aufmerksam.

Ich stand am Spülbecken, wusch das Mittagsgeschirr ab und schaute zunächst verträumt aus dem Fenster, ohne wirklich zu sehen, was draußen vor sich ging. Ich erwog Schritt für Schritt die Anregungen meiner Mutter und mein Körper verkrampfte sich kontinuierlich bei jedem weiteren Gedanken, bis sich eine Art Gewissheit plötzlich in meine grüblerischen Gedanken einmischte: »Ulrike will nicht erziehen. Ulrike erzieht nicht.« Das Wort Erziehung und seine Bedeutung lösten in mir einen Schauder aus. Ich stellte mich für das Wort: »Dogmatisch« männlich, herb und stark stand es da. Fast verachtend taxierte es jede Person, die ich ihm gegenüberstellte. Es beinhaltete aus der Luft gegriffene Erdichtungen, die mit dem wahren Leben, mit der universellen Wahrheit, nichts zu tun haben.

Mir wurde klar, dass ich meine Gedanken verknoten, mich ständig kontrollieren müsste und eine Gefangene der Gedanken meiner Mutter wäre, würde ich ihre »Rat-*schläge*« annehmen. Natürlich ließen mich meine Ichs noch eine Weile grübeln, denn ich habe als Mutter eine Verantwortung meinen Kindern gegenüber. Was ist, wenn ich alles falsch mache? Nach vielen tiefen Atemzügen und die Erinnerung in meine Herzenergie zu gehen, beschloss ich, dass ich nicht erziehen werde. Vielleicht reichte ja auch ein ehrliches, authentisches Vorbild zu sein. War ich mit dieser Einstellung der Wahrheit am nächsten?

Ich beschloss meine Kinder einfach nur lieb zu haben. Zweifellos zwängten sich immerwährend die Erziehungsmaßnahmen meiner Eltern mit ein. Sobald ich sie entlarvte, versuchte ich sie zu ignorieren und mich meiner Herzenergie zuzuwenden. Gut oder schlecht, wer weiß? Es spielen sowieso sehr viele andere Faktoren beim Heranwachsen der Kinder eine Rolle, die ebenfalls prägend sind, wie: Freunde, Kindergarten, Schule, die örtliche Umgebung und vieles mehr.

Der Satz eines Vaters, eines Lehrers oder Geistlichen: »Du musst deiner Mutter folgen«, kann fatale Folgen haben. Das Wort *folgen* bedeutet, gehorsam sein, Folge *leisten*. Leisten, schaffen, erzielen, vollbringen, bedeuten arbeiten, sich anstrengen. Wörter senden eine Energie aus und bewirken etwas in uns.

Eine meiner Klientinnen wäre beinahe ihrer Mutter, die früh gestorben ist, gefolgt und in ihre »Fußstapfen« getreten, somit in den Tod nachgefolgt, weil sie lernen musste, zu folgen. Das Unterbewusstsein kannte nichts anderes und hat das Wort wörtlich genommen. Es brauchte einige Sitzungen, bis wir die Ursache für die unerwartete Krankheit der Klientin gefunden hatten. Denn wenn man in den Tod folgen soll, ohne die Absicht, sich selbst umbringen zu wollen, dann braucht man eine totbringende Krankheit.

Die Ichs erinnern immer wieder an die erzieherischen Maßnahmen und flüstern ständig: »Folgen, folgen.« Wie ich schon vor vielen Jahren herausgefunden habe, ist es den Ichs egal, wenn wir sterben. Sie werden ja jeden Tag von sehr vielen Menschen (energetisch) gespeist und leben weiter. Es spielt keine Rolle, ob eine Mutter jung gestorben ist oder ein hohes Alter von über 90 Jahren erreicht hat. Der Begriff »Folgen« hat eine große Macht, wenn wir die Ichs gewähren lassen und das Thema nicht aus unserem Unterbewusstsein erlösen.

Es kann sein, dass Eltern ihren Kindern, so gut wie möglich, ein angemessenes Vorbild waren, aber es zu Missverständnissen kam, weil Kinder die Welt anders wahrnehmen als die Erwachsenen. Ein gut gemeintes Wort der Eltern, mit einer zweideutigen Mimik, kann in einem Kind Angst oder Unsicherheit auslösen. Ein Kleinkind fühlt nur, während es die Bedeutung der Wörter noch nicht versteht. Vielleicht geht es Ihnen ähnlich wie mir, wenn ich mich in Worte hineinstelle, beziehungsweise hineinfühle. Gefühle können nur verzerrt in Worte gefasst werden. Das lässt Missverständnisse entstehen, denn die Beschreibung der Gefühle, die ich bei Behandlungen empfinde, kommen bei meinen Klientinnen oft ganz anders an. Ich erkläre zum Beispiel ein gemischtes Gefühl mit mehreren Worten und die Klientin beginnt zu weinen. Das wiederum kann ich nicht verstehen, denn keine Aussage begründete diesen Gefühlszustand. Ich frage nach und stelle fest, dass wir uns auf zwei verschiedenen Wellenlängen bewegen.

Als Erwachsene kann ich nachfragen, als Kind bleibt das Missverständnis bestehen. Kleinkinder sind mit der Wahrheit des

Universums verbunden und sind irritiert, wenn Erwachsene Wörter
benützen, welche nicht aus dem Herzen kommen und so für sie eine
Unwahrheit darstellen.

# 25. Die (Familien-) Aufstellung mit den Ichs

Neugierig wie ich bin, wollte ich wissen, wie verhalten sich die Ichs
zu mir und wie ist meine spontane Reaktion den Ichs gegenüber.
Bevor ich einen konkreten Gedanken fassen kann, stehen mir gegenüber drei Ichs. Stumm blicke ich sie eine Weile an. Sie sind keine
Geister, sondern gehören zu Menschen, die ich erspüren kann. Mir
gegenüber, auf der rechten Seite, steht mein Vater, vor mir meine
Mutter und neben ihr ihre Mutter. Das heißt, links vor mir steht
meine Großmutter. Ich bin leicht aufgewühlt und überrascht, wie
deutlich ich die Drei wahrnehme. Ich beruhige mich und schaue sie
an. Ich möchte ihnen in die Augen sehen, was mir nicht gelingen
mag. Jetzt kann ich die Energie meines Vater-Ichs empfangen, Respekt und Gehorsam. Ich erfasse das Mutter-Ich, es will, dass ich ihr
mein ganzes Leben gebe. Das Großmutter-Ich fordert: »Du musst
deiner Mutter helfen.«

Meine Schultern werden schwer. Ich trage eine große Last. Mein
Kopf sinkt Richtung Boden. Meine Mundwinkel zieht es regelrecht
nach unten. Die Muskeln an meinem ganzen Körper verspannen
derart, dass die Kraft und Beweglichkeit aus mir schwinden. Ich
bin gefangen, ohne dass je ein außenstehender Mensch meine
Grenzmauern erkennen kann. Ich fühle mich meiner Familie
verpflichtet, will alles für die Drei tun, die schon vor Jahren gestorben
sind. Mein Leben lang hatte ich mein eigenes Leben energetisch

geopfert. Das wird mir bewusst. Mein Leben ist Gehorsam und Verpflichtung geworden, ich habe meine Selbstständigkeit abgegeben. Egal was ich tue, ich mache es für die drei Ichs. Meine Füße scheinen am Boden angeklebt zu sein, im Grunde bin ich für mich »Ulrike« handlungsunfähig und starre ständig nur die Ichs vor mir an. In meinem Leben scheint nichts, absolut nichts zu passieren. Ich bleibe auf der Stelle stehen.

Ich bin nicht gewachsen, habe nicht wirklich etwas erreicht, schießt es mir durch den Kopf, der, jetzt aus Scham, noch tiefer sinkt. Sobald mir eine spontane Idee kommt, muss ich sie sofort im Keim ersticken, sie selbst töten. Wie viele meiner intuitiven Eingebungen habe ich wohl schon in meinem Leben aus Loyalität ermordet? Ich bin die Mörderin meiner selbst, meines Ulrikewesens. Die Bezeichnung ist hart, das ist mir bewusst, aber auch heilsam, wenn ich etwas daraus mache. Meine erste Reaktion könnte sein, dass ich beleidigt bin, die nächste könnte mich in eine Depression fallen lassen oder ich wache endlich auf und möchte die Hintergründe wissen.

Das Ich meines Vaters schaut, von mir aus gesehen, nach rechts weg. Er sieht mich gar nicht. Meine Mutter blickt zwar in meine Richtung, aber ihre Sicht geht über meinen Kopf hinweg zur hinter mir stehenden Wand ins Leere. Meine Großmutter dreht sich zu ihrer Tochter um und ihre Augen sind nur auf sie gerichtet.

Meine Großmutter hatte einen Sohn, der älteste von vier Kindern. Sie verlor ihn im zweiten Weltkrieg, zwei weitere Kinder sind im Alter von etwa 7 Monaten gestorben. Meine Mutter war das vierte Kind. Ich stelle alle Kinder der Reihe nach zur Großmutter. Sie fängt an zu strahlen und schließt drei ihrer Kinder in die Arme. Sie öffnet erneut die Arme und wartet, bis ihr viertes Kind ebenfalls zu ihr kommt. Meine Mutter dreht sich zu ihrer Mutter um und bewegt sich erleichtert, doch zögerlich und schleppend in Richtung der offenen Arme. Die Hinbewegung von Tochter zur Mutter war durch die Ausgrenzung der frühgestorbenen Kinder gestört. Meine

Mama hatte sich nie angenommen gefühlt, obwohl sie immer von ihrer so *guuuten* Mutter sprach.

Zeitgleich fällt bei mir ein Schleier der Erkenntnis. Ich muss nicht mehr auf meine Mutter aufpassen, da sie nicht mehr ausgegrenzt ist. Des Weiteren muss ich mein Leben nicht mehr meiner Mutter geben, die lieber ebenso tot gewesen wäre, wie ihre beiden Schwestern, die mehr Beachtung von ihrer Mutter bekommen hatten als sie selbst. Diese Verleugnung war aus dem Schmerz des Verlustes entstanden.

Der Vater dreht sich zu der Frauengruppe um: »Endlich, es war schwer, eine tote Frau am Leben zu halten. Das hat sehr viel Kraft gekostet.« Da mein Vater diese Energie nicht alleine, neben seiner harten Arbeit aufbringen konnte, nahm er mich in die Pflicht. Nach dieser Einsicht ordnen sich meine Gefühle in einer Turbulenz, die sich im ersten Moment paradoxerweise wie eine Leere anfühlt. Eine leichte Wut regt sich in mir. Ich komme mir benutzt vor, ich war im wahrsten Sinne Lückenbüßerin für die drei Geschwister meiner Mutter.

Ein Magnet des Familiensystems hatte mich in ein Geschehen hineingezogen, das nicht meinem jetzigen Leben entspricht. Ich war mehrere Menschen zugleich. Mein Leben stand hinten an. Ich hatte mein Leben für meine Ahnen geben müssen, die ihr eigenes Leben damals nicht in den Griff bekommen konnten. Aus meinem Brustkorb ertönt ein befreiender schrecklich klingender Urschrei. Das war die Wut, die ich ständig unter Kontrolle zu halten versuchte, die mich dadurch zu einem künstlichen Gutmenschen machte, der sich ständig selbst belogen hat.

Die ganze Zeit stand ich diesen Menschen gegenüber, die sich als Ichs in mir gemeldet hatten. Nach dem befreienden Wutschrei traute ich mich in den Raum meiner Ahnen. Meine Mutter sah mich so glücklich an, wie sie zu Lebzeiten nie war, streckte mir ihre offenen Arme entgegen, in die ich wissend hineinging. Ein herzhaftes Umarmen, das ich mir so sehr in meiner Kindheit gewünscht hatte, fehlte auch hier. Ich spürte leicht ihre Hände auf meinem Rücken und mir wurde kalt. Hinter meine Großmutter stellte ich die Urgroßmutter, die ebenfalls mehrere Kinder im zarten Alter verloren hatte und die Ur-Ur-Großmutter mit ihren Kindern. Jetzt wurde es mir endlich warm. Die unvollständige Umarmung meiner Mutter war dadurch nicht mehr so wichtig. Mich durchfuhr ein Zucken im ganzen Körper. »Endlich darf Ulrike leben.« Denn auch meine Mutter hatte zwei Kinder verloren, die ich endlich zu meiner großen Schwester und mir dazustellen konnte.

Trotz dieser Lösungen und meinem Verstehen, wie die Ichs mich im Griff hatten, kehrten sie immer wieder zu mir zurück. Oder sind es jetzt andere unnütze Gedanken? Da muss es noch etwas anderes geben, was Ulrike noch nicht kennt.

Die Aufstellungen, die ich mit meinen Klientinnen mache, bergen eine Gefahr. Bert Hellinger wurde oft von Klientinnen oder Zuschauerinnen kritisiert, wenn er sagte: »Da kann man nichts machen.« Er hat sich nur dann so geäußert, wenn sich am Ende der Aufstellung die Lösung gezeigt hatte, die Familienenergie im Fluss war, jedoch ein »Aber« der Klientin kam, deren Familie aufgestellt worden war. Die Problemlösung in einer Aufstellung findet *nicht* auf der Ebene des kognitiven Denkens statt und schon gar nicht auf der Ebene der Ichs. Die Lösungen werden im Unterbewussten, in jeder Zelle verstanden und wirken weit in die Vergangenheit und in die Zukunft hinein.

Ein Beispiel: Eine Klientin, die Ihre Familie aufstellen lässt, möchte ein tiefgreifendes Problem für sich lösen. Sie ist nicht nur die Mutter ihrer Kinder, sondern auch die Tochter ihrer Eltern. Wenn sie etwas für sich löst, wirkt das Ergebnis zurück auf die Eltern und nach vorne auf die Kinder, weil es bei einer Aufstellung keinen begrenzten Raum und keine eingeschränkte Zeit gibt. Am Ende der Aufstellung geht es ihr besser. Überraschenderweise beginnt ihre Mutter im wirklichen Leben wieder mit ihr zu sprechen, nachdem sie sich drei

Jahre zuvor von ihrer Tochter zurückgezogen hatte. Eines der Kinder bekommt danach scheinbar grundlos bessere Noten in der Schule und kommuniziert verständlicher mit seiner Umwelt. Der gesunde Menschenverstand und das »Ich« können solche Phänomene nicht erklären und wenn sie es versuchen, treffen sie mit Sicherheit nicht die Wahrheit, die sich hinter der weitreichenden Lösung verbirgt.

Ich wollte sozialer sein und nicht einfach sagen, dass man nichts mehr machen kann, wenn die Lösungsenergie total zerredet, zerrissen wird und die Diskussionen den alten Zustand wieder herstellen wollen, um auf Biegen und Brechen eine Veränderung zu vermeiden.

Ich fühle mich in die einzelnen Familienmitglieder hinein, das Familiensystem lüftet dadurch ein Familiengeheimnis, das nicht zur Denkweise der Klientin passt und sie protestiert noch während der Aufstellung.

Ich switche dann von der Aufstellungsebene in die Denkebene. Das ist ein Gefühl, als ob man aus einem tiefen Schlaf jäh herausgerissen würde. Ich erkläre, was ich gefühlt habe, dass die Großeltern damals tatsächlich zusammen eine Tat begangen hatten und diese geheim gehalten werden musste. Durch das Verheimlichen erschufen sie unbewusst eine Energieblockade, die in die heutige Zeit hineinreicht. Der Normverstand der Klientin könnte zufrieden sein, jedoch die Ichs lassen keinerlei Einsicht zu. Sie erfinden gnadenlos Argumente gegen die Lösung. Sie wollen diskutieren, Aufmerksamkeit bekommen und daraus Energie schöpfen und schaffen so einen Deckel, der sich über die entbundene Wahrheit legt. Im Inneren lebt die Freiheit und im Äußeren herrscht die alte Beschränkung.

Wenn jemand die Lösung, die sich bei einer Aufstellung gezeigt hat, lässt wie sie ist und ihr zustimmt, dann wird sich tatsächlich das Problem, das Geheimnis in der Familie ohne weiteres Zutun lösen. Sowohl zu den Vorfahren wie auch zu den Nachfahren hin.

# 26. Ulrike will an die Ursache

Vor Jahren begegneten mir sowohl in Berichten als auch in meiner eigenen Praxis die Phänomene der klugen Kinder, die ohne großen Unterricht schwierige Mathematikaufgaben rechnen oder klassische Klavierstücke spielen konnten. Wurden sie gefragt, woher sie diese Begabung hätten, dann konnten sie die Frage nicht beantworten. Sie fassten sich außerhalb des Kopfes in die Aura und meinten: »Von da irgendwo kommt was.«

Ähnlich erging es mir, als ich noch jung war und mein Wissen, das aus Bildern vor dem geistigen Auge und einem Fühlen bestand, erklären sollte.

Vor kurzem sprach mich eine Freundin an, ob ich mich mit den Halbedelsteinen und ihren heilerischen Fähigkeiten auskennen würde. Ja, ich kannte mich vor vielen Jahren damit aus, aber heute sind nur noch Fragmente des Wissens im gegenwärtigen Gedächtnis. Ich habe sogar die meisten Namen der gängigen Steine vergessen. Ich besitze Bücher darüber und weiß, wo etwas steht. Es erfüllte mich mit Traurigkeit, dass dieses Wissen, das mir einst so wichtig war, in Vergessenheit geraten ist. Ich müsste es neu lernen. Es würde mir bestimmt leichter fallen als damals, da es sich um ein Wiederholen der Texte handelt und mein Gehirn das Wissen aus seinem Archiv hervorholen könnte. Es war eine angelernte Bildung, die in meinem Gehirn und nicht in der Zwischenwelt gespeichert ist.

Als eine Patientin mich auf eine Familienaufstellung von vor zwanzig Jahren ansprach und ich sie bat, mir kurz einige Details zu nennen, konnte ich mich schnell und gut erinnern, wie zu dieser Zeit die Aufstellung aussah und welche Lösung wir gefunden hatten. Ich wusste noch in welchem Raum in meiner alten Praxis ich für ihre Ahnen gestanden hatte. Ich bin schon vor achtzehn Jahren umgezogen und trotzdem hatte ich sofort die Bilder dazu wieder parat und spürte, die

Erinnerung kam nicht aus meinem Gehirn oder meinem Körper. Diese Informationen schwebten über meinem Kopf, sie durchwoben mein Energiefeld, das sich wie eine Aura um mich herum legt. Ich konnte auf ein Wissensfeld zugreifen, das außerhalb von mir gespeichert ist.

Dass weder der Körper vom Geist, noch wir Menschen voneinander getrennt sind, wie Descartes (1596-1650) es meinte, war mir schon lange klar geworden. Dass das Gehirn nicht alleine unsere Realität schafft, wissen wir inzwischen auch. Durch unsere Sinnesorgane, unsere Umwelt und Erfahrungen ist es zu einem Informationsempfänger geworden, der verschiedenartige Sachverhalte verarbeitet und ein Vermittler dieser Botschaften ist. Ich behaupte, er ist ein Computer. Je nachdem, was wir eingeben, wird verknüpft und werden Ergebnisse erzeugt.

Wir wissen, dass das Gehirn und der Körper miteinander kommunizieren. Zum Beispiel melden Muskel- oder Gelenkrezeptoren über die Afferenz (Aufsteigende Nervenbahnen) ans Gehirn: »Hier gibt es einen zu großen Zug oder Schub im Gelenk, der Korb ist zu schwer«. Das Gehirn empfängt, verarbeitet und gibt über die Efferenz (absteigende Nervenbahnen) zurück: »Hallo Muskeln, Sehnen und Bänder, ihr müsst mehr Kraft und Stabilität aufbauen, ich gebe euch das nötige Rüstwerkzeug.« Diese Hilfe kann sich in Gelenk- oder Muskelblockierungen äußern oder die Muskelkraft stärken, so dass der Korb mit angemessenem Energieaufwand angehoben werden kann.

Hormondrüsen im Körper melden an Teile des Gehirns (Hypothalamus): »Wir haben zu wenig Hormone.« Eine Kaskade im inneren Netzwerk vollbringt wahre Wunder und die Antwort kommt in Windeseile an das Erfolgsorgan. Die Atmung funktioniert auf ähnliche Weise, weil wir Messgeräte in unserem Körper haben, die an das Atemzentrum im Gehirn den Sauerstoff- ($O_2$) oder Kohlendioxid- ($CO_2$) Gehalt weitergeben. Haben wir zu wenig $O_2$, zu viel $CO_2$, dann wird die Atmung beschleunigt. Auch da darf man sich vorstellen, dass nicht nur ein Areal im Gehirn den Beschluss fasst, sondern mehrere Bereiche beteiligt sind. Alles ist mit allem verbunden. Über die Verbindung Herz und Gehirn möchte ich im nächsten Buch näher eingehen.

Wie schon dargelegt: Vor einigen Jahren war ich von einem Überverstand überzeugt, der uns lenkt und unnützes Wissen vermittelt. Automatisch griff ich mir mit großem Abstand an den rechten Hinterkopf, wenn ich von ihm erzählte. Heute, viele Erfahrungen weiter, mache ich die Ichs dafür verantwortlich. Ich sprach von der Ratio, heute meine ich, den Teil in uns, der vernünftig denkt, der logisch schlussfolgert. Dieser Teil in uns oder die Ebene, bezeichne ich auch als Normverstand. Sobald die linke und rechte Hirnhälfte zusammenarbeiten und die Sprache des Herzens mit einbeziehen, kommt immer etwas Gescheites oder Ordentliches dabei heraus. Die Herzebene, als alleinigem Denker hatte ich damals noch gar nicht im Visier. Diese Ebene ist die ehrlichste, die gleichzeitig die emotionale Seite in uns ausmacht. Die Herzenergie ist meines Erachtens immer mit der universellen Energie verbunden.

Ich suche weiter, wo das Wissen in unserem Energiefeld beherbergt ist.

# 27. Das Feld

Wenn von dem Feld die Rede ist, dann meine ich nicht die physische Ebene, sondern ein Bereich, mit dem mein Geist verbunden ist. Es sind Energiefelder wie die Aura, die meinen Körper umgeben. Es gibt größere Felder, in die wir eingebunden sind, oder uns hineinbegeben können.

Eines wird von dem britischen Biologen und Autor Prof. Rupert Sheldrake als morphisches oder morphogenetisches Feld benannt, das wohl von mehreren Wissenschaftlern Erweiterungen erfahren hat. Diese Felder könnten wir als Naturgedächtnis beschreiben. Alle Energien, alles Wissen, unsere Gedanken, unsere Handlungen und Erfahrungen werden in diesem Feld gespeichert. Wenn auf einem Kontinent der Erde Tiere ihre Gewohnheiten verändern, dann kann man beobachten, dass auf einem anderen Kontinent die Tiere ihre Eigenheiten auf gleiche Weise modifizieren.

So ist es nicht unnatürlich, wenn zwei Wissenschaftler, die nichts voneinander wissen, die gleichen Forschungen anstreben.

Die Erwachsenen in den Sechzigern und Siebzigern im 20. Jahrhundert kannten die Strenge und viel Arbeit. Alles, mit dem man sich darüber hinaus beschäftigte, waren Fisimatenten, war Unsinn, waren Faxen, die nur von der harten, vielgelobten Arbeit abhielten. Bücherlesen galt, sich vor der Arbeit zu drücken und faulenzen zu wollen.

Wenn mir die Erwachsenen in meinem Umfeld zu streng erschienen und einen wichtigen Teil in mir einengten, dann kletterte ich auf meinen Fliederbaum oder stieg auf die Scheune hinauf, wo eine unserer Katzen im Stroh wieder ihre Jungen großzog und besprach mit ihnen, was mich bedrückte. Die ließen mir mein Feld, das mir ein anderes Wissen vermittelte als das, was ich von meinen Eltern lernte.

Im Nachhinein war auch die Strenge meines Vaters gut, der nicht lange unnötig herumdachte und abwägte, den empathielosen Gedanken keinen Raum gab, sondern im Hier und Jetzt entschied. So lehrte er mich, zum Beispiel, ein Rad am Auto zu wechseln.

In meinem ersten gebrauchten Auto lagen im Kofferraum ganz unten nicht nur ein Ersatzrad und ein Wagenheber, sondern auch der Kreuzschlüssel, um die Schrauben am Rad zu lösen. Da ich nicht die Manneskraft hätte, wie mein Vater meinte, legte er mir ein Stück eines abgeschnittenen Wasserrohres dazu, das ich über einen Schenkel des Kreuzschlüssels stülpen konnte, um die Hebelkraft auf die Schraube zu vergrößern. Reine Physik.

Viele Jahre später kam ich in solch eine Situation, als ich mit meinen Kindern zu meinen Eltern fahren wollte und ich kurz vor einem kleinen Parkplatz einen platten Reifen hinten links bemerkte. Hier war kein Platz für panische Gedanken, den unnützen Quasselstrippen, die Panik schieben wollten. Kofferraum ausräumen, Rad und Werkzeug herausholen, Auto aufbocken, Kreuzschlüssel an die Schraube, Wasserrohr über den Schenkel, kurz kräftig mit dem rechten Fuß auf das Wasserrohr treten, schon wurde die erste Schraube locker, dann zur nächsten ... .

Nach einer halben Stunde fuhren wir mit dem Ersatzreifen weiter und kamen gut bei meinen Eltern an. Auch in solch einem Moment bin ich mit dem Feld verbunden, denn dort gibt es keine unnötigen Gedanken, die uns sinnlos unsere Kraft rauben, ohne dass wir erledigen, was getan werden muss. Die Ichs meldeten sich tatsächlich während meines Radwechsels nicht. Ich war in diesem Moment im Hier und Jetzt, konzentriert bei meiner Tätigkeit. Zudem bin ich natürlich meinem strengen und manchmal sturen Vater dankbar, da er mir beigebracht hat, wie ich mich in kritischen Situationen ruhig und sachlich verhalten sollte.

Nicht nur Eltern prägen uns und sind für unsere Entwicklung wichtig, sondern auch unsere Lehrer in der Schule. Dr. K. mein Deutschlehrer in der Realschule war ein strenger und gerechter Mensch. Ich fühlte, dass mir eine gewisse Strenge halt gab, die ich brauchte, weil ich doch gerne in die feinstoffliche Welt abglitt. Diesen Lehrer sehe ich heute noch vor mir mit seinem perfekt gebügelten, hellbraunen Anzug mit zartem Karo, den er häufig trug. An manchen Stellen schien der Stoff zu glänzen vom oft gebügelt oder abgetragen sein. Seine lederne Aktentasche, welche die gleiche Abnutzung wie sein Anzug aufwies, legte er immer auf verlässliche Art auf das Pult. Sein frischgebügeltes Hemd zierte eine dunkelbraune Krawatte, die die gleichen Gebrauchsspuren wie sein Anzug besaß. Seine Gesichtszüge waren fein geschnitten und seine Bewegungen zeugten von einer einstudierten Ordnung und Systematik. Heute weiß ich, das sind Gesten von Menschen, die ihre Hochsensibilität damit in den Griff bekommen wollen. In meinem Buch, »Wandeltreue« hatte ich bereits über ihn geschrieben.

Genau dieser Lehrer kam eines morgens in das Klassenzimmer mit einem tragbaren Plattenspieler und einer Langspielplatte. Er wolle uns keine große Erklärung geben, wir sollten uns einfach ein Musikstück anhören und danach würden wir uns darüber unterhalten. Es war ein klassisches Stück. Ich versank in meinen Stuhl, da ich so gar nicht mit Klassik aufgewachsen bin und meinte, mich recht heftig blamieren zu müssen.

Es handelte sich um die beiden Quellen und den Verlauf der Moldau.

Smetana war zur Zeit der Moldaukomposition fast taub. Er hat die Musik in sich gehört. Kalte Quelle mit Querflöten und heiße Quelle mit Klarinetten vertont, fließen zusammen und ein Orchester spielt. Ich hatte mich damals in den Quellen wiedergefunden. Heute beschreibe ich sie so: Quirlig, leicht, unbeschwert, jung, frisch, sorglos, voller Zuversicht. Heiß und kalt fließt zusammen, verträgt sich, befruchtet jeweils den anderen. Die Geigen setzen ein, eine Fülle, ein Wissen, zusammengetragen in ein Ganzes. Es gibt Hindernisse, die überwunden werden, Strecken, die sich leicht und beschwingt anhören, obwohl der Fluss immer mehr Erfahrungen, wie Wind und Wetter erlebt hat. Ich vernehme die Schwere, die sich mit der Neugierde abwechselt. Gewachsen, mit vielen Erlebnissen gefüllt, fließt die Moldau als großer Strom dahin. Es gesellen sich andere Flüsse dazu, vereinen sich mit dem wissenden Strom.

Die Sonne spiegelt sich mitunter in dem Wasser, das immer mehr anschwillt, langsam Verantwortung übernimmt, über Stumpf und Stein seinen Weg sucht, teilweise viel zu schnell, dann wieder abgebremst wird, sich steigert, älter, reifer, gelassener wird und endlich sich mit einem anderen Gewässer vereint. Ich lebte mit, war selber zum Wasser geworden, das fließt und sich nicht wirklich aufhalten lässt. Es kam mir vor, als ob Smetana in seinem Instrumentalstück unser menschliches Leben erzählt hätte.

Als das Musikstück zu Ende war, herrschte betretene Stille. Unser Lehrer ließ uns einige Minuten mit uns. Er wollte wissen, was wir gehört, was wir vernommen hatten. Alle schwiegen. Waren alle meine Mitschülerinnen Klassikabstinenzlerinnen?

Ich getraute mich zunächst nicht, mich zu melden, denn würde ich erzählen, was ich empfunden habe, dann würde ich wieder für Gelächter in der Klasse sorgen. Als Dr. K. erwartend in die Runde sah, bemerkte er bestimmt, meine Unruhe und mein gerötetes Gesicht, der Ausdruck, dass ich etwas sagen möchte, aber keinen Mut hatte. Er rief mich auf und ich sprudelte meine Gefühle heraus. Ich sah, wie er anfing zu strahlen und wir führten einen Dialog. Endlich ein Mensch, der mich verstand. Ich fühlte mich zu Hause, weil der Komponist Betrich Smetana, seine Moldau und der Lehrer auf meiner Längenwelle schwammen. Später konnten auch meine Mitschüler sich wieder einklinken, als wir über Smetana und die einzelnen Abschnitte des Musikstückes diskutierten.

Diese Empathie, das Fühlen des Flusses, hilft mir heute bei meiner Arbeit als Therapeutin. Ich fühle mich in den Körper und den Geist meiner Patientinnen ein und kann die Ursachen der körperlichen und psychischen Ursachen oft genauer erkennen als mein Verstand. Beim Musikhören und Hineinfühlen verschwinden die störenden Gedanken.

Es gab Lehrer, die nicht so sympathisch waren und dennoch eine wichtige Rolle in meinem Leben gespielt haben, so zum Beispiel mein Mathematiklehrer, der eine Arbeitsgemeinschaft für geometrisches Zeichnen angeboten hatte. Dabei ging es um das Vorstellungsvermögen, um dreidimensionales, räumliches Verständnis in den 1970er Jahren. (Ohne Computer!). Wir bekamen eine unregelmäßige Figur auf den Tisch gestellt, durften sie von allen Seiten betrachten und mussten dann drei Seiten des Gegenstandes in Zusammenhang auf Papier akkurat abgemessen zeichnen. Meine Freundin und ich waren die einzigen Mädchen in der AG. Der Unterricht bereitete mir sehr viel Spaß, weil ich verstanden hatte, dass die genauen Maße und Strichzeichnungen einem unendlichen Nichts einen Raum gaben.

Als ich die Zeichnung fertig hatte, tastete ich mich imaginär in die Figur hinein, um zu verstehen, wie das Innere auf mich wirkte. Fühlte ich mich wohl, oder wollte ich gleich wieder aus dem Hohlkörper heraus. Das war hoch interessant für mich. Meine Leidenschaft wurde getrübt, da der Mathelehrer so überzeugt war, dass ein Mädchen Geometrie nicht verstehen könne, dass er mir und meiner Freundin, ohne mit der Wimper zu zucken, eine Drei als Note gab, obwohl unsere Zeichnungen korrekter und sauberer ausgeführt waren als die der Jungen.

Natürlich war ich sauer, aber ich durfte mich nicht wehren, da ich sonst auch meine Mathematiknoten gefährden würde. Was blieb war die Erkenntnis, dass ich es konnte und dass es nur wichtig war, dass ich (Ulrike) das wusste. Diesmal war mein Zu-Hause-Gefühl, nur in mir selbst, in Ulrike, ohne Rückmeldung von außen. Heute ist diese Art von Raumerfahrung ebenfalls ein wichtiger Teil meiner Therapien, wenn ich in Gelenke am Körper hineinspüre und erkunde, warum ihre Bewegungen eingeschränkt sind.

Das Angebundensein an ein größeres Feld hat viele Vorteile, unter anderem das Einsparen der Kraft und Energie, die für Neues verwendet werden kann. Die Ichs hingegen vergeuden unser Potential, das im Nichts verpufft.

# 28. Das Feld der Boxautos

Auf einem Rummelplatz kam mir die Idee eines Gleichnisses. Ich schaute Jugendlichen und erwachsenen Menschen zu, wie sie sich in Boxautos verhalten, welche Freude sie haben, wenn sie einen anderen Scooter rammen können. Mir tut schon der Gedanke weh, an die Wirbelsäulen und Gelenke, die vom Steißbein bis zu den Kopfgelenken große Erschütterungen aushalten müssen, an den ganzen sensiblen Körper, der nicht weiß, was mit ihm geschieht. Es gibt ein »Oh, Ach, Juhu, warte mal das kann ich auch, getroffen, dir werd ichs zeigen…« Ich betrachte intensiv die Autoscooter. Sie haben keine Räder, allerdings sind hinten Stangen angebracht, die als Antennen das Stromgitternetz, das als Pseudo-Himmel an der Decke befestigt ist, berühren, während gleichzeitig ein Schleifkontakt am Boden den Stromkreis schließt.

Sind nicht auch wir Menschen mit unseren Füßen mit der Erde verbunden und mit unserem Kopf dem Himmel nahe? Unsere Herz-Antennen sind unsichtbar mit einem Universum-Himmel verbunden, wir dagegen oft nicht mit unserem Herzen. So scheinen wir uns an ein Stromgitternetz weit unter dem des Universums zu verbinden und das ist das Himmeldach, das wir uns aus den Ichs erschaffen haben. Wenn wir uns dort anschließen, werden wir zu Boxautos, wir rempeln uns an, werden weggeschoben, gerammt, verletzt und bis ins Mark erschüttert.

Im Fernsehen wurden Experimente mit der künstlichen Intelligenz vorgestellt. Es wurde diskutiert, ob sie für uns ein Segen ist, eine Hilfe darstellt, oder ob sie uns schadet. Im Grunde blieben die Antworten offen. In diesem Beitrag wurden Computer mit Informationen gefüttert, die zu psychologischer oder geisticher Beratung dienen sollten. Das KI-Programm konnte sich dann aus seinem Wissen aus dem Chat GPD die Antworten zusammenstellen, im Grunde aus dem Wissen, was schon vorhanden ist.

Das kann ich auch auf uns Menschen übertragen. Beispiele:

Frau A. macht sich Sorgen, weil ihr Sohn Handlungsweisen zeigt, die für sie nicht verständlich sind. Ihre Sorgen sind erfundene Gedanken, die sie aus ihren Erfahrungen von früher, aus Erzählungen von Menschen, aus ihrem Umfeld und Medienberichten zusammengeklaubt hatte.

Herr B. macht sich Gedanken, produziert sie am laufenden Band, warum die Situationen so sind und nicht anders, wer sich so und nicht anders verhalten soll und dieses warum auch immer nicht tut.

Frau C. meint, dass etwas so oder so sein muss, sonst mache es keinen Sinn, wenn es so und so gewesen wäre, dann hätte der Ausgang oder die Lösung so und so ausgesehen.

A,B und C sind nicht im Hier und Jetzt, schweifen von der realen Welt ab. Sie produzieren mit ihren Gedanken Energien, die sie in den Ich-Himmel geben. Dort stehen diese anderen Menschen zur Verfügung.

Herr D. kommt in eine Situation, die ihm fremd ist und ihm Angst macht. Sofort verlässt er gedanklich das Hier und Jetzt, dadurch sich selbst, lässt eine Antenne entstehen, die sich mit dem Ich-Feld verbindet wie beim Boxauto, während seine Füße die Erdverbundenheit verlassen. Es kommt nur noch zum »Schleifkontakt«. Beide Füße stehen in der Luft und er kann sich jetzt zum Beispiel Sorgen machen wie Frau A, die Gedanken von Herrn B. übernehmen und die »Es-wäre-so-Wenns« von Frau C. Sein Brüten, Grübeln und Sinnieren fällt ihm leicht, weil er sich, durch die Verbindung an den Ich-Himmel, gar nicht anstrengen und keine neuen Erklärungen und Lösungen produzieren muss. Er kann relativ passiv bleiben und von dem Vorhandenen zehren.

# 29. Die Ich-Entdeckung

Was hat mich bewogen, ein ganzes Buch über die Ichs zu schreiben? Im Grunde brachte mich die Psycho-Kinesiologie und ihr Muskeltest dazu.

Der Einstieg in die psycho-kinesiologische Behandlung einer Patientin war: »Ich fühle mich in meiner Haut nicht wohl und ich komme in meinem Leben nicht weiter.« Wir fanden heraus, dass es ein übernommenes Gefühl von der Mutter meiner Patientin war, im Alter von drei Jahren. Die Mutter war damals verzweifelt, weil ihr Mann sie mit einer anderen Frau betrog. Die Emotion, sich verloren und einsam fühlen, ermittelten wir durch die Austestung des Dünndarms und dessen Gefühlsmandala. Die Geschichte konnte weiterhin eingegrenzt werden, und schließlich lösten wir das Problem mit Farbbrillen und Musik ab. Der Satz: »Ich fühle mich in meiner Haut wohl«, ließ den Testmuskel stark werden. Prima, wieder ein Thema geschafft, dachten wir. Bis mir einfiel, die Patientin sagen zu lassen: »*Gerade in dieser Sekunde fange ich damit an!*« Der Testmuskel wurde schwach. Wir hätten gerade wieder von neuem beginnen können, denn der vorherige Satz testete jetzt wieder schwach.

Ich ließ diese Entdeckung in mir sacken und bat eine Freundin und andere Patientinnen mir zu helfen, hinter dieses Geheimnis zu kommen.

Bald hatte ich einen Gedankenblitz und ließ den Satz: »Ich will ein Problem haben«, und den gleichen Satz mit dem eigenen Namen nennen: »Ilona will ein Problem haben.« Wir bekamen verschiedene Muskeltests als Ergebnis. Das Ich wollte ein Problem, Ilona jedoch kein Problem haben. »Ich will vollkommen gesund sein.« Der Arm testete schwach (nein). »Ilona will vollkommen gesund sein.« Der Muskel testete stark (Ja). An dieser Stelle nochmal zum Verständnis: Ein schwacher Muskel zeigt an, dass das Körpersystem durch den gesagten Satz und die Vorstellung gestresst wird und dadurch abschaltet. Ich bezeichne es hier einfachhalber als ein Nein.

»Ich habe ein Problem mit meinem Chef.«, starker Testmuskel, das ist ein klares Ja. »Ilona hat ein Problem mit Ilonas Chef«, der Arm testete schwach also nein.

»All die Jahrzehnte vorher habe ich unwissentlich meine Patientinnen fehlerhaft behandelt«, ging es mir durch den Kopf. Ulrike fühlte sich betrogen. Nicht von der Behandlungstechnik, die ist sehr gut durchdacht, sondern von den Ichs. Aber warum spielt es so eine große Rolle, ob ich ICH sage oder meinen Namen nenne? Das Ergebnis des Tests offenbarte mir, dass ich zwei verschiedene Meinungen habe oder man sogar sagen kann, dass in mir eine zweite Energieeinheit lebt. Bin ich eine gespaltene Persönlichkeit?

Wie oft haben meine Kolleginnen und ich uns bei meinen Fortbildungsbesuchen gegenseitig behandelt und immer wieder zeigten sich, leicht abgewandelt, die gleichen Themen. Heute weiß ich, wir haben unsere Ichs behandelt. Die haben sich eins ins Fäustchen gelacht und gefreut, dass wir ihnen in all den Jahren im Überfluss Aufmerksamkeit geschenkt hatten. Manchmal scheinen wir das eine oder andere Thema von Ilona, Ulrike, Jürgen, Detlev und wie wir alle hießen, getroffen zu haben. Wie war es uns gelungen, trotz der Existenz der Ichs, tatsächliche Lebensthemen zu lösen? Was war an diesen Behandlungen anders? Gerettet hatte uns, dass wir nicht nur Fragen gestellt, sondern auch die zugeordneten *Gefühle* der Organe zu Hilfe genommen hatten, wie zum Beispiel: Ein zu behandelndes Gefühl der Lunge ist Trauer, »sich verloren und einsam fühlen« ist dem Dünndarm zugeordnet. Das Gefühl »nicht mögen« beherbergt der Magen. Diese Gefühle versteht unser Körper.

Im Buch, »Lösungen aus der Tiefe« von 2016 beschreibe ich die Versuche, die ich unternommen habe, den Körper, den Namen und das Ich vereinen zu wollen. Inzwischen musste ich einsehen, dass es mir in keinster Weise gelungen ist. Zwei Jahre später hatte ich dieses

Thema wieder beleuchtet und in der umbenannten Neuauflage »... denn die Gesundheit kennt den Weg« thematisiert. Ich hatte somit meine erste Meinung zwar revidiert, ohne jedoch eine wirkliche Lösung oder Antwort erhalten zu haben.

Im Grunde verschwinden wir in eine unwirkliche Welt, sobald wir in die Ichform wechseln. Ich habe versucht herauszufinden, woher die Ichs kommen, wohin sie gehen und erhielt keine befriedigende Antwort. Sie waren nicht im Körper aber auch nicht in der Aura zu finden.

Sind wir zu einer widersprüchlichen Persönlichkeit durch das Ichsagen- und denken erzogen worden? Im Kapitel: Ich will vollkommen gesundsein, beschrieb ich, wie ich das Ich, den Körper und den Namen zusammenbringen wollte. Die Versuche unter anderem mit der Aussage: »Ich, Monika will vollkommen gesund sein«, und mit dem Händeauflegen auf Brustkorb und/ oder Bauch, um den Körper miteinzubeziehen, ergaben ein völliges Durcheinander und die kinesiologischen Tests waren nicht auszuwerten. Mal waren sie stark, dann wieder schwach und wieder stark bei gleicher Handhaltung und Aussagen. Was mich ebenfalls erschüttert hatte, war die Erkenntnis, dass die Ichs einen größeren Einfluss auf uns haben als unser Normverstand. Wir wundern uns, dass wir nicht gesund werden können, trotz Beteuerung: »Ich will gesund werden, deshalb komme ich doch in Ihre Praxis!«

Die Ichs lassen sich nicht an Körper, Seele, Vornamen oder Gefühle koppeln. Sie scheinen tatsächlich ein Eigenleben zu führen. Dieser daraus resultierende Schock und die maßlose Enttäuschung beschäftigte und quälte mich bis hin zu einer Abwertung von: »Alles war umsonst. Jede kinesiologische Befragung war falsch.«

So kam es, dass ich mir Gedanken über das Ich machte, was sich dann als eine Flut von Ichs, einem sogenannten Imperium entpuppte.

Das Ich:
Die Illusion ist MEINE Welt.
Die Vergangenheit MEIN zu Hause,
da bin Ich, Ich.
Ich bin Ich, eine Täuschung.

Aus dem Doppelspiel zur Wahrheit erwachen.

# 30. Das Ich

*Wer wäre Ulrike, wenn Ulrike die unwesentlichen Gedanken von den Wesentlichen trennen würde? Die Sorgen bekämen keine Aufmerksamkeit, sie verlören ihre Kraft. Ulrike hätte den Menschen gefunden, den das Universum mit ihr gemeint hat und den könnte Ulrike nicht mehr verlieren. Ulrike würde kein falsches Selbst mehr um Ulrike bauen, um Ulrike vor anderen schützen zu müssen. Die vielfältigen Einzelheiten, die das Ganze ergeben, das Ulrikes Leben ausmacht, würden Ulrike wieder auffallen. Sie sind das Wesentliche, nach dem Ulrike sucht. Ulrikes Seele bekäme wieder die bunte Farbe und Ulrike wäre in Ulrike zu Hause. Ulrike wäre nicht mehr Ich, sondern nur noch Ulrike.*

Uff, es fiel mir schwer diesen Text zu schreiben, denn das Ich ist in mir schon so verankert, dass ich ganz vergessen habe, dass ich als kleines Kind mich nur mit meinem Vornamen kannte, allerdings meist mit der Abkürzung oder Verniedlichung, »Ulli«.

Die Gesellschaft würde mich als psychisch krank abstempeln, wenn ich in der dritten Person als Erwachsene von mir reden würde. Dann hätte Ulrike einen *Illeismus*. Wenn Kinder in der dritten Person noch mit vier Jahren von sich reden, dann meinen die Psychologen, sie würden sich nicht als eigenständige Personen wahrnehmen. Eigenständig ist, wer Ich sagt. Wenn wir uns mit unserem Namen benennen, meinten wir eine fremde Person, heißt es in verschiedenen psychologischen Artikeln.

Zerpflücken wir das Wort *eigen-ständig*. Etwas sich zu eigen machen, besitzen, es ständig tun, selbständig sein. Schon wieder finden wir das Wort Selbst, das nicht die persönliche Note ausdrücken kann, wie es durch unseren Namen der Fall ist. »Wenn ich selbständig bin, dann bin ich frei.« »Selbständig bedeutet autonom zu sein.« »Wenn ich selbständig bin, dann bin ich erwachsen.« Wie viel

Freiheit hat ein Selbständiger? Wer ist der Selbstständige, der ständig schauen muss, dass er sich in der Norm des sozialen Netzwerkes bewegt? Sich selbst entscheiden können, sehe ich als Autonomie an. Wenn ich autark bin, handle ich aus meinem Herzen heraus. Im Gegensatz zur Heteronomie, die Fremdgesetzlichkeit. Mit ihr sind wir fremdbestimmt, gehorchen den Ichs, den »Anderungen«, dies sind Meinungen der anderen Menschen, den Ansichten unserer Eltern und Erziehungsberechtigten, Lehrern und Freunden und den Medien. Sie entspringen meist den gesellschaftlichen und familiären Ritualen, Sitten und Gebräuchen.

Fazit: Wir leben die Heteronomie, klammern die Autonomie aus, um dem Illeismus zu entgehen. Die gesellschaftliche Umwelt steckt an. Bin ich mit Menschen zusammen, die alles mäßig angehen, ist auch mein Antrieb etwas zu tun sehr gering. Umgebe ich mich mit geschäftigen Menschen, ist meine Motivation ebenfalls angeregt. Bin ich viel mit den Ich-Denker-Menschen zusammen, werde ich mich auf die Ebene der Ichs begeben, um mich besser mit ihnen verständigen zu können. Schaffe ich es, in meine Herzenergie zu kommen, dann werde ich mehr Menschen treffen, die ebenfalls im Herzen sind.

# 31. Plötzliche Erkenntnis und die Konsequenzen

An einem Samstagmorgen zerbröselte mein Gedankenkonstrukt im Bruchteil einer Sekunde dann endgültig und vollständig. Das passiert, wenn Worte nicht mehr als Begriffe fungieren, sondern zu einem inneren Verständnis werden. Das Denken hat Pause, selbst die Gefühle ziehen sich zurück und frei wird die Energie eines Wissens, das ganz sicher nicht vom Kopfgehirn stammt. Es war wie eine Erleuchtung, eine Erkenntnis, die sich über Jahre entwickelt hatte.

Das, der, die Ichs sind fremde Facetten, die nichts mit meiner Essenz, meinem ursprünglichen Leben zu tun haben. Das ICH ist ein benutzbares Wort für einen Teil von mir, der nicht wirklich existiert. Die »Ichs« bestimmen mein Leben, obwohl sie meinen eigentlichen Lebensweg nicht kennen. Ein Teil von mir hat sich mit ihnen identifiziert. Kein Wunder, dass ich mich zwingen muss, alles das zu tun, was ich nach Meinung der Ichs auszuführen habe. Man muss sich zwingen, erfolgreich zu sein. Ein Vorfall in meiner Kindheit wurde oft in lächerlichem Ton erzählt: Als es mir nicht gelang, die Erwartungen meiner Mutter zu erfüllen, sagte ich ihr mit meiner damaligen kindlichen Ehrlichkeit: »Mama, ich habe mich sooo *gezwingt*.«

Oft müssen wir uns zum Tätigwerden zwingen, da die Gedanken unserer Ichs bestimmen, dass es nur einen einzigen Weg gibt. Sie wollen uns beständig glauben machen, dass unsere Handlungen und unsere Arbeit kompliziert seien und wir viel Mühe haben müssen. Wenn wir in unserer Herzenergie verweilen würden, dann geschähen viele Dinge von sich selbst heraus und wir handelten ohne Zwang.

Wenn das ICH unser Glück gesucht und gefunden hat, was auch immer das ICH als Glück versteht, können wir glücklich sein, wenn es uns verlässt. Es schränkt uns ein und wir haben erst die Möglichkeit zu wachsen, wenn es gegangen ist. Die Seele, unser Herz und unsere Essenz jedoch wissen, was gut für uns ist. Dieses stille Glück, das aus den Dreien besteht, erlaubt unsere Selbstentwicklung. Erst wenn wir die Wahrheit der Seele wirken lassen, werden wir das Glück an seinem Finale erkennen. Wir glauben, dass wir Mut brauchen, um das Risiko einzugehen, das Ego zugunsten unseres Herzens aufzugeben. Meiner Meinung nach wäre das der natürlichste Weg, den uns bislang noch keiner gezeigt hat, weil noch niemand unseren Weg gegangen ist und auch nicht gehen kann.

Ein Beispiel: Die Ichs lassen uns gerne mit anderen Menschen vergleichen. Sie lassen nicht locker und reden uns ein, dass wir ein Auto wie der Nachbar haben müssen, oder ebenfalls ein Haus in der Stadt wie die Freundin, oder einen Urlaub dort verbringen sollen wie die Menschen, die in den sozialen Netzwerken ihre wunderbaren Reisen posten, die oft gefaked sind. Wir sind durch diese Wünsche oft zeitlich und finanziell total überfordert und auch nicht glücklicher geworden, selbst wenn wir uns die Begehren materiell leisten können. Die suggerierenden Gedanken, die Endlosschleife, wollen nicht ruhen, bis wir uns das geleistet haben, was die Ichs wollten. Wir warten auf die Freude, die sich nach so einer gelungenen Aktion schließlich einstellen müsste. Ernüchterung macht sich breit, eine Leere stellt sich ein, vielleicht noch ein schlechtes Gewissen, dass die Finanzen nicht mehr für den Alltag reichen oder der Urlaub ein Reinfall war und wir nicht das vorgefunden haben, was uns die Ichs versprochen hatten. Nach der Erfüllung ihrer Wünsche, schmeicheln sie uns kurzzeitig mit einem illusorischen Glücksgefühl, kritisieren jedoch gleichzeitig negativ und beginnen sofort, die nächsten Wünsche zu planen. Dieses Glück ist von kurzer Dauer, weil die Ichs immer gierig sind und gierig nach den nächsten Sensationen suchen. Sprechen Klientinnen von solch einem Glück, sind die Worte überspitzt gewählt und der Tonfall ist merklich gekünstelt.

Herzentscheidungen sind meist spontan, ruhig, kurz überlegt, stimmig und wenn sie sich erfüllt haben, dann macht sich eine Dankbarkeit und eine Zufriedenheit breit. Das nennt man auch, »das Glück, das bleibt«.

Wie viele einengende Glaubenssätze haben wir in der Kinesiologie in Ichform zu freimachenden umgepolt und immer wieder tauchten sie als nicht umgewandelt auf. Die Ichs haben sicherlich ihre Schadenfreude sehr genossen, während wir Therapeutinnen uns bemüht hatten, und die Ichs immer und immer wieder ein bisschen krank sein und ein Problem haben wollten. Die empathielosen

Gedanken konnten unsere Behandlungen gelassen ertragen, denn sie fühlten sich nicht angesprochen. Das mussten sie auch nicht, denn sie waren nicht persönlich für uns verantwortlich. Sie entstammten zunächst der Gedanken unseren Eltern und Erziehungsberechtigten und dem großen sozialen Netzwerk.

Nur wer die Sprache der Kommune spricht, gehört dazu und wird akzeptiert. Wie würde man mich ansehen, wenn ich zum Bäcker ginge und sagte: »Ulrike hätte gerne ein Brot.« Spinnen wir es weiter, die Verkäuferin hieße Barbara. »Ulrike möchte bitte von Barbara ein Brot haben.« Oder: »Mag Barbara, Ulrike ein Brot geben?« Das ist sehr persönlich, direkt und unverfälscht. An dieser Stelle bitte ich Sie, liebe Leserinnen und Leser mit Ihrem Namen die Sätze zu bilden und nachzufühlen, wie sich die verschiedenen Sätze anfühlen, wenn es standesgemäß wäre, in der dritten Person zu sprechen. Wie viel Freundlichkeit entstünde in solch einem Fall!

In der Krankengymnastikschule 1976, wurden wir über die Entwicklung des Kindes unterrichtet. Ich sehe heute noch den Psychologen vor mir, wie er strahlend erklärte: »…und endlich sagt das Kind ICH.« Seine Aussage löste in mir damals Unbehagen aus und ein kalter Schauer lief mir den Rücken hinunter. Ob es an der Freude des Arztes oder der Betonung lag, oder am Wort *endlich*, oder dem *Ich*, das kann ich nicht sagen. Heute gelingt es mir, all diese Anzeichen zu einem Puzzle zusammenzufügen. Zu damaliger Zeit war es nur ein Gefühl, das für mich nicht stimmte.

Ich selbst war noch sehr lange ein Ich-Denker-Mensch. In der Öffentlichkeit muss ich immer noch Ich sagen, doch meine Gedanken sind frei. Mit mir selbst kann ich ja in meinem Namen denken und handeln. Das ist dann Ulrikes Geheimnis. Das kann allerdings jeder mit seinem Namen machen. Auch Sie.

»Endlich sagt das Kind ich.« Nach Jahrzehnten und vielen Erkenntnissen, kommt mir dieser Satz fatal vor. Ich möchte fast behaupten, es ist ein seelischer Missbrauch, der von der Gesellschaft als legal bezeichnet wird. Das Kind, das sich bisher bei seinem Namen genannt hatte und bei sich, in seinem Herzen war, hat sich endlich dem sozialen System unterworfen und sich selbst aufgegeben. Schauen wir uns das Wort *endlich* einmal an: Es wurde etwas ein Ende gesetzt, zuletzt kommen, hintenanstehen, etwas ist zu Ende. Die Autonomie hat ein Ende.

Heute habe ich mehr Möglichkeiten, an die Sache »Ich« heranzugehen, über die intuitive Aufstellung und andere Denk- und Fühlweisen. Diese Art von Behandlungen ecken in der Gesellschaft immer noch an. Die Idee, wieder sich beim eigenen Namen zu nennen fällt noch aus dem sozialen Gedankenraster und erfährt Abwertungen. Denn dann sind wir nicht *normal*. Wer auch immer die Normen festsetzt....

Wir kamen mit einem großen Potential auf die Welt und wurden mit der Zeit zu Normalos erzogen, die einfacher kontrollierbarer sind, wenn das uniformierte Ich verwendet wird. Darauf legt die Gesellschaft großen Wert. Diese Werte werden von Menschen festgelegt. In Abhängigkeit des Landes, in dem wir leben, fallen die Regelungen unterschiedlich aus. Überschreiten wir gewisse Anweisungen, stellen sich Gefühle wie Schuld, Scham und schlechtes Gewissen ein. Bestimmte Programme hat *man* aufgestellt, um uns zu sichern, zum Beispiel die Ampeln an Straßenkreuzungen zu respektieren. Wenn sich jeder an die Regulierungen hält, passiert tatsächlich kein Unfall. Diese Regeln sichern uns in der Gesellschaft das Leben. Sie sind wichtig und sinnvoll. Es gibt allerdings Anordnungen, die uns von unserem individuellen Leben abhalten.

Das Lebensprogramm, die Gepflogenheiten meiner Familie haben in anderen Familien unter Umständen keine Gültigkeit. Wir haben bestimmte Sitten und Gebräuche. Hier einige Beispiele: Wann wir essen, was wir essen, wann, wo, welche Kleider getragen werden dürfen. Manche Kinder dürfen in ihrer Jugend die Haare nicht schneiden lassen, jeden Sonntag ist der Kirchgang Pflicht, einige machen Party ohne Ende, bei anderen wird nur an bestimmten Tagen gefeiert. Wir nennen jeden unnormal, der in dem jeweiligen Kontext nicht nach dem allgemeingültigen Konzept lebt. Manchmal zeigt sich auch Kulanz, die mit einem Spruch ausgedrückt wird, den ich in verschiedenen Regionen gehört habe und übersetzt so klingt: »Es gibt Solche und Solche, aber WIR gehören zu den Solchen!« Was so viel heißt, wir gehören zu den Besseren, die es (das Leben) richtig machen.

Keiner weiß so recht, was das Ich für eine Rolle spielt. Philosophen aus mehreren Jahrhunderten versuchten sich an dem Ich. Es hat verschiedene Namen bekommen wie Ratio, Ego, Quasselstrippe, Überverstand, Monster, bis hin zu dem Selbst, das einen noch spezielleren Begriff für unsere Individualität darstellen soll. Die verschiedenen Formulierungen lassen auf den Bezeichner schließen, der aus seiner Sicht und seinem momentanen Standpunkt eventuell das Gleiche meint, wie die anderen.

Ich selbst, also Ulrike, habe in den letzten Jahrzehnten verschiedene Ausdrücke verwendet, weil ich nicht wusste, mit wem ich es zu tun habe. Die Ichs und das Ego nannte ich lange, *Überverstand*. Die Ratio wurde ebenfalls in die Ichdefinitionen eingereiht. In manchen Schriften wird das Ich die Nummer zwei genannt.

»Jeder Mensch ist Manager seines eigenen Selbst.« Das sind Sätze, die schwer auf unseren Schultern lasten, denn wenn wir von den Ichs gemanagt werden, sieht unser Leben anders aus, als wenn wir von unserem Herzen geführt werden. Mit dem Herzen fühlen wir uns nie alleingelassen, wir handeln dann kreativ und intuitiv.

Wie viele Ichs wir sind, wissen wir nicht. Mit ihnen sind wir nie einsam, sondern ständig in Gesellschaft. Wir können unsere Fensterläden und Türen verbarrikadieren, wir sind immer in einer Gruppe. Die Ichs treffen für uns Entscheidungen, drängen sich in unser Leben, lassen uns in die Vergangenheit oder die Zukunft schweifen. Sie loben und bestrafen uns und setzen gewissenlos unser Leben aufs Spiel. Denn wenn uns etwas Schlimmes passiert, dann entziehen sie sich uns. Sie waren nie Schuld an unserer Fehlentscheidung.

Ich habe viele Jahre einen Unterschied zwischen den Ichs und dem Ego gemacht, wohl wissend, dass das Wort Ego aus dem Lateinischen kommt und übersetzt das Ich meint. Meine Erfahrungen haben mir gezeigt, dass die Wahl unserer Worte sehr wichtig ist. Zum Beispiel der Satz: »Ich liebe dich«, ist ein leerer Satz, während »gemögtwerden«, tief in unseren Körper eindringt, sich dabei ein wohliges Gefühl ausbreitet und ihn glücklich macht.

Beim Hineinfühlen eines Ichs, habe ich das Gefühl, ein Geist, eine Energie schwebt in der Luft, hat keine Beine oder Füße für eine Bodenhaftung. Es ist da, ohne Sinn und Zweck. Es bekommt von uns viel Energie, wenn wir uns gedanklich mit ihm befassen und ihm den totalen Fokus geben. Die Ichs wollen Energie und Macht. Diese Eigenschaften kennen viele von uns, da sie bei den Menschen auf der ganzen Welt zu beobachten sind. Ausnahmen bestätigen natürlich die Regel.

Das Ego oder das Wort Ego, steht fest auf dem Boden. Es gibt mir ein Gefühl von Dogmatismus. Es hat Negatives aus der Vergangenheit gesammelt und möchte teilweise destruktiv oder sogar drohend das alte Wissen in das Hier und Jetzt hineinbringen und sein altes Wissen gerade eben als das Beste anpreisen, das ich bedingungslos zu übernehmen habe. Zum Beispiel: Ich habe eine Prüfung nicht bestanden. Dann behauptet es, dass ich ganz sicher die nächste auch nicht bestehen werde.

Wir gewähren dem Ego Einlass, sobald wir unser Herz verschließen und dem realen Leben entziehen. Sie ahnen nun, mit den Ichs oder durch die Ich-Gedanken sind wir multiple Persönlichkeiten.

Das Ich und das Ego können nur bestehen, wenn wir ihnen Probleme und Konflikte liefern, ihnen viel Aufmerksamkeit zollen und wir unser Herz verschließen. Die Ichs und Egos wollen keine

Veränderung. Das Ich braucht das Du, das Sie, das Ihr und Wir und die Anderen. Das Ich bringt uns dazu, uns mit anderen zu messen und wir dann von allem mehr haben wollen. Es möchte, dass wir uns aufregen über andere, uns mit ihnen vergleichen, mit denen, die angeblich besser sind, mehr besitzen als wir und dadurch für uns der Eindruck entsteht, schlechter zu sein, da wir weniger aufweisen können als sie. Sie können uns sogar instruieren, uns idealer zu denken als wir sind und uns weit überschätzen.

In diesem Karussell entwickeln sich weitere Gedanken, mit denen wir uns beschweren, uns *schwer* machen, uns quälen, uns über andere Menschen auslassen, bis hin zu Neid und Eifersucht. Die Ich-Probleme, die wir zu unseren gemacht haben, bekommen Zuspruch, Mitleid und Aufmerksamkeit. Es fließt unendlich viel Energie von unserem Geist und unserem Körper in eine mächtige Ich-Dynastie.

Jeder Gedanke ist Energie. Energie kann man nicht zerbrechen, man kann sie jedoch transformieren. Auch wir bestehen aus wesentlich mehr Energie, als wir vielleicht ahnen (99,9%). Da wir uns auf die wenige verbleibende Masse konzentrieren, spüren wir es nicht. Es gibt nicht nur rechts und links, oben und unten, innen und außen. Es existieren ebenso die Parallelen, die Kreuzungspunkte, die allesamt verschiedenartige Energien ergeben. Energie kann unsere DNA verändern, behindern, fördern oder überschießend reagieren lassen. Wenn wir nun die Instanzen von Ich und Ego missbrauchen, indem wir sie an falscher Stelle benutzen, entstehen dann entartete Energien, die wir Krankheiten nennen? Welche Energien lassen Menschen so sehr nach Macht und Gier streben, dass sie über Leichen gehen?

Das Ich identifiziert sich mit seinem Gedankenkonstrukt und kreiert Ideen, die nicht zur jeweiligen Situation passen. Die Gedanken und die daraus resultierenden Pläne müssen auf Biegen und Brechen durchgesetzt werden, denn die Ichs der Gesellschaft haben recht. Welche Konstrukte von Energien müssen wirken, dass Menschen bewusst Medikamente, Lebensmittel und Stoffe herstellen, die der Menschheit schaden?

Wenn man Energie durch Information übersetzt, dann sind wir ganz schnell bei unserer DNA angelangt. Wissenschaftler haben herausgefunden, dass unsere DNA nicht nur durch unsere Umwelt, sondern auch durch unsere Gedanken, Gefühle und durch unsere Erfahrungen während unseres Lebens verändert werden kann. Mächtige Instanzen in unserer Gesellschaft machen sich diese Tatsache zu Nutze, um die Bevölkerung zu manipulieren. Die unselbständigen Ichs brauchen solche Menschen die anordnen, versprechen und unterschwellige Informationen schicken. Diese Menschen prägen uns und unsere Gene. Wir denken, fühlen und handeln fremdgesteuert.

Viren machen mit unseren Zellen nichts anderes. Sie impfen unsere Zellen, übertragen ihnen die Viren-Information und unsere Zellen reagieren auf die Vireninstruktion mit den entsprechenden Verhaltensweisen.

Negative Erfahrungen hinterlassen Spuren in unserem Energiehaushalt. Unser Denken und Handeln richtet sich nach unserem subjektiven Schnittmuster, das uns von unserem Glück und der Zufriedenheit abhält, da beide unsere ständigen Begleiter sind. Wenn wir realisieren würden, dass wir mehr als nur Materie sind, dann könnten wir unser Leben leichter gestalten.

Über die heutigen Möglichkeiten der Medien kann man uns, die Gesellschaft, spielend und mühelos erreichen. Ein Beispiel ist folgendes Experiment, das in einem Filmausschnitt gezeigt wird: Mehrere Handballspieler werfen sich Bälle zu, die man zählen soll. Mehrmals spaziert dabei auffällig ein als Affe verkleideter Mensch durch das Spielfeld. Dieser wird von den wenigsten Probanden wahrgenommen. Wir übersehen Wesentliches, wenn wir im Kopf fokussiert und nicht in unserer Herzenergie sind. Würden wir über kinesiologischen Muskeltests das Unterbewusste fragen, könnte dies die korrekte Antwort geben, denn es zeichnet unsere Umgebung auf wie eine Filmkamera.

Wir fürchten uns vor dem Druck derer, die meinen unser Leben bestimmen zu müssen. Wir sollen uns einordnen, anpassen, Masse werden. Wenn wir das tun, dann verlieren wir unsere Identität. Versuchen wir authentisch zu sein, spüren wir den Druck unserer Mitmenschen, doch dann sind wir nicht mehr normal. Normal ist, wer sich brav zu einer Nummer machen lässt, mit der man Statistiken füllen kann. Wer seine Einmaligkeit lebt, wird eventuell als verrückt oder böse deklariert und wirkt unter Umständen bedrohlich auf die Masse. Es braucht Mut ein Unikat zu sein.

# 32. Affirmationen

Wie oft haben wir bei Fortbildungen uns Sätze aufgeschrieben wie: »Ich bin wertvoll.« »Ich bin es wert geliebt zu werden.« »Ich bin Frieden.« »Ich bin glücklich.« Wir hatten gelernt, die Worte so sorgfältig zu wählen, als wäre das Ereignis schon geschehen. Das Gehirn scheint wohl das Wort NICHT, zu überhören, so dass der Satz: »Ich will nicht mehr rauchen«, als »Ich will mehr rauchen«, verstanden wird und der Körper den Befehl dazu bekommt, nach einer Zigarette zu schmachten.

Alle Affirmationen fingen grundsätzlich mit ICH an. Erst als ich das Ich in der kinesiologischen Testung entlarvt hatte, war mir klar, warum die Sätze nicht wirken konnten oder sogar das Gegenteil bewirkten.

Am meisten war ich darüber erstaunt, als ich bei mir austestete: »Ich will in Urlaub gehen/fahren/fliegen.« Der Testmuskel wurde schwach. »Ulrike möchte in Urlaub gehen/fahren/fliegen.« Der Testmuskel wurde jedes Mal stark.

Wenn die Ichs tatsächlich Anderungen sind, welches Ich teste ich gerade, das mich nicht in Urlaub fahren lässt? Dieses Ich war das

Sprachrohr meines Vaters, der über die Menschen schimpfte, die in Urlaub fuhren und in dieser Zeitspanne nicht arbeiteten. Die waren in seinen Augen Faulenzer, Nichtsnutze. Sie sollten was schaffen, so wie er. Als Vieh-Bauer arbeitete er sieben Tage in der Woche, das ganze Jahr über, ohne Urlaub.

Immer öfter testete ich, als Ulrike, meine Entscheidungen, erlebte die Differenz zwischen Ich und Ulrike und war immer wieder verblüfft, wie viel Macht das Wort Ich, mit dem ich mich identifizierte, über Ulrike hatte.

Beispiele: Der Satz, »Ich bin es wert geliebt zu werden.«, klingt für mich mit heutigem Verständnis wie ein Hohn. Das Ich soll geliebt werden. Wir Therapeutinnen hatten in vergangenen kinesiologischen Behandlungen alles dafür getan, dass das Ich geliebt wird. Wer hatte in dem Moment Gefühle für den Körper gespürt? Im Grunde war es ein leerer Satz für die Person, die ihn ausgesprochen hatte, aber für die große, weite Ich-Welt war es eine enorme Bereicherung.

Die Klopftechniken mit ihren Abkürzungen, und Modifikationen wie EFT, MFT, TTT, PEP, die auch Teil von Traumatherapien sind, versprechen eine psychische Entspannung, um traumatische Erinnerungen zu lösen. Sie sind durch das Klopfen von Akupunkturpunkten und Meridianen nicht nur rein mentale Therapien, sondern beziehen den Körper mit ein. Sie sollen einen Bezug zu innen und außen herstellen, das Gedankenkarussell unterbrechen. Hier ist zu unterscheiden, wann und bei wem und bei welcher Art von Trauma ich diese, aber auch allgemeine Therapien anwende. Bei kriegsversehrten Soldaten, die psychische Störungen haben, sind Klopftechniken eine sehr gute Entscheidung. Wenn ich in die feinstoffliche Ebene vordringen will, sind diese Techniken nicht die erste Wahl. Ohne die Ichs durchgeführt, sind sie wirksame Therapien. Meist werden aber unbewusst die Ichs angesprochen.

Ich selbst musste mich von diesem Einklopfen und Umpolen von Glaubenssätzen distanzieren, denn mein Körper wehrte sich vor diesen Techniken durch Anspannung und Unwohlsein. Über zwanzig Jahre hatte ich dafür nicht wirklich eine Erklärung.

Klopfe ich: »Ich bin es wert geliebt zu werden«, hat dieser Satz einen anderen Gehalt, als »Marianne ist es wert geliebt zu werden.« Um in tiefere Seinszustände zu kommen finde ich es liebevoller, die Akupunkturpunkte mit einem Finger zu halten und dabei zu summen, statt diese zu beklopfen. Gefühle lassen sich nicht einklopfen, sondern einfach nur empfinden. Der Ton macht die Musik. Das Summen, je nach Tonhöhe, löst Vibrationen in unterschiedlichen Körperregionen aus, die der Körper versteht. Denken wir daran, wie schnell sich ein Baby beruhigt, wenn wir ihm ins Ohr summen.

# 33. Ichlüge und Manipulation

Marketingpsychologen wissen, dass wir uns nach Wärme und Geborgenheit sehnen, die uns das Ich nicht geben kann. So werden viele Produkte mit Begriffen wie »regional«, »aus der Heimat«, »unsere Heimat« versehen. Wir kaufen und essen das Produkt, lesen »aus der Region« und schon fühlen wir uns wie in den Mutterleib zurückversetzt. Das Ich fühlt sich angesprochen und umsorgt. Unser Körper wird durch die regionale Mahlzeit scheinbar lethargisch gesund gehalten, wie im Mutterleib. Diese Situation gaukelt unserem Körper ein Wohlgefühl vor, das unser Herz nicht bestätigen kann, wie der kinesiologische Muskeltest beweist. In diesem Moment handeln wir nicht in unserem Namen und mit unserem Herzen, aber wir glauben fälschlicherweise, dass wir es tun.

Lügt das Ich? Kim hat wenig Geld und wenn sie zu Geld komme, dann sei es schnell wieder weg. Es reiche gerade mal für das Nötigste, schicke Kleider oder ein Urlaub seien da nicht drin, äußert sie sich. Der Muskeltest ergibt:

| | |
|---|---|
| Ich darf Geld haben | nein |
| Geld hat man nicht | ja |
| Ich muss viel arbeiten, um etwas Geld zu haben | ja |
| Ich bin es nicht wert Geld zu haben | ja |
| Meine Eltern haben es mir verboten, weil sie auch kein Geld hatten | ja |
| Für mich ist Geld kein Thema | ja |
| Meine Arbeit ist wertvoll | nein |
| Ich bin wertvoll | nein |

Wenn Kim über dieses Thema redet, sieht sie bedrückt aus. Ich fühle Scham, Schuldgefühle und ein schlechtes Gewissen. Wir testen weiter:

| | |
|---|---|
| Ich schäme mich, viel Geld zu haben | ja |
| Geld stinkt | ja |
| Ich bin meine Mama | ja |
| Ich bin mein Vater | nein |
| Frauen dürfen Geld haben | nein |
| Die Arbeit einer Frau ist wertvoll | nein |

In diesem Moment ist Kims Ich die Mutter. Kim erzählt, wie sie ihre Mutter in ihrer Kindheit erlebt hat. Die Mutter war nie berufstätig, hatte nie einen Führerschein gemacht und war total von ihrem Mann abhängig. Der hat für die Familie gesorgt, was das Geld betrifft. Als wir beim Testen Kims Name statt dem Ich, dem Man und dem Selbst einsetzten, hat sich der Test gänzlich verändert. Kim hat ein ganz anders Verhältnis zum Geld als ihre Mutter.

Gerhardt kann recht gut leben. Wenn er das sagt, schmunzelt er. »Ich hatte in meinem Leben viel Glück, was das Geld anbelangt.« Dieses Ergebnis bekommen wir durch den Muskeltest. Störend ist die Aussage: »Ich bin mein Vater.«

| | |
|---|---|
| Ich darf Geld haben | ja |
| Geld hat man nicht | nein |
| Geld hat man | ja |
| Meine Arbeit ist wertvoll | ja |
| Ich bin wertvoll | ja |
| Ich bin meine Mutter | nein |
| Ich bin ein Mann | nein |
| Ich bin divers | nein |
| Ich bin mein Vater | ja |
| Ich bin Niemand | nein |
| Väter dürfen Geld haben | ja |
| Die Arbeit eines Vaters ist wertvoll | ja |

Gerhart hat das Leben seines Vaters gelebt, was für ihn in dieser Situation nicht schlecht war, was das Finanzielle betrifft. Das Ich meint allerdings, dass er kein Mann sei, was mich irritierte, denn dann wäre er eine Frau oder wie es heute heißt, divers. Gerhart meint allerdings, dass er sich als Mann fühle. Aber laut Test, ist nur sein Vater ein Mann. Solange er sein Vater ist, kann er anscheinend als Mann leben. Das ist vielleicht im Moment schwer zu verstehen, da hier auch noch das Unterbewusste mit hineinwirkt. Manchmal ist es komplizierter als wir einfach denken.

Das Problem bei einigen Männern, die wenig Geld verdienen oder wenn sie es haben, es ihnen durch die Finger rinnt, äußert sich darin, dass das Ich behauptet, sie seien kein Mann, sondern eine Frau, die entweder nicht arbeitet und vom Ehemann abhängig ist oder aber sie wären eine Frau, die im Beruf niedriger bezahlt wird, als ein Mann. Wie schon an anderer Stelle erwähnt, spielen hier unterbewusste Glaubenssätze und Familienproblematiken mit hinein, die in diesem Buch nicht weiter erörtert werden.

Georgs Ich behauptete, er sei kein Mann. Ich bat Georg mich dabei anzusehen, wenn er den Satz »Ich bin kein Mann«, wiederholte. Er konnte mir nicht in die Augen sehen, wich meinem Blick aus und Georg sagte diesen Satz, mit ernster Miene, so als wenn er mich und vor allem sich davon überzeugen müsste. Eine Erklärung war: Georgs Mutter wollte keinen Sohn, sie hatte während der Schwangerschaft auf ein Mädchen gehofft.

Martin konnte mir freudig in die Augen sehen, als er die Aussage machte, dass er ein Mann sei. Martins Eltern war es egal, welches Geschlecht ihr Kind haben wird, Hauptsache es sei gesund. »Ich war der dritte Junge. Meine Mutter stand wie ihre Mutter voll im Berufsleben. Meine Mutter hatte keinen Bruder und so wurde sie wie ein Junge großgezogen und konnte gut mit uns Jungs umgehen.«

Die Vermutung liegt nahe, dass die Aussagen des Ichs stark mit den Erlebnissen im Mutterleib zusammenhängen. In dieser Hinsicht nehmen auch die gesellschaftlichen Normen Einfluss. Eine Frau macht den Haushalt, der Mann geht arbeiten. Das ist heute immer noch für das Ich normal, obwohl in vielen Familien die Emanzipation und eine Rollenverteilung Einzug gehalten haben. Das Ich liebt die Vergangenheit.

Tanja ist Single, sie muss sich selbst versorgen, was sie auch tut. Und trotzdem reagiert ihr Ich wie Kims Ich (siehe oben). Was deutlich wird, ist die fehlende Wertschätzung für sich und meistens auch für ihre Arbeit.

Bei Martin finde ich die erste Lücke, wenn ich ihn seinen Namen aussprechen lasse. Jedes Mal, wenn er seinen Namen aussprach, zeigte sich der Name nie als wertvoll. Hier nur ein kleiner Ausschnitt von jahrelangen Tests:

| | |
|---|---|
| Martin ist wertvoll | Nein |
| Martins Körper ist wertvoll | Ja |
| Kims Körper ist wertvoll | Nein |
| Tanjas Körper ist wertvoll | Nein |
| Georgs Körper ist wertvoll | Nein |

Der weibliche Körper ist nicht wertvoll. Das gilt für Männer, die sich weiblich fühlen, als auch für Männer, deren Mutter keinen Sohn akzeptierten oder den Vater ihres Sohnes ablehnten. Mütter haben wohl bewusst oder unbewusst viel Macht über ihre Kinder. Neun Monate Schwangerschaft sind eine lange, gemeinsame Zeit. Hier spielt noch eine ganz andere Energie, als die des Ichs mit hinein. Das fand ich erst einige Jahre später heraus. So viel sei verraten, es hat mit der linken Hirnhälfte zu tun.

Sie, liebe Leserin, lieber Leser können ein Blatt Papier und einen Stift in die Hand nehmen und einen Bericht mit der Überschrift, »Wer bin ich«, schreiben. Der ganz anders ausfallen darf als dieser.

Ein Beispiel: »Ich bin eine Frau, achtundfünfzig Jahre alt, 1,62 Meter klein. Ich habe einige Kilo Übergewicht und möchte nicht wissen wieviel zu viel. Ich fühle mich zu dick, seit mich mein Hausarzt unbedingt öfter sehen möchte, weil ich zu fett und dadurch gesundheitsgefährdet sei. Meine Haare wollen sich nicht so um meinen Kopf legen, wie ich es wünsche, deshalb habe ich sie kurz schneiden lassen. Das sei zu sportlich sagt meine Freundin, das passe nicht zu mir, da ich mit Sport nichts am Hut hätte. Ich bin verheiratet und habe zwei Kinder, die aus dem Haus sind und sich nur sporadisch zu Hause melden. Mein Mann geht seiner Arbeit und seinem Hobby nach und ich scheine ihn nicht wirklich zu interessieren. Ich muss annehmen, dass er mich nicht mehr attraktiv findet. Im Lesekreis, der ausschließlich aus Frauen besteht, scheint man mich auch nur zu dulden, denn einen wirklichen Anschluss habe ich nicht gefunden. Die meisten Frauen sind sportlich und schlank. Manche sind vom Schicksal begünstigt, können essen was sie wollen und nehmen nicht zu. Ich denke die mögen mich nicht, weil ich dick bin. Ich habe immer öfter keine Lust meinen Haushalt zu erledigen. Lesen begeistert mich auch nicht wirklich. Ich sitze schlussendlich vor dem Fernseher und zappe zwischen den Programmen herum. Ich hätte schon viel früher etwas verändern sollen.«

Diese Frau wird von ihren Gedanken so miesgemacht, dass sie meint, keine Chance zu haben, wieder zu sich selbst zu kommen

Wie würde dieser Bericht ausfallen, wenn die betreffende Person gelernt hätte, in ihre Herzenergie zu kommen und sich mit ihrem Vornamen nennen würde? Denn erst wenn wir das Ich nicht mehr spüren, werden wir die Herzenergie fühlen.

Unsere Gedanken erzeugen entsprechende Gefühle in unserem Körper, denn Körper und Geist hängen eng miteinander zusammen. Sie ergeben gemeinsam ein Ganzes.

Ob wir Sorgengedanken hegen, sie ständig um unseren Kopf kreisen lassen, oder Schuldgefühle aus der Vergangenheit den Fokus geben, oder aus der Zukunft ein Angstgebilde machen, ergibt auf der körperlichen Ebene keinen Unterschied. Das Gehirn kann nicht unterscheiden, ob ein reales, hungriges Raubtier vor uns steht, oder ob die Gedanken den gleichen Stress auslösen.

Es werden die selben Kampf – und Flucht-Hormone ausgestoßen. Die Nebennieren laufen in Hochform auf und schütten Adrenalin, Kortisol und andere Stresshormone aus, die durch unseren Körper strömen, unser Immunsystem, unsere Herztätigkeit über Gebühr erregen, das Gehirn beeinflussen und jede Zelle in unserem Körper beeinträchtigen.

# 34. Sind wir alle schizophren?

Diese Frage stelle ich mir immer wieder. Realitätsverlust, Wahnvorstellungen, Störungen in der Denk- Sprach- und Gefühlswelt gehören zu dieser Psychose, »Schizophrenie«. Fälschlicherweise werden die Persönlichkeitsspaltungen dazugezählt. Menschen, die unter Schizophrenie leiden, hören Stimmen, die sie in bestimmte Verhaltensrichtungen zwingen. Ist das bei uns nicht auch ein bisschen so, wenn die Ichs Verbote oder Gebote aussprechen oder uns von unseren Vorhaben abhalten?

Wie sollen wir durch das Gedankenwirrwarr uns selbst entdecken? Immer wieder spielen wir auf unserer Lebensbühne Rollen, die uns nicht entsprechen. Wenn ich als Erwachsene zu meinen Eltern gehe, falle ich in die Rolle des Kindes und beobachte, dass ich mich anders verhalte als zu Hause, meinem Mann oder meinen Kindern gegenüber, denn dort bin ich die Ehefrau oder die Mutter einer Tochter oder eines Sohnes. Ist mein Kind klein, werden meine Stimme, meine Mimik und Gestik anders klingen oder aussehen, als wenn meine Chefin vor mir steht. Ich verhalte mich bei der Arbeit anders als in meiner Freizeit, gegenüber einer Freundin anders, als wenn wir zu dritt sind. Manchmal spiele ich auf meiner Bühne oder auf einer fremden, manchmal bin ich Hauptdarstellerin oder Komparsin. Wir erfinden uns immer wieder neu, schlagen unter Umständen eine Richtung ein, die uns weit weg von uns führt und in einem Potpourri von Bühnenkünstlern verirren lässt.

Etwa Mitte vierzig fragen wir uns, wer wir sind, was der Sinn des Lebens ist und was wir hier eigentlich tun. Wir waren passive Darsteller, die sich manipulieren ließen oder aktive Mimen, die durch Ich-bewusst gesteuerte Verhaltensweisen zu Ruhm und Ansehen kommen wollten. Waren wir Marionetten oder Macherinnen? Wenn wir abends auf dem Sessel sitzen oder im Bett liegen, ein paar Minuten Ruhe haben und eine Tagesrückschau halten, ist es interessant festzustellen, welche Rollen wir gespielt haben.

Meine Neugier hatte mich einen Tag aus meiner Vergangenheit rekapitulieren lassen. Beim Aufstehen war ich die selbständige, toughe Frau, die eine eigene Praxis zu leiten hatte. Als meine Mutter anrief, wurde ich zu einem Kind, meine Stimme wurde leiser, der Tonfall höher und meine Körperhaltung duckte sich. Ich fiel immer wieder in das alte Muster zurück. Das wollte ich nicht mehr.

So probierte ich mit meiner Freundin als Beobachterin eine Szene aus, indem ich ohne konkrete Worte mit ihr kommunizierte. Ich ersetzte meine Wörter mit: »Brabbel brabbel brabbel, brabbel. Brabbel brabbel brabbel.« Am Anfang war es für uns ungewohnt, mussten wir doch über jedes Brabbel lachen. Danach unterhielten wir uns beide mit brabbel und stellten fest, dass Tonfall, Mimik und Gestik viel mehr Gewicht bekamen als die Worte und wir erfassten annähernd, was wir uns gegenseitig sagen wollten.

Ich stellte mich vor meine imaginäre Mutter (meine Freundin) und brabbelte als Kind. Danach nahm ich eine Haltung, als die erwachsene Tochter an, die schon jahrelang selbständig, sowohl privat als auch beruflich, ihr Leben recht gut gemeistert hat. Ich brabbelte in dieser Haltung mit meiner Mutter. Ich sah regelrecht die Enttäuschung meiner Mutter, wie sie einsank, traurig wurde, den Kopf schief legte und mir antwortete. »Das kannst du mir nicht antun.« Sie hatte eine klagende Opferrolle eingenommen und fühlte sich von mir verletzt. Als ich automatisch in die Kindrolle wechselte, wurde meine Mutter augenblicklich größer und ich meinte auch eine Genugtuung gespürt zu haben. Wenn ich also in diese Kindrolle zurückfalle, tue ich es, um des lieben Friedens willen. Ich will keine Täterin sein, will nicht verletzen und meiner Mutter nichts antun. Dies konnte meine Freundin, die als meine Mutter mir gegenüberstand, bestätigen.

»Ach, ich habe Alzheimer, dauernd vergesse ich was«, platzt es in einem halbstarken Jargon aus einer fünfundfünfzigjährigen Frau heraus, weil sie ihre Gedanken nicht bei sich habe. Der Tonfall, der dabei mitschwingt, kommt bei mir zwiespältig an. »Bitte bestätigen Sie mir, dass ich normal bin.« Gleichzeitig möchte sie sich hinter den noch harmlosen Symptomen einer echten Alzheimerkrankheit verstecken. Es ist im Grunde ein oberflächliches Verhalten, weil die Umgebung auf Grund des Denkstresses nicht mehr in ihrer Einzelheit wahrgenommen werden kann.

Tatsächlich treten im Alltag bei vielen Menschen Wortfindungs- oder Gedächtnisstörungen auf. Sie können sich neue Informationen nicht gut merken oder verlegen Gegenstände. Sie sind nicht im Hier und Jetzt, sondern im Gedankenkarussell. Die Quasselstrippen verwickeln Menschen in Vergangenheits- oder Zukunftsgedanken, erklären ihnen was sie damals hätten tun oder lassen sollen, was sie unbedingt in der Zukunft machen müssen. Dadurch fehlt oft die Fähigkeit Probleme zu lösen und im Hier und Jetzt Entscheidungen zu treffen. Wenn man den Ich-Gedanken keinen Einhalt gebietet, können sich mit der Zeit Gemütsschwankungen und depressive Phasen entwickeln, kann es zu Verunsicherungen und schließlich zu Ängsten kommen, weil sich der Mensch selbst nicht mehr trauen kann.

Die anscheinende Vergesslichkeit im »Alter« versucht uns die Kommune einzureden. Ich konnte es erfahren, als ich mit zweiundfünfzig Jahren für die Heilpraktiker-Überprüfung lernte. »Das ist doch bestimmt schwer in ihrem Alter.« »Ob Sie das noch schaffen?« »Im Alter lernt man nicht mehr so leicht wie in jungen Jahren.« Das waren Anti-Motivationssätze, die meine Ichs kräftig unterstützten. Ich kam mir vor, als ob ich gegen einen heftigen Orkan ankämpfen müsste. Mein »NEIN so ist das nicht«, ging in dem Sturmgetöse gänzlich unter.

Deshalb habe ich mich während des Lernens genau beobachtet. Als ich jung war, hatte ich nur wenige Verpflichtungen, so dass ich mich hauptsächlich auf das Lernen konzentrieren konnte. Als erwachsene Frau hatte ich zwei Kinder, Haus, Garten und Ausbildung zu finanzieren. Das Geld dafür verdiente ich acht Stunden am Tag in der Praxis. Die restliche Zeit blieb für das Pauken. So war der Fokus nicht voll und ganz auf das Lernen gerichtet, wie in meiner Grund- und Realschulzeit. Des Weiteren ist zu erwähnen, dass ich schon immer Probleme damit hatte, mir etwas nachhaltig zu merken, wenn ich es nur auswendig lernte und im Kurzzeitgedächtnis speichern sollte. Das Gelernte richtig zu verstehen und wenn ich bis zum Urknall zurückgehen musste, war die Versicherung, dieses im Gedächtnis verankern zu können. So bietet sich mir die Möglichkeit ein Thema herzuleiten, die Logik dahinter zu begreifen und es dann wahrheitsgetreu wiedergeben zu können.

Weiterhin war mir noch aufgefallen, dass die nachlassende Gedächtnisleistung eher durch die fehlende Aufmerksamkeit begründet ist. Die unbedeutenden Informationen auszuschalten fällt schwer bei den immensen Ablenkungen, die ständig durch die Medien rieseln. Unser Gehirn wird mit zu vielem Input gleichzeitig überflutet, so dass die Verarbeitung zu Gehrinverstopfungen führt, oder auf ein Nebengleis geschoben wird. Junge Menschen, die ich beobachte, können neben dem Fernsehen am Handy herumtippen und äußern, ich könne ruhig weiterreden, denn sie würden meinem Gesprochenen trotzdem folgen können. Dem Fernsehfilm, Handy und mir wird dann abwechselnd Aufmerksamkeit verschafft und das Gehirn puzzelt die Fragmente währenddessen zusammen, was später einen anderen Kontext, als den von mir gemeintem ergibt. Eventuell streikt auch das Gehirn und dann haben wir neben den Worten »Alzheimer«, »Demenz« auch noch die zwei magischen Worte: »Burn-out«.

Wenn ich eine Frage in die Runde werfe heißt es schnell: »Google doch einfach.« Ich selbst höre mich oft sagen: »Ich weiß die Antwort im Moment nicht, aber ich weiß, wo sie steht.« Gemerkt habe ich mir Verfasser und Buch oder die eigenen Mitschriften von Vorträgen und Fortbildungen. Früher kannte ich die Telefonnummern meiner Freunde auswendig, heute stehen sie im Handy und ich brauche nur auf den Namen zu klicken und schon wird die Nummer angewählt. Ich kenne sogar meine eigene Handynummer nicht auswendig, da ich mich selbst nicht anrufe und sie ja gespeichert ist. Alles ist irgendwo erfasst, allerdings nicht mehr in unserem Gehirn. Das definiere ich mit Outsourcing. Die Annehmlichkeiten der Medien unterstützen unsere Gedächtnisfaulheit. Warum soll ich mir etwas merken, wenn ich weiß, dass ich es einfach mit einer Suchmaschine finden kann. Das Handy, das jederzeit zur Hand ist, braucht eine kleine Eingabe und schon ist die Antwort ersichtlich. Beim Nachschauen in meinen Unterlagen benötige ich wesentlich mehr Zeit.

Wenn wir von Alzheimer und Demenz sprechen, sollten wir uns dabei beobachten, was wir denken. Eine Klientin kam in die Praxis und war gänzlich durcheinander, denn sie meinte, bei ihr finge eine Demenz an, wie sie es vor Jahren bei ihrem Vater erlebt habe. Sie könne sich an einige Sachen nicht mehr erinnern, Wörter fielen ihr nicht mehr ein, sie würde ständig Gegenstände verlegen und nicht wiederfinden, das mache sie sehr unsicher und dann sei alles noch viel schlimmer, so dass ihr alles aus der Hand falle. Sie habe sich jetzt bei einem Neurologen angemeldet und wolle von mir die Versicherung, dass sie richtig handle. Natürlich riet ich ihr zur Untersuchung zu gehen, allerdings konnte ich sie etwas beruhigen, dass ich keine Anzeichen von Demenz bisher bei ihr erkennen konnte. »Ich vermute stark, dass Ihnen Ihre Denkweisen zur Perfektion und die Ichs, diese Probleme bereiten. Ich diagnostiziere vorweg bei Ihnen eine geistige Verstopfung.« Die neurologische Untersuchung ergab: Keine Anzeichen von Demenz.

Sobald ich mich mit den Symptomen, Übungen und Medikamenten eines bestimmten Krankheitsbildes befasst und vorbereitet hatte, kam gefühlt drei bis vier Wochen kein einziger Patient mit diesen Beschwerden. Dafür zehn andere Personen mit jeweils so unterschiedlichen Erscheinungsbildern, die ich nicht alle aktuell im Gedächtnis hatte. Ich konzentrierte mich dann auf diese Symptome und deren Behandlung, sodass ich das vorige Erlernte bald wieder vergessen hatte. Das Gehirn verschiebt, was es nicht ständig gebrauchen kann. Nicht immer sind es die Ichs.

Sind wir Pubertierende, wenn es um den Informationskonsum geht? Kleinkinder würden sich von selbst nicht überfordern. Sie werden meist von den Erwachsenen überlastet. Die wollen aus den Kleinen gescheite, erfolgreiche Menschen machen, indem sie ihnen viele verschiedene Spielsachen auf einmal vorlegen und meinen, die Kinder sollten erwachsen damit umgehen. Die kleinen Gehirne werden auf Stress getrimmt. Später sollten neben der Schule der Schwimmunterreicht, das Reiten, Ballett, der Musikunterricht, die Kinderuni, Tennis, Leistungssport möglichst alles in einer Woche stattfinden. Es gibt weder eine gedankliche Freiheit, noch eigene Entscheidungsmöglichkeiten. Kinder können sich mit Zornesausbrüchen und Opposition zur Wehr setzen, was wiederum als böse und undankbar von den Erwachsenen bezeichnet wird. Oft ziehen sich jedoch die Kinder in sich zurück, wissen nicht wer sie sind, werden unsicher, trauen sich auch im Erwachsenenalter nicht, Entscheidungen selbständig zu treffen und warten, bis die Eltern, Lebenspartnerinnen oder Vorgesetzte ihnen die Wahlmöglichkeiten abnehmen.

Wir bleiben Pubertierende auch im Alter, denn die Ichs haben die Meinungen und die Überflutungstendenzen der Eltern längst übernommen und sich in unseren Denkweisen gemütlich gemacht. Wir sind Konsumenten und keine Handelnden mehr. Wir können jedoch aktiv eingreifen und den Informationsschwall reduzieren, Auszeiten von einigen Minuten nehmen, damit sich unser Gehirn, unser Körper und der gesamte Organismus erholen können.

»Der ist doch schizophren.« »Das (die Handlung oder die Situation) ist doch so was von schizophren.« Diese Sätze werden unbedacht und nicht in einer gerechtfertigten Situation lässig herausgehauen, wenn jemand Dinge tut, die nicht der Norm oder den Situationen, die nicht den Erwartungen, den Riten und Gebräuchen der jeweiligen Region entsprechen.

Der Diagnose Schizophrenie werden Denkstörungen, Wahnvorstellungen und Halluzinationen zugeordnet. Die Sinnesorgane reagieren weltfremd und an ihnen geht die Realität verloren oder ist schwer auszuhalten. Das Gehirn ist in großem Maße überfordert und Gedanken geraten außer Kontrolle.

Wenn Schizophrenie wie im obigen Denkmodell im Alltag achtlos ausgesprochen wird, ist damit meist eine gespaltene Persönlichkeit gemeint. In Wirklichkeit sind es die aufgelösten Ich- Grenzen, die ungehemmt Halloween feiern. Der Mensch kann seinen eigenen Wahrnehmungen nicht mehr trauen, bezieht unter anderem fremde Situationen auf sich. Das überlastete Gehirn, das vegetative Nervensystem und das Hormonsystem spielen verrückt, weil durch Stressgedanken bestimmte Botenstoffe, wie das Dopamin, zu viel oder zu wenig ausgeschüttet werden, oder bestimmte Filterfunktionen im Körper stressbedingt nicht mehr angemessen reagieren können.

In einem Gespräch mit einem schizophren erkrankten Menschen, wie er sich selbst bezeichnete, der medikamentös gut eingestellt war, erfuhr ich von den verschiedenen Stimmen, die er in seinem Kopf hörte, die ihm immer etwas befahlen, was er nicht machen wollte, wie er sich zunächst dagegen gesträubt hatte, den Zustand nicht aushalten konnte und schließlich nachgegeben hatte. »Dabei kamen immer schräge Sachen heraus, die ich nicht bewerkstelligen konnte und mich immer als Versager empfunden habe. Die Stimmen waren so penetrant, dass ich keine Chance gegen sie hatte.«

Nicht ganz so krass, ergeht es uns, wenn die Ichs die Überhand gewinnen. Wir haben jedoch die Chance etwas zu ändern.

Die Seele inspiriert die Intuition,
die Gefühle sind ihre Spiegel,
wir schämen uns unserer Emotionen,
weil wir dann nicht zur Masse gehören.

Intuitionen und Phantasien sehen in einem Wasserfall eine alte Dame
mit weißem Haar, in einem verrotteten Baumstumpf einen gutmütigen
Bären oder einen Dinosaurus im Wald, ein Krokodil mit schiefem Maul
und im Farn ein Gesicht. Die Ichwelt hat hier keinen Zutritt.

# 35. Die Anderswelt

Lange Zeit glaubte ich, dass nur unser Unterbewusstsein alleine für unsere Probleme zuständig sei. Zum Unterbewussten gehören wohl auch die Zeugungsenergie unserer Eltern, unsere Erlebnisse im Mutterleib, die Geburt, die Erziehung durch unsere Eltern und Großeltern, Erfahrungen in der Schule, mit Freunden, in der Ausbildung, Meldungen der Medien und vieles mehr. Heute weiß ich, dass wir das Ich unbewusst als Werkzeug benutzen, um auf einer gewissen Ebene unsere Eltern nachzuahmen. Welche Bedeutung hat in diesem Zusammenhang eigentlich der Hinterkopf? Wie oft höre ich mich sagen: »Das merke ich mir im Hinterkopf.« Klientinnen berichten: »Manchmal meine ich, meine Mutter sitzt in meinem Hinterkopf und souffliert mir von dort, was ich machen soll.« Wir schauen unseren Eltern zu, studieren ihre Befindlichkeiten und kopieren sie. Die Depression der Mutter ist nicht immer vererbt, sondern vom sozialen Ich imitiert. Wir wollen einem Elternteil gegenüber loyal und brav sein. Das passiert sowohl im Unterbewussten als auch auf der Ich-Ebene. Mutters Depression kann in meine Zellen kriechen, mein Unterbewusstes kann sich in Schuld, Scham und schlechtes Gewissen einhüllen, um der Mutter die depressive, für das Kind unnahbare Haltung abzunehmen.

Auch hier sei erwähnt, dass Kleinkinder hauptsächlich fühlen. Sie können zunächst die Wörter der Erziehungsberechtigten nicht verstehen. Im Gesichtsausdruck der Erwachsenen lesen sie, ob die Stimmung gut oder lebensbedrohlich ist. Kinder schauen vor allem in die Augen, denn dort erkennen sie, ob die Seele des Gegenübers in dessen Körper zu Hause ist oder die Augen leer sind. Kleine, vollkommene Geschöpfe spüren, ob es ihren Eltern gut geht oder nicht. Sie erkennen ihre Schwächen, auch wenn diese sich bemühen, sie nicht zu zeigen, oder wenn sie sich ihrer selbst nicht bewusst sind.

Kinder übernehmen automatisch die Energien der Gefühlsregungen emotionell schwacher, kranker oder wütender Eltern. Die Übernahme passiert ohne ein Nachdenken, es geschieht reflektorisch, um zu überleben, denn nur wenn es den Eltern gut geht, fühlen sich Kinder beschützt und können sich weiterentwickeln.

Diese Bewusstseinsebene der Kinder kann gut über das Familienstellen und die Akupunktur erreicht werden. Nach der Entlarvung und den Aufstellungen fühlten sich die Patientinnen meistens befreit und lebendiger. Warum nicht immer? Frei mit offener Körperhaltung stand ich häufig für sie da. Ich verstand nicht, warum sie weiterhin für die gleichen Probleme wie vor der Behandlung weinten oder sich beklagten, bis ich begriff, dass wir uns nicht auf der gleichen Wellenlänge bewegten und die Patientinnen weiterhin in der Ich-Form verharrten.

Des Weiteren sind die Verlautbarungen zu erwähnen, die sich über die Medien und deren ständige Wiederholungen in uns einprägen und die dann als Sprachrohr aus unserem Hinterkopf ständig funken. »Die Bevölkerung sollte zu Besinnung kommen, sie muss sich ändern, Verzicht üben, klimaneutral denken, keine Fleischprodukte mehr essen.« Das erzeugt ein schlechtes Gewissen. Ein schlechtes Gewissen ist im eigentlichen Sinne eine Ansammlung von Emotionen und mulmigen Gefühlen im Bauch, weil wir nicht den Normwerten entsprechen und unser Gewissenskompass in eine ganz andere Richtung zeigt. Gedanken erzeugen Emotionen, die wiederum Gedanken hervorrufen. Befinde ich mich in einem negativen Gefühlszustand, erhebt sich die Frage, wie die Gedanken, die daraus entspringen, ausfallen werden. Es macht sich Angst breit, Unsicherheit wird geschürt und es stellt sich ein niedriges Selbstwertgefühl ein.

Wenn jemand zu mir mit eindringlichen Worten sagt: »Das kannst du nicht.«, um mich damit absichtlich treffen zu wollen, werden diese bewusst erzeugten Energien in mich eindringen wie ein kühler Wind, wie donnernde Musik in meine Ohren, wie das grelle Licht in meine Augen. Die Energie setzt in meinem Körper eine biochemische Reaktionskette in Gang, die nicht ohne Folgen bleibt. Die Emotionen, die daraus entstehen, haben eine Wellenlänge, die im Gehirn in Hertz (z. B. 30 Hz) gemessen werden können. Sie triggern im Gehirn sämtliche Ereignisse, die irgendwann auf der gleichen Wellenlänge von mir erlebt wurden. Es entsteht dadurch im Innern ein Gefühlschaos, das meinen Organismus überfordern würde, wenn nicht eine Instanz in mir einsetzte, die mehrere Glaubenssätze zum Schutz produzieren würde, wie zum Beispiel die Behauptungen: »Das kannst du nicht«, wird in mir zu: »Ich kann gar nichts.« »Nie wieder werde ich es versuchen.« Die Gefühle, die den gestörten Denkprozessen folgen, beruhigen sich kurzfristig und der Organismus kann, durch den Glaubenssatz leicht gedämpft, seine Arbeit wieder aufnehmen. Im Alltag wird zunächst keine Einschränkung wahrgenommen. Der Körper scheint zu glauben, was man ihm einredet. Er reagiert jedoch irritiert auf die Gedanken, kompensiert eine Weile und wehrt sich schließlich mit Schmerzen oder Krankheit.

Durch den Satz: »Das kannst du nicht«, entstanden allerdings neue sinnlose Gedanken, die sich in Windeseile wie Kaninchen vermehren. Bekommen die Ichs tatsächlich Nachwuchs?

Da ich die Ich-Beziehung seit etwa sieben Jahren nur schrittweise bewusst erlebe, hatte ich die Ich-Ebene bisher nicht in der Weise betrachtet, wie ich es heute praktiziere. Seit etwa dreißig Jahren behandle ich mit meinen Methoden nicht nur das Unterbewusstsein, sondern auch die Ichs! Diese unnützen Gedanken, die immer ein bisschen krank sein wollen und ein kleines Problem haben möchten. Ich war immer noch davon überzeugt, dass die Ichs dauerhaft verändert werden könnten, sobald ich anders denke, beziehungsweise fühle.

Eines der Ichs beobachtete ich nach einer intensiven Behandlung. Es wollte laut Muskeltest endlich gesund sein. Ich meinte, dass es lernfähig sei und nun die Einsicht bekommen habe, dass es die neue Sichtweise, die sich nach der Aufstellung ergeben hatte, akzeptieren würde.

Fünf Minuten später verhielt es sich allerdings so, wie vor der Behandlung. Die für das Ich unerwartete, nicht einstudierte Aussage, *in diesem Moment möchte ich vollkommen gesund sein,* stresste das Ich so sehr, dass es den Testmuskel schwächte. Wenn ich das Ich durch den Namen der Patientinnen ersetzen ließ, wurde der Testmuskel jedoch stark.

Das Ich ahmt die Depression der Mutter, die Wut des Vaters, das Leid der Großmutter, oder die Trauer des Großvaters nach. Schon wieder stand meine Frage »Warum?«, im Raum. Warum, imitiert das Ich immer nur die destruktiven Gefühle, warum nicht die freudigen? Einfache Antwort: Das Ich will ein bisschen krank sein und ein bisschen ein Problem haben. Das Ich braucht Sensationen.

Die Ich-Energie ist nicht für die Heiterkeit und das Glück geschaffen. Sie richtet sich nach den Meinungen der Menschen, die annehmen, das Sagen zu haben. Immer wieder drehe ich mich im Kreis, wenn ich mich mit den nutzlosen Gedanken beschäftige.

Wir haben sie uns angeeignet, um uns in der allgemeinen Welt zurechtzufinden, so wie wir uns Raum und Zeit geschaffen haben, um uns an etwas festhalten zu können und uns nicht zu verlieren. Alles, was als solche festen Parameter geregelt wurde, manifestiert sich durch die Brille des einzelnen Menschen und seines speziellen Bewusstseins. Das kann man nicht mit der Universellen Ordnung vergleichen.

Die meisten Menschen stimmen der materiellen Welt zu. Das wissende Feld, dort wo es keinen Raum und keine Zeit gibt, das Göttliche, Universelle, wird verdrängt.

»Materie ist verdichtete Energie«, lernte ich. Oben habe ich unter anderem erwähnt, dass 90% Unterbewusstsein uns ausmachen würden und dass nur etwa 10% uns bewusst wären. Die Zahlen begegneten mir in vielen Kursen und Vorträgen.

Einige Referentinnen ließen ihre Aussage über dieses Thema ohne Erklärung stehen, andere verwiesen auf die Quantenphysik. Ich bin ein absoluter Laie, wenn es um Quantenphysik geht. Mein Normverstand versucht zu verknüpfen, was ich gelernt und glaube verstanden zu haben.

Eines der winzigsten Teile von uns sind die Atome. Ein Atom hat einen Atomkern und eine Hülle. In dieser Hülle bewegen sich Elektronen. Es ist die Miniaturausgabe des Weltalls, dort bewegen sich zum Beispiel die Planeten um die Sonne.

Die Atomhülle ist ein sonst leerer Raum, in dem sich die Elektronen als Teilchen oder als Wellen bewegen. Zwischen Atom und Elektronen klafft ein Etwas, ohne Zeit und Raum. Der Atomkern ist positiv und die Elektronen sind negativ geladen. Sie schaffen so einen Ausgleich und eine Schwingung. Die Polung brauchen wir zum Leben. Wir könnten kein Gleichgewicht halten ohne Plus- und Minuspole. Alles ist ständig in Bewegung. So paradox es klingt, ohne Bewegung gibt es keinen Halt.

Die Leere, die ich angedeutet habe, ist nicht tatsächlich ein Nichts, das keine Bedeutung hat, nur weil wir sie mit unserem grobstofflichen Denken nicht erfassen können. Dort angesiedelt ist vielleicht das, was Sheldrake das morphische Feld nennt und, oder es handelt sich um eine Sphäre, aus der wir Menschen unser Wissen schöpfen. Leider wird das oft negiert, Zufall genannt oder man habe es sich nur eingebildet. Dazu gehört zum Beispiel die Telepathie, das Wissen von Kindern, die mit einer verstorbenen Großmutter sprechen, die sie nie erlebt haben und deren Weisheit sie kennen und beschreiben können.

Hunde bellen zum Beispiel, an einer bestimmten Stelle im Haus und es stellt sich heraus, dass dieses der Lieblingsplatz des mittlerweile gestorbenen Opas gewesen war. Der Hund spürt seine Energie noch immer und will auf ihn aufmerksam machen.

Diese Ereignisse sind nicht normal und passen nicht in unsere alltägliche materielle Welt, und vor allem können die Ichs nichts mit ihnen anfangen. Sie ziehen sich zurück, wenn wir uns in dieser Zwischenwelt befinden, in der »leeren« Welt, in der nichts Materielles existiert und doch so viel Wissen gespeichert ist.

»Die Welt dazwischen«, habe ich sie genannt. Von der Zwischenwelt sprach ich auch , wenn jemand nach dem Tod noch nicht ganz die Erde verlassen konnte, weil er zum Beispiel von den Lebenden falsch betrauert und gedanklich noch nicht losgelassen wurde oder nicht wusste, dass er gestorben ist. In der Zwischenwelt, einer Art Parallelwelt, switchen auch die Lebenden, die einem gestorbenen Menschen nachfolgen wollen und sich nicht mehr emotional in der Gegenwart befinden. Ich bezeichne diesen Zustand als: Sie stehen mit einem Fuß im Leben und mit dem anderen in der Zwischenwelt.

Diese, für die Ichs mysteriöse Intelligenz erfüllt uns, umgibt uns, durchdringt uns und ist immer da. Allerdings leise und ohne Kampf. Jeder von uns hätte jederzeit Zugang zu ihr. Wir zollen jedoch unserer materiell ausgerichteten Welt der Ichs mehr Aufmerksamkeit, da diese empathielosen Gedanken uns vorgaukeln, dass die andere Welt nicht existiere. Viele Menschen sehen nur, was ihrem Wissensschatz und Sachverstand entspricht, befassen sich daher nur mit dem, was sie schon kennen. Was bedeutet die Essenz, das was uns eigentlich charakterisiert, was uns ausmacht? Nicht nur unsere Essenz, sondern auch unser Name wird von den Ichs zur Seite gedrängt. Das sollte ich bald in Erfahrung bringen.

»Jetzt habe ich doch all ihre Übungsvorschläge beherzigt und heute Morgen wache ich auf und bin wieder nicht Isabell«, klagt eine Klientin »Seit vierzig Jahren sagen Sie nicht mehr Isabell, fühlen nicht mehr, wie das Kind, das selbstverständlich mit der unsichtbaren Welt verbunden war. Außerdem sind Sie umgeben von den Ichs und müssen weiterhin ich sagen. So schnell geht das nicht, mit der Isabell. Das Denken und Fühlen in der dritten Person soll ja nur eine Möglichkeit darstellen, um wieder in Kontakt mit ihrer Essenz zu kommen«, antwortete ich ihr etwas unsicher.

Wenn wir lernen, in unsere Herzenergie zu kommen, beide Hirnhälften auf die Wellenlänge des Herzens ausrichten, können wir wieder die wissende, universelle Energie spüren. Wir fühlen uns erneut verbunden, obwohl wir nie getrennt waren. Menschen, die sich alleine fühlen, sich zu sehr nach anderen Menschen sehnen, die sie beschützen, glücklich machen, für sie da sein sollen, verlassen sich auf ihre logische, linke Hirnhälfte, bis ihre Welt zusammenbricht.

Sobald Menschen sich von einer tatsächlichen Not bedroht fühlen wie zum Beispiel: dem Scheitern der Ehe, dem Verlust der Arbeit, einem Unfallgeschehen, beginnen diese wieder zu beten. Einige Patientinnen waren nach dem Gebet enttäuscht, weil sie keine Hilfe erhalten hatten und meinten, der Herrgott wolle sie strafen. Sie fielen in schwere Depressionen und litten Jahre lang still vor sich hin. Das Ich hatte sie im Glauben gelassen, dass sie böse Menschen wären, die nun ihre gerechte Strafe bekämen. Genau diese Patientinnen waren erstaunt, wie einfach sie wieder »auf den rechten Weg« kamen, indem sie sich mit verschiedenen Methoden erneut an die große Intelligenz anbanden.

Auch Alda, eine vierzigjährige Patientin, bezeugte mir ihre liebe Not mit den Ichs. Sie schrieb mir einen liebevollen Brief zu Weihnachten, dass Alda sich bei Ulrike für die Wegbegleitung bedanke. »Sie haben die Gabe mir ganz klar und auf einfachste Weise mitzuteilen, wie Alda, all Aldas Werkzeug, was Alda vom Universum mitbekommen hat, zu händeln weiß. Das gelingt Alda inzwischen recht gut. Immerhin steht jetzt Alda im Betrieb meist in Augenhöhe mit Vater und Bruder und kann sich klar und deutlich vor den Kunden ausdrücken, was viele frühere Missverständnisse ausräumt, beziehungsweise sie erst gar nicht mehr aufkommen lässt. Nur eines verstehe ich noch nicht, Alda geht abends zu Bett und morgens erwacht mein Körper mit irgendeinem Ich, das keine Freude zulässt. Es besteht kein Grund herumzunörgeln, sich zu beklagen oder wieder die Decke über den Kopf zu ziehen. Haben Sie dafür eine Erklärung?«

Diese Frage animierte mich wieder zu Selbstversuchen. Ulrike machte abends Übungen, mit »gemögtwerdenwollen«, Narbenbehandlung, massieren der Ohren oder Energiepunkte, Atemübungen oder andere Therapien. Ich testete mich kinesiologisch aus, indem ich meinen Körper an verschiedenen Stellen berührte und meinen Namen laut aussprach, dabei meine Essenz spürte und mein Testmuskel stark war. Ich versuchte, einige Varianten zu kreieren, um die Ichs auszutricksen, damit ich sicher sein konnte, dass sie meinen Plan nicht durchkreuzten. So schlief ich sehr ruhig und zufrieden ein.

Am nächsten Morgen bemerkte ich, dass ich zwar geschlafen hatte, mein Schlaf aber nicht erholsam gewesen und mein Betttuch unüblicherweise zerknautscht war. Meine Laune war auf einem Tiefpunkt. Ich testete mich aus und tatsächlich war ich eines meiner Ichs. Einmal war mein Ich meine Mutter, das mich 1:1 kritisierte. An einem anderen Morgen fand ich ein befehlendes Ich, das meinen Vater imitierte, oder mein Ich ermahnte mich, weil ich glücklich war. Das durfte nicht sein, weil es meiner Mutter nicht gut ging. Eine Scham breitete sich über mein Glücksgefühl aus. Ich solle mich loyal verhalten, denn anderen Leuten auf der Welt ginge es ja auch nicht gut. Ein anderes Ich hatte sich scheinbar von den Meinungen meiner Eltern getrennt und handelte selbständig nach deren Manier. Das Ich stellte sich vor, man müsse so oder so sein, nein doch ganz anders. Eines der Ichs beteuerte: »Was sagen die Nachbarn? Du wirst dich wohl schämen, das kannst du nicht machen, du bist ja sowieso nicht gut genug. Die andern sind besser als du.« Mir stellte sich jeden Morgen die Frage: »Wer bin ich? Bin ich eine billige Kopie? Wieso kann ich kein Original sein? Aus was besteht meine Urform?«

In der Praxis musste ich die Feststellung machen, dass es den meisten Menschen gar nicht auffiel, dass sie nur eine Kopie waren.

Selbst als ich sie darauf aufmerksam machte, löste ich eher eine Unruhe in ihnen aus, anstatt durch die Entlarvung eine Erleichterung zu veranlassen. Wer und wie wären wir, wenn wir als das Original leben würden?

Mein von mir unbemerkter, unruhiger Schlaf in der Nacht, die körperlichen Verspannungen am Morgen, stellten mich vor eine neue Aufgabe. Wie komme ich zu einfachen Lösungen?

# 36. Ich steigere mich hinein

Ich registriere, wie ich mich immer mehr in die Ichs hineinsteigere, weil sie mich machtlos machen. Ich bin über mich erbost, die Hintergründe der Ichs nicht zu kennen. Außerdem bemerkt Ulrike, dass die Auflistungen der negativen Ausstrahlungen der Ichs Spuren hinterlassen und diese Gedanken enorme Energieräuber sind.

Ulrike in der Herzenergie kümmert sich gar nicht um die Ichs, weder positiv noch negativ. Die Herzenergie und die Ichs sind ganz sicher nicht auf einer Wellenlänge beheimatet. Sie haben weder Parallelen noch gemeinsame Schnittpunkte in unserem Leben. Sie sind in verschiedenen Sphären zu Hause. Hat das Herz einen direkten Zugang in die Zwischenwelt?

Es gibt eine große Anzahl von Literatur, die sich bewusst und unbewusst mit den Ichs beschäftigen. Besonders Philosophen haben sich in verschiedenen Jahrhunderten über das Ich-Thema-Gedanken gemacht und alles offengelassen.

Ulrike will mehr wissen, als die Philosophen und fokussiert die Aufstellung, auf die Ulrike sich bisher mehr verlassen konnte als auf Ulrikes Verstand.

# 37. Philosophie

Ich habe nie studiert, weder an einer Uni noch auf einer Fachhochschule. Trotzdem wage ich da und dort zu philosophieren, wenn ich über Gott und die Welt nachdenke. Ich habe Menschen, ihre Krankheiten und ihre Symptome beobachtet, mich hineingefühlt, versucht sie zu begreifen und festgestellt, dass immer, wenn ich mich auf eine bestimmte Weise, oder auf bestimmte Bewegungsabläufe konzentrierte, ich dann übersah, was ebenfalls wichtig gewesen wäre. Ich hatte die Wiederherstellung, Gesundheit und Heilung als Absicht meiner Arbeit. Das ergab sich aus den Fragen: »Was möchten Sie?« und den Antworten, zum Beispiel: »Dass mein Bein wieder so funktioniert wie vor dem Unfall.«

Konzentration bedeutet für mich, dass ich alles Kontraproduktive um mich herum ausblende. Wenn ich als Therapeutin herausgefunden habe, welche Übungen zum Beispiel für das Kniegelenk die Gängigsten sind, dann kann sich schnell Routine einschleichen, wenn ich mit jedem Patienten, mit jeder Klientin die gleichen Übungen durchführe, wie zum Beispiel das Knie zu beugen, zu strecken, leicht zu rotieren oder es zu massieren. Mir bleibt dadurch verborgen, dass der Körper sein eigenes Gedächtnis hat, dass ihn bis zum gegenwärtigen Zeitpunkt der Schock des Unfalls lähmt oder in einer Starre hält, die mit einfachen körperlichen Übungen nicht zu überwinden oder zu lösen sind. Da wäre es gut, sprichwörtlich, über die eigenen Fußspitzen in eine mentale oder energetische Richtung zu schauen. Mit den Ichs würde mir das nicht gelingen. Die Ichs halten am Altbekannten fest. Will ich allerdings etwas verändern, dann sollte ich zuerst die Betrachtungsweise, den Standpunkt oder die Behandlungsweise überarbeiten.

So habe ich lange übersehen, dass die Ich-, Du-, Sie- Fragen in der Kinesiologie zwar Lösungen erzeugen aber an dem eigentlichen Körper, Geist und der Seele vorbeiführen.

Über Philosophie wird im Allgemeinen oft gespottet. »Ach, willst du jetzt auch philosophisch werden?«, fragte mich eine Freundin, der ich von meinen Ich-Gedanken erzählt hatte. Der Satz kam eher ironisch aus ihrem dabei zynisch wirkenden Mund.

Ich kenne das Wort, die Begrifflichkeit, weiß, dass es Philosophen gibt. Ich habe mich bisher jedoch nicht wirklich mit Philosophie beschäftigt.

Was ist Philosophie? Eine Leidenschaft, um zur Weisheit zu gelangen, könnte man behaupten. Es werden Fragen gestellt über den Sinn des Lebens, was wichtig im Dasein ist, wo wir herkommen, wer wir sind. Ebenso stehen kritische Gedanken über einfache Dinge im Vordergrund und die Analyse von Grundproblemen, um diese verstehen zu können. Thematisiert sind dabei Ethik, Ästhetik, Logik und theoretische Wissenschaftsphilosophie. Auf jeden Fall geht es hier um das selbständige Denken, das in der heutigen Zeit von außen erschwert wird und problematisch anzusehen ist.

Eine Schülerin, die in der Schule das Fach Philosophie belegt hatte, meinte: »Wir lernen nicht einfach nur die richtigen Antworten zu finden, sondern eher die richtigen Fragen zu stellen. Wir nehmen die Themen durch, was wir Menschen überhaupt wissen können und wenn ja, ob es das allgemein Richtige ist? Gibt es überhaupt ein Richtig oder Falsch? Es geht darum, Gespräche zu führen, die wiederum zu neuen Fragen und Antworten anregen.« »Wenn ihr die Gespräche geführt habt, kommt ihr danach zu Ergebnissen?«, will ich wissen. »Nein nicht wirklich. Und doch sind wir reicher an Wissen als vorher. Denn über viele Themen hatten wir uns zuvor gar keine Gedanken gemacht«, gibt sie mir zur Antwort.

»Ist dieses Wissen nachher erleichternd oder erschwert es?«, frage ich weiter. »Mal so mal so. Manchmal hätte ich schon gerne eine abschließende Meinung. Wenn es um Staat, Religion und Kulturen geht, finde ich, dass es nur ein Austausch ist. Allerdings bekomme ich von anderen Philosophierenden neue Denkanstöße, die mich aus meiner alten Komfortzone herausbringen. Also ist der Gedankenaustausch doch sehr sinnvoll.«

»Was mich unbefriedigt lässt, ist das offene Ende eines solchen Gesprächs«, entgegne ich ihr. »Niemand hat Recht und es gibt keine klaren und endgültigen Antworten.« Ich bemerke, wie lösungsorientiert ich doch arbeite, oder durch meine Arbeit geworden bin.

Kommt eine Patientin mit Rückenschmerzen suche ich die Ursache, finde sie oft und kann sie beheben. In der Psycho-Kinesiologie und bei Aufstellungen lassen sich ebenfalls Lösungen finden und Blockaden beseitigen. Doch bleiben viele Fragen offen, um Behandlungskonzepte herauszufinden. Somit stelle ich fest, dass ich nicht wirklich etwas weiß. Inzwischen frage ich mich, ob die universelle, göttliche Energie alle Antworten für uns kennt. Können wir überhaupt diese Energie mit unserem kleinen Dasein erfassen? Ist das morphische Feld, von dem ich oben berichtet habe, eine Art Zwischenebene, ein Raum für uns dumme, naive, Menschen, die für so filigranes Feinstoffliche gar nicht offen sind?

Auf jeden Fall stelle ich fest, dass ich philosophische Gedanken habe, weil sich mir immer mehr Fragen auftun und weil meine Entdeckung zwar einige Antworten bereitstellt, mich jedoch mit einem offenen Ende zurücklässt.

# 38. Dem ICH auf der Spur.

Sigmund Freud meine ich so zu verstehen, dass sein Über-Ich sehr viel mit meinen Ichs zu tun hat. Sie entstehen im frühen Kindesalter durch elterliche Ge- und Verbote, Gehorsam und durch Identifizierung. Im Grunde ist sein Über-Ich die moralische Instanz in uns.

Nachdem die Philosophen theoretisieren, abwägen, vergleichen, ihre verschiedenen Ansichten über das Ich unterbreiteten, wollte ich in meiner Praxis energetisch das Thema angehen und zwar mit einer Aufstellung.

Es ist gut zu wissen, dass jede Aufstellung immer anders ausfällt, je nachdem, welches Thema als Einstieg gewählt wird. Wenn ich zum Beispiel ein Problem in meinem Beruf als Einstieg wähle, werden die aufgestellten Personen oder Emotionen anders reagieren, als wenn ich das Thema Partnerschaft wähle.

Mein Einstig war: Die ICH-Aufstellung. Dazu möchte ich Erklärungen abgeben, die sich mir während vieler ICH-Aufstellungen erschlossen hatten und nicht einfach am Anfang schon ersichtlich waren.

Es ist erwähnenswert, dass in den letzten sieben Jahren und nach bestimmt hundert Ich-Aufstellungen diese immer gleich waren, im Gegensatz zu meinen anderen Familienaufstellungen. Dieses Ergebnis legt die Vermutung nahe, dass die Ichs nicht zur Familie gehören, empathielos und gleichförmig sind. Im Grunde ist keine Lebendigkeit, wie sie in Familien vorhanden ist, enthalten. Ich habe bewusst Variationen eingebaut, um zu anderen Ergebnissen zu kommen. Bisher ist mir das nicht gelungen. Hier ist eine Liste dessen, was Sie auf den nächsten Seiten erwartet.

- ♋ Körperaufstellung
- ♋ Namen und Essenzaufstellung
- ♋ Ichaufstellung
- ♋ Aufstellung von Vater und Mutter
- ♋ Die Geburt
- ♋ Das Kleinkind
- ♋ Das kindliche Ich
- ♋ Die Bedeutung des Namens
- ♋ Zusammenführung Namen und Körper
  Die Verbindung Körper-Herz-Universum

## 38.1 Körperaufstellung

Ich stellte bei meiner Klientin, Susanne nur ihren Körper auf. Er war neutral, wollte nichts und tat auch nichts. Er fühlte sich weder gut noch schlecht an, er war wertfrei.

## 38.2 Namen und Essenzaufstellung

Danach stellte ich ihren Namen Susanne, auf. Der war lebendiger als der Körper, allerdings nicht vollständig, weil er einen Körper braucht, um sich bewegen zu können.

In der Numerologie, einer Zahlensymbolik, wird jedem Buchstaben eine Zahl zugewiesen, die eine energetische und symbolische Wirkung hat. Wir können einen Buchstaben und eine Zahl mit einem Ton vergleichen. Kombiniert man die Buchstaben, zum Beispiel zu einem Namen, wird daraus eine Melodie. Eine Numerologin kann anhand des Namens und des Geburtsdatums ausrechnen, welche Energien hinter dem Namen stecken, aus welchem Holz dieser Mensch geschnitzt ist. Bei der Numerologie ist der Nachname ebenso von grundsätzlicher Bedeutung, das sollte hier noch erwähnt werden.

Ich selbst habe mir zwei verschiedene Expertisen machen lassen. Einmal von einer Numerologin und zum anderen von einer Namens-Karma-Kabalistin, deren Arbeit etwas ausführlicher war. Sie wussten nichts voneinander und doch haben sie mich, mein Wesen und meine Neigungen deckend beschrieben. Unser Leben scheint wie eine Formel zu sein: Buchstaben plus Zahlen gleich Energie.

Bei den Ich-Aufstellungen, die den Körper separat miteinbeziehen, scheint allein der Vorname der wichtigere zu sein. Es gibt viele Frauen, mit dem Vornamen, Susanne. Sind diese Menschen dann nicht alle gleich? Nein! Und nochmals nein, weil meiner Meinung nach jeder Mensch eine persönliche Essenz, ein Potential vom

Universum mitbekommen hat. Was sich bei der Ich-Aufstellung unmissverständlich zeigte.

Der Name, eine Melodie verbunden mit der Essenz des Universums ist eine einmalige Sinfonie, die es nie wieder auf der Welt gibt und die man nicht klonen kann. Jeder Mensch ist wohl doch einzigartig und besonders. Die Einzigartigkeit hatte ich lange als esoterisches Geschwätz abgetan. Heute weiß ich mehr, denn ich habe es bis in jede Zelle hinein verstanden.

Susanne mochte ihren Namen bisher nicht, wie es vielen Menschen geht. Sie lehnte ihn ab und wollte nur Susi genannt werden. Für Susanne war bisher ihr Vorname nur ein Wort, ohne Emotionen und Energie. Sie hatte sich vor ihm verschlossen. Diese Aufstellung änderte ihr Verhältnis zu ihrem Namen und zu sich selbst.

## 38.3 Ichaufstellung

Bei der Aufstellung ging der Name trotz dieser Einsicht rückwärts und versteckte sich hinter meiner Behandlungsliege, als ich ihn samt Essenz aufstellte. Warum war mir nicht klar.

Ich stellte ein ICH von Susanne in den Raum. Es hatte sich ein Dreieck gebildet. Dem Ich stand der Körper links vorne und der Name rechts vorne gegenüber. Das Ich drehte sich sofort zu dem Vornamen hin mit abwehrender, rechter Hand. Es sagte sehr eindringlich und aufgeregt zum Namen: »Bleib du nur dort hinten, ich kann dich nicht gebrauchen.« Nach links zum Körper gewandt, streckte das Ich seine schützende linke Hand aus und sagte zum Körper gedreht: »Ich kümmere mich nur um den Körper.« Die Aussage hat Susanne und mich überrascht und Fragezeichen in unserem Gesichtsausdruck hinterlassen.

Danach stellte ich mich für das ICH mitten in den Raum und wollte wissen, woher es komme, denn sowohl Geschichtslehrerinnen als auch Philosophen, die ich zuvor befragt hatte, konnten mir nicht erklären, wo das ICH seinen Ursprung hatte, wann es zuallererst benannt und in unserem heutigen Kontext gebraucht wurde.

## 38.4 Aufstellung von Vater und Mutter

Wie so oft in der Familienaufstellung, stellte ich auch hier dem ICH nacheinander die Eltern gegenüber. Zuerst den Vater. Das ICH rührte sich nicht. Anschließend stellte ich die Mutter. Prompt wurde das Ich lebendig. Es gestikulierte wild mit beiden Händen, strahlte über das ganze Gesicht. »Mama, Mama, ich helf' dir«, gab es von sich und lief schnell zur Mutter, schnurstracks in deren Mutterleib.

Dort kannte es sich aus und wusste sofort, was es zu tun hatte, wozu es ursprünglich da war. Sein Charakter hatte sich gänzlich verändert. Das ICH war freundlich und hilfsbereit. Im Mutterleib befindlich bestand seine Aufgabe darin, alle Sorgen- und Kummerenergien der Mutter abzufangen und vom Embryo oder dem Föten fernzuhalten, so dass das Kind im Mutterleib gut heranwachsen kann.

## 38.5 Die Geburt

Ich stellte mir vor, wie das Kind geboren wird, den Mutterleib verlässt. In diesem Moment streift das Kind, das ICH, wie auch die Fruchthülle ab und bekommt stattdessen einen Vornamen, der den Eltern *eingefallen* ist. Ich betone: Von oben eingefallen ist.

Das ICH im Mutterleib löst sich auf. Ich jedenfalls als Therapeutin kann es in diesem Stadium nicht mehr fühlen.

Das Kind kommt freudig, neugierig auf die Welt, mit einer Sinfonie bestehend aus seinem Namen und der universellen, göttlichen Essenz, umgeben von einem großen Energiepotential.

Das sich Auflösen des ICHs bei der Geburt erklärte ich mir so: Es ist vielleicht ähnlich wie bei unseren angeborenen Babyreflexen, mit denen wir auf die Welt kommen. Um zu verdeutlichen, was ich meine, führe ich hier nur zwei Beispiele an.

Der Saugreflex ist wichtig, um gleich nach der Geburt an der Mutterbrust trinken zu können. Ein Baby saugt nicht mit den Lippen, sondern mit dem Gaumen. Würde der Reflex sich nicht zurückentwickeln, könnten wir später nicht kauen und feste Nahrung zu uns nehmen.

Ebenso sei der Greifreflex erwähnt. Babys könnte man an die Wäscheleine hängen, sie würden die Hände nicht öffnen (können) und herunterfallen. Wenn sich der Reflex nicht abbauen würde, könnten wir nicht gezielt greifen, um zum Beispiel ein Glas anzufassen und es an den Mund zu führen und danach auf dem Tisch abzustellen und es wieder loszulassen.

Mein Gedanke: Vielleicht verschwindet auf gleiche Weise auch das ICH, das im Mutterleib energetisch für unser leibliches Wohl gesorgt hat, vermutlich sogar noch mehr Aufgaben innehatte als die, die ich herausgefunden habe, da es nach der Geburt nicht mehr gebraucht wird.

## 38.6 Das Kleinkind

Wenn wir Kleinkinder beobachten, erkennen wir ihren Bewegungsdrang und ihre Neugierde Neues zu entdecken und auszuprobieren. Es wird in die Pfütze gehüpft, eine Nacktschnecke zerquetscht, Schubladen herausgezogen, und darin treppenartig auf Schränke geklettert, Steinchen in den Mund genommen und wieder ausgespuckt. Sie hören sogar sehr schnell auf ihre Namen (vorausgesetzt, sie wollen), wenn Eltern sie rufen. Ich stehe für solch ein Kind, was wir alle einmal waren, fühle mich frei und glücklich.

Alles ist möglich. Die ganze Welt steht mir offen. Ich bin intuitiv, kreativ, autonom.

Mit etwa drei Jahren muss das Kind ICH sagen, sonst heißt es, dass es psychisch zurückgeblieben sei. Meine Gefühle für das Glücklichsein und das Freiheitsgefühl verschwinden sofort, wenn ich ICH sage. Meine Muskeln spannen sich an, mein Rundumblick zuvor verwandelt sich in einen Tunnelblick.

Dies war die Beschreibung aus der Sicht des Kindes. Wie geht es dem ICH, das hier vielleicht fälschlicherweise benutzt wird?

## 38.7 Das kindliche ICH

Im Grunde kann ich das Ich im Mutterleib nach der Geburt des Kindes nicht mehr spüren. Hole ich das Ich für die Aufstellung heraus, dann fühle ich wie es zunächst restlos irritiert ist. Es hat ein kindliches Gemüt, es ist eine Energie und nicht etwas Menschliches. Es kann hingegen mit dem Kind, das jetzt einen Namen trägt, nichts anfangen, es verhält sich, als wären sich beide im Mutterleib nie begegnet. Das kleine Ich fühlt sich energetisch missbraucht, fehl am Platz und wird von menschlichen Gedanken in eine Form gepresst, welches seinem Naturell in keiner Weise entspricht. Am liebsten würde es schreien. Es hat keine Stimme und niemand ist da, der die kleine Ichenergie hören kann. Für seine feinstoffliche Ebene ist in der lauten Welt kein Platz.

Man könnte annehmen, dass das ICH, folglich auch das Potenzial mit dem das Kind auf die Welt gekommen war und das die Eltern und Erwachsenen mit ihrer Erziehung geschmälert haben, im Erwachsenenleben ersetzt wurde. Die ICH-Energie verändert sich durch den Missbrauch und den Zwang. Sie wird aggressiv und gewissenlos und hat mit ihrem Ursprung nichts mehr gemein.

## 38.8 Die Bedeutung des Namens

Spätestens wenn wir geboren sind, bekommen wir von unseren Eltern einen Namen. Meine Kinder bekamen ihn schon, als ich noch mit ihnen schwanger und das Geschlecht gerade ermittelt war. Meine Mutter hatte ebenfalls in ihrer Schwangerschaft einen Namen für mich ausgesucht, wenn ich ein Mädchen sein sollte. Das war noch vor der Zeit, als man die Ultraschalluntersuchungen machen konnte. Bei einem Dorffest saß meine Mutter einem ihr fremden Mann gegenüber, der sie auf ihre Schwangerschaft ansprach und dann ins Schwärmen von seiner Tochter kam, die Ulrike hieß. Meine Mutter war sofort von dem Namen angetan und verwarf ihren ursprünglich gewählten Favoriten. Auf diese Weise kam ich zu meinem Rufnamen.

Wieder andere Eltern wälzen Namensbücher, suchen nach Vornamen, die zum Nachnamen passen. Die einen Eltern wollen noch nie dagewesene Namen, andere geben ihren Kindern die Vornamen der Eltern oder Großeltern. Hat das Kind einen oder mehrere Vornamen erhalten, wird es oft mit einem Kosenamen oder einer Kurzform angesprochen. Bei mir wurde der Kosename Ulli, nicht wie üblich Uli ausgesprochen. Es kann an unserem Dialekt gelegen haben. Aus Ulrike wurde ‚Ullrigge', relativ monoton prononciert. Sehr betont und noch mehr Ls und Gs ließen ihn umso unattraktiver erscheinen. Ich war die liebe Ulli, die normale Ullrigge und wenn ich was angestellt hatte, die Ulriiiike. Für mich war mein Name einfach ein Name, über den ich als Kind nicht nachgedacht hatte. Nachdem ich an die verschiedenen Nuancen der Betonung gewöhnt war, wusste ich sofort, wie viel es für mich geschlagen hatte, wenn ich gerufen wurde. Würde ich lieber in meinem Versteck bleiben oder zum Essen kommen?

Unser Deutschlehrer in der Schule sprach ein reines Hochdeutsch. Als er meinen Namen zum ersten Mal aussprach, merkte ich auf und war ganz und gar verliebt in meinen Namen. Ul-rie-ke war auf einmal eine Melodie, die meinen Körper zum Schwingen brachte und ich war präsent, ich war volle Konzentration.

Wie schon oben erwähnt, sind Namen zusammengesetzte Buchstaben und jeder Buchstabe besitzt eine Energie, die er aussendet. Summen wir ein M in verschiedenen Tonlagen, dann spüren wir ein Vibrieren in uns. Ein tiefes Mmmmm kann seine Wellen im Bauchraum ausbreiten, ein hohes Mmmmm, einen Kopfton ergeben, der im ganzen Kopfbereich schwingt. Denken wir dabei auch an die altindische Sanskrit Silbe »OM«, das mantraartig wiederholt wird.

In meinem Fall konnte mein Name in Verbindung mit der Aussprache und dem Tonfall in mir Emotionen auslösen wie Beklommenheit und Furcht oder Freude.

Wir hören den Namen mit den Ohren, wir schreiben ihn mit den Händen, dadurch begreifen wir ihn. Wir lesen unseren Namen mit den Augen und sprechen ihn mit unserem Mund aus. Zuvor wird er in uns gebildet und unsere Stimmritzen erzeugen die Schallwellen dazu. Er summt in unserem Körper. Mit allen Sinnen nehmen wir unseren Namen wahr. Der Klang des Namens kann uns wie Musik in der Tiefe unserer Seele berühren und unser Nervensystem, sowie die Chemie in unserem ganzen Körper beeinflussen.

Es sind demnach *bestimmte* Namen, die wir für unsere Kinder aussuchen oder sie uns für die Kleinen *einfallen*. Sind Namen *Bestimmungen vom Universum*? Manchmal könnte man es meinen, denn meine Klientin Marianne erzählte mir ihre Geschichte.

Die Mutter hatte vor ihrem Tod, ihrer Tochter Marianne einen Brief hinterlassen, indem sie erfuhr, wie sie zu ihrem Namen gekommen war. Die Mutter war 1944 in Deutschland mit ihr schwanger gewesen. Der Vater in Russland stationiert, schickte ihr damals ein Paket mit haltbarer Soldatenverpflegung und einen Brief. Beide erreichten die Mutter mit dreimonatiger Verspätung. In dem Brief schrieb der Vater unter anderem: »Unsere Tochter soll Marianne heißen.« Woher wusste er, dass das ungeborene Kind ein Mädchen ist? Es wurden zu dieser Zeit keine Untersuchungen gemacht, in denen das Geschlecht vor der Geburt bestimmt wurde. Der Name ist ihm *eingefallen*.

Da wie schon erwähnt, jeder Buchstabe Energie ausströmt, ergibt sich durch aneinandergereihte Buchstaben ein Konvolut von Energien, die unser Leben bestimmen. Diese Weisheit der verschlüsselten Merkmale der Buchstaben sind viele tausend Jahre alte Überlieferungen. Vokale geben zum Beispiel die Kraft für Veränderung, Forschung, Sensibilität, Energie und Wille. Je nachdem wie viele davon in einem Wort vorkommen, können sie die Eigenschaft noch verstärken, erklären Numerologinnen, die anhand unserer Namen und Geburtstage unser Leben erklären können.

Viele meiner Patientinnen lehnen ihren Namen ab. Sie hassen ihn sogar und erfinden irgendwelche Kurznamen, Spitznamen oder sie geben sich mit Scherznamen zufrieden.

Nehmen wir das Beispiel Margot. Sie fand ihren Namen abscheulich und verzog ihr Gesicht zu einer garstigen Grimasse, wenn ihr Name ausgesprochen wurde. Beim kinesiologischen Test war der Testmuskel stark, wenn die Patientin sagte: »Ich finde meinen Namen abscheulich.«(Ja) Ließ ich sie sagen: »Margot findet Margots Name abscheulich«(Nein), wurde der zuvor starke Muskel schwach.

Bei der Umkehrung des Satzes: »Ich finde meinen Namen schön«, wurde der Testmuskel schwach (Nein) und wieder stark, bei: »Margot findet Margots Namen schön.« (Ja)

Die Patientin konnte erst gar nicht begreifen, was ihr Körper da ausgedrückt hatte. Wir wiederholten die Tests mit dem O-Ring-Test und dem Armlängendifferenz-Test und beide Überprüfungen ergaben die gleichen Ergebnisse, selbst wenn wir andere Adjektive benutzten. Fazit: Die Ichs mochten den Namen Margot nicht. Margot selbst mochte ihren Namen.

Ich fühle mich gerne in Worte hinein, weil ich festgestellt habe, dass sie uns schwächen oder stärken können, neutral oder leer sind. Worte können gestelzt, geschwollen sein oder als solche empfunden werden. Liebe beispielsweise, ist ein leeres Wort. »Gemögtwerden«, dagegen kann man fühlen. Ein Patient saß mir gegenüber und fragte mich: »Frau Fischer-Heiß, Sie sind doch eine Frau?« Ich bejahte und war neugierig, was kommen würde. »Dann können Sie mir doch bestimmt ehrlich sagen, warum die Frauen von uns Männern immer wieder den Satz ,Ich liebe Dich' hören wollen. Da ist doch gar nichts drin.« Ich stimmte ihm zu. Auch er hatte die Leere in diesem Satz bemerkt. Die Antwort müsste lauten: »Die Ichs möchten den Satz, ,Ich liebe dich' hören.« Vielleicht weil er emotionslos ist und eher zu den Ichs passt. Der Patient meinte anschließend: »Mir würde es genügen neben meiner Frau zu sitzen, sie zu spüren und sie spürt mich.« Das ist für mich fühlbar eine empfundene Liebe und hat nichts mit: »Ich liebe dich« zu tun.

»Duhu, kommst du mal bitte zu mir?« Wenn ich diesen Satz auf einem Spielplatz rufe, auf dem mehrere Kinder spielen, wer fühlt sich da angesprochen? Wie viele Augenpaare sind fragend auf mich gerichtet? Wer wird kommen? Wenn es alle gehört haben, dann könnte ich Glück haben, dass auch mein Kind aufmerkt, sich auf mein Rufen konzentriert und es zu mir kommt. »Sophie kommst du mal bitte.« Hier würden sich nur Mädchen umdrehen, die Sophie heißen. Die Auswahl wäre kleiner. Einige Kinder würden kurz schauen, was los ist, sich jedoch nicht angesprochen fühlen. Mit dem Aussprechen des Vornamens gäbe es weniger Sensationen, Aufregungen und Missverständnisse.

Im Grunde gelingen uns Vorhaben besser, wenn wir uns mit unserem Vornamen gedanklich anreden. Vieles wird uns dabei klarer, deutlicher und manchmal geschieht ein Wunder. Auf diese Weise gelingt es uns eher, unser Lebenszepter besser in die Hand zu nehmen. Wir stehen schon am Morgen leichter auf, gehen lieber an die Arbeit und sind zufriedener am Abend, wenn wir den Tag Revue passieren lassen. Unserem Normverstand räumen wir dadurch seinen Platz ein und wir handeln adäquat. Unsere Willenskraft verliert ihre endlose Größe und bekommt die Chance zum losen Unendlichen zu mutieren.

## 38.9 Die Zusammenführung

Zusammenfassung:

☯ Wir wurden geboren und gehen als Kleinkind intuitiv, kreativ, autonom und neugierig durch unser junges Leben. Unser Körper scheint sich mit unserem Namen zu identifizieren und eine Einheit zu bilden. Wir müssen mit spätestens drei Jahren ICH sagen, verlassen dadurch unser Potential und unsere Essenz, somit Parameter, die wir vom Universum mitbekommen haben und identifizieren uns mit den Ichs, welche die Meinungen anderer Menschen beinhalten. Diese wiederum wollen nicht, dass wir vollkommen gesund sind, denn ihr Fokus liegt darauf, dass wir Probleme haben. So wächst in uns der Wunsch, wieder in den Mutterleib zurückkehren zu können. Wir wünschen uns die Passivität. Durch die Probleme, welche die Ichs planen und auch produzieren, geben sie uns nach ihrer Intension eine Art Identität, eine Wesenseinheit. Gleichzeitig wollen sie nicht, dass wir unseren Normverstand benutzen, um die Probleme zu lösen.

Wir unterbrechen diesen Gedankenkreis nicht, wenn wir versuchen mit den Ichs zu diskutieren oder sie zu ignorieren.

Die Unterbrechung gelingt am leichtesten, wenn wir in unserem Vornamen denken, bewusst unseren Körper fühlen, eine Tief-Atemtechnik einsetzen und wenn es gelingt, eine kindliche Sprache für einige Sekunden zu verwenden.

🐎 In diesem Moment traut sich unsere Namens-Symphonie, die sich ganz am Anfang der Ich-Aufstellung (siehe 38.3, Das Ich) hinter meiner Liege versteckt hatte, wieder hervorzukommen. Sie kriecht förmlich in den Körper, der neutral dastand und belebt ihn. Endlich lebendig und beseelt geworden, lässt er sich locker und freudig bewegen. Er fühlt sich an, wie neu geboren.

🐎 Der Körper und das Herz docken wieder aneinander an. Jetzt ist auch das Herz frei, kann atmen und schließt sich automatisch an die Universelle Energie an. Das Herz ist immer mit der großen Energie verbunden, nur wir nicht mit unserem Herzen. Das konnte mit dieser Übung vollzogen werden.

🐎 Stelle ich nun dem Herzensmenschen in der gegenwärtigen Situation ein Problem gegenüber, weiß er nicht, was damit eigentlich gemeint ist. Er sieht lediglich eine Herausforderung, die einer Reaktion und Handlung bedarf. Eine kurze Überlegung genügt, um zeitnah und adäquat zu handeln. Sollte sich das Ergebnis nicht richtig anfühlen, gibt es kein langes Bedauern, sondern dann wird das Thema eben anders angegangen, bis das Ergebnis stimmig ist.

🐎 Stelle ich den Ichs das gleiche Problem gegenüber, schlagen sie die Hände über dem Kopf zusammen, streichen fahrig über das Gesicht, setzen sich erst einmal und klagen über das Problem: »Du liebe Zeit, wie soll ich das nur schaffen. Das gibt wieder einige schlaflose Nächte.« Es wird gedacht und überlegt, die schlimmsten Pannen werden bis zur Erschöpfung ausgemalt, aber das Problem bleibt unangetastet bestehen.

# 39. Endlich sagen wir Ich

Bei der Ich-Aufstellung haben wir die Funktion des Ichs im Mutterleib kennengelernt, haben die Geburt des Kindes und sein freies intuitives Leben mitbekommen, die Vergewaltigung des Ichs miterlebt, als das Kind Ich sagen musste. Wie geht es nun weiter? Wir sind erwachsen, haben uns an die Ichs gewöhnt und denken nicht mehr darüber nach. Wir bemerken nicht die Manipulationen, welche die Quasselstrippen verursachen und nicht die Beeinflussungen über die Ichs von anderen Menschen.

Ein Staubsaugervertreter stellte mir einen neuen Typus seiner Marke vor und saugte sehr grazil, während er mir erklärte: »Mit diesem Staubsauger sind sie versorgt.« In mir leuchteten sofort alle Lampen auf: »Die Ichs wollen immer etwas krank sein, weil sie versorgt werden wollen.« Eines meiner Ichs hätte fast den Staubsauger gekauft, der verhindert hätte, dass Ulrike wenig später intuitiv einen viel besseren für den gleichen Preis erworben hat.

Die Ichs sehnen sich in den Mutterleib zurück. Dort wo sie wirken können, tun können, was ihnen eigen ist. Es sind *nur* Energien und trotzdem haben sie ein Recht authentisch zu sein. Wir Menschen bieten ihnen Ersatzhandlungen und Illusionen an. Wenn wir uns ein Kirchengebäude ansehen, in dessen »Bauch« viele Menschen hineingehen, um zu beten, sich sicher und geborgen zu fühlen, kann es ein Ersatz für einen Mutterleib sein.

Unsere Techniken im Alltag, werden immer ausgereifter, sodass wir nicht mehr viel tun müssen. Wir sprechen mit einer Software, die uns die Lichter anknipst, die uns Musik auswählt und wir dabei nicht einmal mehr einen Finger bewegen zu brauchen. Autos fahren bald alleine, Navis zeigen uns den Weg, dadurch benötigen wir keine Landkarten mehr, um uns den Weg einzuprägen. Roboter haben schon lange viele Handgriffe übernommen, und die künstliche

Intelligenz schreibt Bücher oder die Hausaufgaben der Kinder. Wir sehnen uns nach Ruhe, Geborgenheit, Wärme und versorgt zu werden, wie wir es im Mutterleib vorgefunden und kennengelernt hatten.

Stellen Sie sich vor, jemand will einen Krieg führen und es gäbe kein Ich, Sie, Du oder Ihr. Dazu muss er andere Menschen zuerst als Feinde deklarieren. Jetzt stehen vor dem Kriegsherrn vierzigtausend Menschen, denen er erklären muss, dass sie unbedingt für ihn in den Krieg ziehen sollen. Er müsste jede Soldatin, jeden Soldaten einzeln beim Namen nennen, bis er damit fertig wäre, wollte er gar nicht mehr Krieg führen. Heute ist das mit den Ichs über die Medien etwas einfacher zu erreichen.

Mit den Ichs hat es der Kriegsherr schon leichter. Er steht da, ballt die Hand zur Faust und ruft: »Wir ziehen in den Krieg.« Die Ichs rufen kräftig »Ja«, denn sie haben ja keine Empathie und es ist ihnen egal ob wir sterben oder nicht. Würden alle mit ihrem Vornamen genannt, meine ich, dass die meisten wahrscheinlich nicht begeistert »Ja« rufen würden. Da die Ich-Energie weiterhin am Leben bleibt, auch wenn der Mensch gestorben ist, kann sie vieles bewirken.

Sie kann uns dazu anhalten viel mehr Schmerzmittel zu nehmen, als unser Körper vertragen kann, ebenso kann sie uns zwingen, ohne mit der Wimper zu zucken, unseren Körper mit Sport oder Arbeit so zu überfordern, dass er krank wird.

Ich habe langsam verstanden, warum ein großes Loch klafft, von Anfängen der Ich-Aufstellungen und den Erkenntnissen, die ich durch die Erwachsenen-Ichs ermitteln konnte. Der Einstieg der Ich-Aufstellung galt lediglich der Frage: »Woher kommt das Ich?« Ich hatte nicht gefragt: »Was macht es heute? Was ist aus ihm geworden? Was haben wir aus ihm gemacht? Wieviel Spielraum haben wir ihm zugelassen?«

Die Menschheit hat ein Heer von Ichs gezüchtet, die gänzlich entartet sind. Handelt es sich dabei um eine Art künstliche Intelligenz, die sich selbständig gemacht hat oder gar zurückschlägt?


# 40. Nachnamen

Mir fiel auf, dass unser Körper lediglich auf unsere Vornamen reagiert, während der Nachname eher von den Ichs beachtet wird.

Nehmen wir Frau Müller, wir könnten auch Frau Maier nehmen mit ai, ei, ey oder ay.

Frau Irina Müller wird ins Arztzimmer gerufen. In diesem Moment ist der Vorname ein Beiwerk, während unser Verstand den Nachnamen als wichtiger erachtet als den Vornamen. Mein obligatorisches »Warum« will mehr wissen.

Beim Hineinfühlen in die Szene erkannte ich, dass der Nachname etwas Distanziertes hat. Sowohl für Arzt als auch Arzthelferin ist es angenehmer, in einem gewissen Abstand die Patientin zu betrachten. Bei der Namensnennung Müller fühlt sich der Körper nicht direkt angesprochen. Unser Verstand nimmt wahr, dass er gemeint ist. Hier in Deutschland ist es üblich, wenn wir den Nachnamen verwenden mit dem »Sie« als Ansprache fortzufahren. Also wir sagen: »Sie Frau Müller und nicht du Frau Müller.«

Würde die Arzthelferin Irina rufen, würde der Körper sofort präsent sein und sich angesprochen fühlen. Meist folgt auf den Vornamen ein vertrautes »Du«. Allerdings ist das Du für den Körper, der wie ein kleines Kind fühlt, keine persönliche Ansprache.

Wie letztendlich der Name Maier geschrieben wird, ist für unseren Normverstand zunächst unwichtig. Bedeutung erhält die Schreibweise in der Numerologie und wirkt sich in Verbindung mit dem Vornamen, dem Geburtstag und Jahr als Energie für uns aus.

Die Thematik der Vornamen habe ich hier dargelegt, weil der

Vorname mit unserem Körper verbunden ist und weil er bei unserer inneren Identität ein Mitspracherecht hat. Er gehört zu unserer Intuition, Kreativität und Autonomie, die wir etwa mit drei Jahren durch das ICH-sagen, von uns wegschieben, damit uns die Gesellschaft nicht als zurückgeblieben einstuft. Inzwischen erzählen Omas ganz stolz, dass ihre Enkel schon mit zwei Jahren ICH sagen. Sie sehen es als eine Art Intelligenz an und mir entfährt ungewollt das Wort, das mit Sch..... anfängt. Es tut mir leid, dass sich diese Kinder nur so kurz in ihrer wahren Kinderwelt bewegen durften.

# 41. Ganzkörpertest

Als Physiotherapeutin war ich vielen Menschen und ihren Körpern sehr nahe. Ich habe sie im wahrsten Sinne des Wortes »begriffen«. Bei der Rückenmassage konnte ich spüren, wie sich die Muskeln anspannten oder entspannten, je nachdem, worüber die Patientinnen während der Behandlung sprachen. Selbst die Schmerzhaftigkeit von Akupunkturpunkten oder Reflexzonen an den Füßen veränderte sich während der Erzählungen. Später machte ich noch weitere für mich aufsehenerregende Entdeckungen (siehe 76.14 »Wieso ist der Name so wichtig?«). Nicht zuletzt reagierten die kinesiologischen Tests auf die Muskelspannungen. Die verschiedenen Tests habe ich bereits erläutert, aber einen, der mir wichtig geworden ist, habe ich noch nicht erwähnt. Es ist der Ganzkörpertest.

Eine Klientin steht so vor mir: Aufrecht, Beine hüftbreit gestellt, die Füße parallel, die Arme seitlich locker herabhängend. Als Therapeutin stehe ich seitlich von der Klientin. Ich fordere sie auf, den Körper nicht zu bewegen, wenn ich von hinten zwischen den Schulterblättern nach vorne drücke oder von vorne auf dem

Brustbein nach hinten. Dieser Stand ist bewusst so gewählt, denn in einer Schrittstellung, hätte sie mehr Halt.

Die Patientin soll in Ich-Form denken. Ich drücke leicht von hinten und die Patientin schwankt ein wenig mit dem gleichen Ergebnis, wenn ich von vorne auf das Brustbein drücke. Ich lasse sie ihren Vornamen denken und schon steht sie fest auf beiden Beinen, obwohl ich stärker drücke. Dasselbe passiert in gleicher Weise, wenn sie ihren Namen laut sagt.

Ich lasse sie ihren Kosenamen denken und sagen, sie kann meinem leichten Druck nicht standhalten. Genau so geht es ihr mit ihrem Nachnamen.

Es kann allerdings passieren, dass eine Klientin meinem Druck auf das Brustbein nicht standhalten kann, obwohl sie ihren Namen nennt, weil es ein Störfeld gibt, zum Beispiel, weil sie eine (Kaiserschnitt-) Narbe hat, oder ein Patient kann meinem Druck nach vorne nicht standhalten, weil er eine Narbe am Rücken von einer Bandscheibenoperation zurückbehalten hat. In meinem Buch »Narben und ihre verborgenen Störfelder«, habe ich dieses und andere Phänomene ausführlich dargestellt. Narben sind Schwachstellen, weil sie aus Ersatzgewebe bestehen und nicht mehr den Abwehrschutz bieten können wie unsere ursprüngliche Haut.

Lasse ich die Klientin eine Hand schützend auf die Kaiserschnittnarbe legen, sie ihren Namen visualisieren und drücke wieder am Brustbein von vorne nach hinten, bleibt sie wie ein Fels in der Brandung stehen. Genau so ergeht es dem Klienten, der seine Narbe am Rücken mit seiner Hand schützt. Besser ist es natürlich, wenn die Narben vor diesen Versuchen entstört werden.

# 42. Mit der Manuellen Therapie – Zum Potential zurück

Wie komme ich zu meinem Potential? Mir fiel in diesem Zusammenhang die manuelle Therapie ein. Nehmen wir an, Sie haben sich ihren Zeigefinger verstaucht. Sie wollten eine Türe, die im Begriff war zuzuschlagen, mit der Hand ungeschickt abfangen und die Wucht der Türe trifft die Spitze Ihres Zeigefingers. Die Stauchung zieht sich, je nach Eintrittswinkel, durch das fordere Gelenk, weiter zum Mittel und Endgelenk und verteilt sich in den kleinen Handgelenkknöchelchen. Das Fingermittelgelenk wird instabil.

Sehen wir dieses Gelenk des Zeigefingers genauer an. Zwei Gelenkpartner wurden mit Wucht gegeneinander geschoben. Wenn ich dieses Gelenk behandeln möchte, könnte ich an der Fingerspitze ziehen und würde wenig erreichen. Nehme ich als Therapeutin die beiden Gelenkpartner des Mittelgelenks in meine beiden Hände und ziehe sie auseinander, spüre ich einen Widerstand der Bänder, Sehnen und Muskeln. Der Zug würde dem Gelenk nicht guttun. Fokussiere und beobachte ich die beiden Gelenkpartner, indem ich sie nur anfasse, sie fühle, jedoch nichts mit ihnen mache, kann ich spüren, was die beiden wollen. Sie machen ihre individuellen Bewegungen.

Das widerspricht meinem Gelernten: Auf eine Stauchung müsse ein Zug erfolgen. Beide Gelenkanteile wollen zunächst in die pathologische Richtung, also an den Ort des Geschehens, wo die Stauchung am stärksten angegriffen hatte und ziehen sich dahin zusammen. Dort verweilen sie eine Zeitlang (etwa 20-30 Sekunden). Das Gelenk scheint sich selbst zu reparieren, es begreift und lässt die Spannung los. Unter meinen Fingern fühle ich winzig kleine Bewegungen. Ohne mein Zutun, weder physikalisch, noch in Gedanken, scheinen sich beide Gelenkpartner zu lösen und es passiert ein Schub in die Gegenrichtung, also auseinander. Das Gelenk begibt sich allein durch meine neutrale Aufmerksamkeit in einen Heilzustand.

Warum beschreibe ich dieses Phänomen? Es geschieht etwas Ähnliches, wenn wir spätestens mit drei Jahren unser großes Potential verlassen müssen. Es entsteht ein Zug, eine Verletzung in uns. Als Erwachsene ist uns nur noch wenig vom Vorrat geblieben, es fehlt uns, dessen sind wir uns oft nicht bewusst. Deshalb spüren wir eine Sehnsucht in uns, die uns unser Kopfgedanke nicht erklären kann. Wir suchen nach unserem Leistungsvermögen.

Wie komme ich nun wieder zu meinem Potential? Ich handle wie die beiden Gelenkpartner. Ich gehe mental wieder zurück zu dem Geschehen in der Kindheit, als mir mein Potential abhandengekommen war, bin in diesem Moment das kleine Kind. Dies ist der Schlüssel, für den Reservoirschrank, nachdem wir gesucht haben.

Diese Übung fällt vielen Erwachsenen schwer, weil eine Unsicherheit und viel Scham mitspielen, die enormen Mut verlangen, das auszuführen, was ich als Lösung anbiete.

Wenn wir nach dem Muster des verstauchten Gelenks vorgehen wollen, wäre es am natürlichsten, gedanklich in die Kindheit zurückzukehren, als wir uns noch mit unserem Vornamen identifizierten und ihn aussprachen, als wir uns noch unbeschwert, intuitiv, kreativ und autonom in unserem Lebensraum bewegten. Ich docke an dieses Zeitraster an und spreche daher in einer kindlichen Sprache. Sofort leuchten die Augen der Klientinnen, die Gesichtszüge werden weich und der Körper entspannt sich. Die Gedanken schämen sich, während der Körper versteht.

Ganzkörpertest: Die Klientin stellt sich aufrecht mit hüftbreit gespreizten Beinen und parallel gestellten Füße auf. Sie denkt wie eine Erwachsene und wankt, während ich von vorne oder hinten dem Körper einen Schub gebe. Sobald ich kindlich rede und noch nicht einmal ihren Vornamen erwähne, kann ich meinen Druck erhöhen und die Klientin steht da wie ein Fels in der Brandung. Das bedeutet, dass sie sich mitten in ihrem Potenzial befindet, das sie nun ausschöpfen kann.

Ich bin über dieses Ergebnis jedes Mal von Neuem fasziniert. Vor allem im Hinblick auf die Reaktion des Körpers, die sich in Sekundenbruchteilen vollzieht. Er scheint nicht nur ein grobstoffliches Geschöpf zu sein, das wir für unsere Handlungen benötigen, das wir mit Wasser, Seife und Cremes verwöhnen und es striezen, wenn es uns in den Sinn kommt Extremsport zu betreiben oder »workaholisch« unser Unwesen zu treiben. Der Körper unterhält, allem Anschein nach, einen empfindsamen Zugang zur feinstofflichen Welt.

Ein Lächeln,
eine Bewegung nach oben,
weit über die Atmosphäre hinaus
und doch so nah,
der Sonnenschein in mir.

Gemögtwerden, Zärtlichkeit, Wärme.

# 43. Lächeln-Mudra

Den Ganzkörpertest benutze ich ebenfalls, um über die Körper-reaktion die wichtige Bedeutung des Lächelns zu demonstrieren. In meinem Buch »Wandeltreue« habe ich einigen Kapiteln die Be-deutung des Lächelns und damit verbundene Übungen gewidmet. Hier erwähne ich es wieder, da es die einfachste Möglichkeit ver-mittelt, schnell Stress abzubauen und in die Resilienz zu kommen. Resilienz bedeutet, Aufregungen schneller bewältigen zu können, robuster zu sein, weil die Selbstregulation unseres Organismus funk-tioniert. Ich habe einige Versuche gestartet:

Eine Klientin sollte in ihren empathielosen Alltagsgedanken blei-ben und ich führte den Ganzkörpertest durch. Sie wankte sowohl nach vorne als auch nach hinten, als ich meinen Druck am Rücken und am Brustbein ausübte. Ich bat die Klientin, sie möge ihre Mund-winkel rechts und links nach oben, Richtung Schläfen ziehen und die Zähne zum Trocknen heraushängen lassen und schon stand sie fest da, und ich konnte meinen Druck sogar verstärken.

Ein Klient fragte mich, wie der Test ausfallen würde, wenn er nicht lächelte, sondern sich mit schönen Gedanken beschäftigte. Da ich die Antwort darauf nicht kannte, schlug ich vor, es auszuprobieren. Der Klient stellte sich aufrecht hin und versuchte, einen relativ neu-tralen Gesichtsausdruck zu machen, während er liebevoll dachte. Er musste jedoch feststellen, dass die Mimik beim liebevollen Denken automatisch freundlicher wurde, infolgedessen nicht objektiv bleiben und somit meinem Druck nicht standhalten konnte.

Wir versuchten eine andere Version. Er solle neutrale Gedanken haben und die Mundwinkel nach oben ziehen, während er die Zähne sichtbar werden lässt. Sofort wurde der Ganzkörpertest stark.

Das besagt für mich, dass es nicht um ein Lächeln geht, sondern nur um die Bewegung der Mimik. Dieses Mienenspiel bedeutet dem Körper mehr, als unsere Gedanken und der Versuch zu lächeln.

Natürlich probierten wir auch die Version, die Mundwinkel hochzuziehen und negativ zu denken. Das Negativdenken fiel dem Klienten schwer, als er seine Mundwinkel soweit er nur konnte nach oben zog. Trotz dieser Gedanken konnte ich den Klienten mit starkem Druck gegen seinen Körper nicht ins Wanken bringen. Das war erstaunlich.

Fazit: Es handelt sich in erster Linie nicht um das vielbesagte Lächeln, sondern um die Mimik, die dem Lächeln ähnelt. Der Körper gibt eindeutige Signale an das Gehirn, das Beuge- und Streckmuskeln in Bruchteilen von Sekunden synergistisch arbeiten lässt. In solchen Momenten hätte ich gerne Neurowissenschaftler zur Seite, welche die Reaktionen im Gehirn sichtbar machen könnten.

Eine gute Nachricht kann ich all denen Menschen geben, die sich vor dem Lächeln fürchten, es negieren, sich dafür schämen oder es als Hausaufgabe nur machen, wenn es dunkel ist. Diese Reaktionen begegneten mir sehr oft in der Praxis, wenn ich in der Folgestunde nachfragte, ob die Klientinnen ihre Lächelnkombiübung zu Hause gemacht haben.

Wie gesagt, es ist kein Lächeln im eigentlichen Sinne, sondern eine Mudra! Diese symbolisiert eine Geste, ist ein mystisches Zeichen, meist mit Händen und Fingerstellungen ausgeführt, in einer Welt in uns, die mehr ist als nur ein ICH.

Ausführung der Übung: Die Mundwinkel, rechts und links, Richtung Schläfen hochziehen, bis die Augen Lachfalten bekommen. Die Zähne zeigen, die locker aufeinander liegen und nicht aufeinandergebissen werden. Eine gerade, aufrechte Haltung dabei einnehmen, das Brustbein nach vorne oben drücken, die Schultern entspannen und die Arme dabei locker seitlich am Körper hängen lassen. Es gibt noch eine verstärkende Variante, die folgendermaßen ausgeführt wird: Die Unterarme etwas anwinkeln und die Daumen nach oben strecken. Diese Daumengeste wird oft gemacht, um zu signalisieren: »Das ist spitze.«

Da ich mit dem Ausdruck »Lächeln«, bis auf wenige Ausnahmen stark angeeckt bin und mir anhören musste, dass es momentan gar nicht angezeigt wäre zu lächeln, dass die betreffenden Personen nichts zu lachen hätten und dieses künstliche Lächeln wie eine Fratze aussehe, bemühte ich mich andere Worte dafür zu benutzen.

Die Verwendung des Begriffs »Gesichtsyoga« brachte nicht den erwünschten Erfolg, da das Wort Yoga an andere Ganzkörperbewegungen denken lässt. Die Ganzkörpermudra beinhaltet das Wort Mudra, was ebenso zu Irritationen führte. Personen, die sich auskennen, haben die Fingermudras vor Augen, wie sie in indischen Tänzen zu sehen sind, oder von unsere früheren Kanzlerin Frau Merkel als Stärkung verwendet wurden, oder wie sie beim Meditieren gebraucht werden. Es ist eine Geste, sind Zeichen, wie sie auch beim Tauchen als Verständigung eingesetzt werden. Die Mudras wirken sowohl auf grobstofflicher wie auf feinstofflicher Ebene. Sie sind in ihrer Feinstofflichkeit wohl teilweise dort angesiedelt, was ich Zwischenwelt nenne, welche von den Quantenphysiker als leerer Raum bezeichnet wird, wie wir inzwischen wissen, jedoch kein wirklich inhaltloser Raum ist. Er beinhaltet Wissen, das wir mit dem Normverstand nicht erfassen können.

Sobald ich jedoch von dem Gesichts- oder Körpermudra (ursprünglich, lächeln und aufrechte Haltung) sprach, wurde über das Wort Mudra philosophiert: »Die Mudra, nimmt mir meinen Mut ra.« Ra ist schwäbisch und heißt runter. »Muss ich meinen runtergekommenen Mut wieder mit meinen Mundwinkeln hochholen?«, war die nächste Frage.

Es ist interessant, was die Ichs alles aus einem einfachen Lächeln machen, das ihnen gefährlich werden kann, da es den Menschen stärkt und in seine Mitte kommen lässt, da der Mensch in solch einem Moment keine Energie an die Ichs abgibt. Diese gehen bei der Ganzkörpermudra leer aus.

Volker kam zu einem weiteren Wellnesstermin und erklärte mir gleich zu Beginn, dass er beruflich sehr gestresst sei und einfach nicht lächeln könne. »Naja, ich habe ein paar Übungen gemacht, aber das Lächeln klappt einfach nicht!«, bestätigte er und versuchte mit flatternden Bewegungen seine Mundwinkel mühsam nach oben zu ziehen.

Ich sah, wie er sich bemühte und bat ihn, das Lächeln zu unterlassen. Stattdessen forderte ich ihn auf, beide Arme hoch über den Kopf zu heben. Das gelang ihm sehr gut. Dann sollte er ein Bein heben, was ihm auch ohne Mühe glückte. Anschließend bat ich ihn, die Mundwinkel hochzuziehen, so wie er die Arme und das Bein hochgehoben hatte. Und siehe da, Volker konnte die Mundwinkel hochziehen, weil er die Muskelkraft dazu hatte. Er war bass erstaunt. Der Gedanke an ein Lächeln unter Dauerstress lähmte Volker. Nur die Muskeln zu bewegen, fiel ihm nicht schwer. Die Übung war dieselbe. Hier zeigt sich, wie leicht festgefahrene Gedanken die Bewegungen blockieren können.

Weitere Versuche machte ich mit kinesiologischen Tests. Ein Klient erklärte mir sein Problem. Ich führte den Armtest durch, bei dem der Armmuskel schwach wurde. So weit, wie gehabt. Jetzt forderte ich ihn auf, die Lächelnmudra auszuführen und er solle an das gleiche Problem denken. Vor dem erneuten Muskeltest meinte er lächelnd: »Echt jetzt?« Ich schaute ihn fragend an. »Das Problem ist ja gar kein echtes Problem mehr«, meinte er erstaunt. Es war, als hätte die Mudra einen Vorhang gelüftet. Die Ichs hatten ihn ein Problem dahinter vermuten lassen, das sie seit Tagen aufgebauscht hatten. Zum Vorschein kam eine Tatsache, die der Klient mit seinen Ichs seit Jahren verdrängt hatte.

Wir versuchten es noch einmal: Mit einer Lächelnmudra und nun mit einer aufrechten Haltung begegnete der Klient der Verdrängung. Er spürte: »Die Haltung macht's.« Durch diese Haltung und der Lächelnmudra war plötzlich kein Ich mehr zu spüren. Der Klient war frei und hatte Zugang zu seiner Essenz, die er vom Universum erhalten hat. Dort konnte er intuitiv und kreativ sein. Das Problem verwandelte sich in eine Aufgabe, vor der er bisher zurückgeschreckt war und die er nun angehen konnte und auch anpackte.

Es gibt noch ein anderes Beispiel: Bei einer intuitiven Familien-aufstellung habe ich einen ähnlichen Versuch gemacht, der alles Bis-herige revolutionierte. Bei meinen früheren Beobachtungen war mir aufgefallen, dass jede Klientin, jeder Klient, die/der um eine Auf-stellung bat, mit hängenden Mundwinkeln und gebeugter Haltung das Thema vorbrachte. Ich stellte mich dann zuerst für sie selbst und konnte ihre geknickte Stimmung spüren. Anschließend stellte ich mich zum Beispiel für ihre Eltern. Die wiederum nahmen zu dem genannten Thema eine problematische Haltung ein. Ließ ich die Klientinnen die Gesichts-Körper-Mudra machen und eine auf-rechte Haltung einnehmen, während ich für eines der Elternteile stand, hatte sich sofort die Haltung von Mutter oder Vater positiv verändert. Es bahnte sich viel schneller eine Lösung an, beziehungs-weise, die aufrechte Haltung hatte schon die Lösung bewirkt. Mit dieser beschriebenen Haltung und Mimik scheinen wir in eine an-dere Welt einzutauchen, die viel klüger ist, als unser Normverstand und dadurch verhindern wir, dass wir den Ichs unsere Aufmerksam-keit geben.

Nehmen wir den Satz und die Haltung zu dieser Aussage: »Ich weiß in meinem Leben nicht mehr weiter.« Da ist das Leben aus-sichtslos und Gedanken werden produziert, wozu man überhaupt etwas machen solle. Es gibt kein Heraus aus einer Gefangenschaft der Gedanken.

Der gleiche Satz wird ausgesprochen, mit hochgezogenen Mund-winkeln und aufrechter Haltung. Bei vielen Klientinnen wird ein Lächeln aus dem Bauchraum gespürt oder eine Erleichterung be-kräftigt mit einem Kopfschütteln. Die Quasselstrippen, verflüchtigen sich und geben dem Gehirn mehr Möglichkeiten, klar und objektiv zu denken. Das stimmt nicht ganz, denn das Herz bekommt jetzt die Gelegenheit mitzureden. Das Herz ist sowohl in der materiellen als auch in der geistig, feinstofflichen Welt zu Hause und gibt allem einen wahren Sinn.

Was ich an dieser Stelle unbedingt anmerken möchte: Wenn beim Lächeln-Mudra die Mundwinkel so weit wie möglich hochgezogen sind und eine gerade Haltung eingenommen wurde, dann ist eine destruktive Denkweise nicht möglich. Auch die Ichs mit ihren Gedankenkarussells haben keine Chance. Wem das gelingt, führt die Übung richtig aus. Dringen trotzdem noch unsinnige Gedanken durch, dann ist es wichtig, die Mundwinkel noch mehr nach oben zu ziehen und die Haltung des Brustkorbs nochmals zu korrigieren, auch wenn Sie meinen, sie wären schon am Anschlag angelangt. Meist geht die Bewegung noch einen Millimeter (im schwäbischen, Muggaseggele) weiter.

# 44. Aufgeschnappt

Als ich früher abends spät von der Arbeit nach Hause kam, wollte ich mich einfach nur noch berieseln lassen, schaltete den Fernseher ein und zappte erst einmal durch die Sender. Manchmal war dieses Vorgehen sogar ein Segen, denn ich bekam Antworten auf meine Fragen, die sich aus meiner Arbeit ergaben. Mitten in einer Sendung wurde gerade eine Marmelade eines Discounters in ein schickes, ansprechendes Glas umgefüllt, weil man Versuche mit Passanten durchführen wollte, welche Marmelade besser schmecke. Die meisten fielen auf den Trick herein und fanden die Marmelade aus dem schicken Glas wohlschmeckender und echter im Aroma. Danach wollte die Moderatorin von einem Wirtschaftspsychologen wissen, was es aus uns macht, wenn auf Lebensmittelprodukten »aus der Heimat«, »unsere Heimat«

steht. Da sagte er doch: »Dann fühlen sich die Menschen wieder in den Mutterleib zurückversetzt.« Mir blieb der Mund offenstehen, was ich in meiner kleinen Praxis mühsam erarbeitet und gefunden habe, ist in der Wirtschaft schon lange bekannt.

Eine andere Sendung, in die ich mitten hineinplatzte, zeigte Arbeiten eines älteren Herrn, der schon längst im Ruhestand zu sein schien, allerdings aus wertvollen Materialien Modell-Eisenbahnen und Autos fertigte. Die Moderatorin fragte ihn, wo er denn noch all seine Ideen herbekäme. Er faltete ruhig seine Hände, schaute himmelwärts und meinte: »Jeden Abend bete ich, lieber Gott lass mich nicht erwachsen werden.« Somit erhielt ich auch hier eine Bestätigung für mein Methode: Ich denke einfach etwa dreißig Sekunden in der Kindsprache oder spreche sie laut aus, wenn ich in kniffligen Situationen stecke. Das gilt ebenfalls wenn ich die Quasselstrippen mit ihrem Gedankenkarussell entlarvt habe und sie entkräften möchte. Die kindliche Neugier, die so unschuldig und ohne Wenn und Aber ist, lässt uns intuitiv handeln. Wir haben sofort unseren Körper als Freund und unser Herz bindet sich an das Universum an.

Wie der ältere Herr habe auch ich als Erwachsene Verantwortung zu tragen und doch versuche ich mit dieser kindlichen Geste mir mein Potential zu erhalten.

In der Werbung stellte sich eine junge Frau in schicken Sportklamotten auf, eine Hand zur Faust geballt, den ausgestreckten Arm provokativ in die Kamera gehalten: »Das willst du auch.« Die Geste mit der sehr bestimmenden Aussage triggerte mich so, dass ich meinte, die DVD für Gymnastikübungen, die sie auf diesem Weg vermarkten wollte, kaufen zu müssen. Beinahe hätten meine Ichs die DVD bestellt. Da meldete sich eine leise innere Stimme: »Die Übungen, die da beschrieben sind, mag Ulrike gar nicht. Die DVD brauchen wir nicht kaufen.« Die Ichs waren überstimmt, da ich meinen Normverstand, meinen Namen und die Herzenergie miteinander verbunden hatte.

# 45. Abschweifen

Zeitraubend sind die Zustände, indem meine Ichs mir glauben machen wollen, dass ich vor einem Jahr in einem Gespräch mit einem Kollegen anders hätte reagieren sollen. Bei einer monotonen Arbeit wie Wände streichen, die eigentlich für mich eine Art Meditation sein sollte, nutzen die Ichs ihre Chance, sich wie eine Klette an meinen bewussten Gedanken festzukrallen. Meine Jetztgedanken, die zunächst mit dem Abkleben der Fenster- und Türrahmen beschäftigt sind, lasse ich abschweifen und eigenständig denken, welchen Pinsel ich später nehmen werde, dass ich einen Stock brauche, um die Farbe umzurühren. Sie bringen ein Lächeln auf meine Lippen, weil mein Gehirn die Szene von vor fünf Jahren herholt, als ich unachtsam war, die Farbe auskippte und es erst merkte, als es auf meiner Brust und meinem Bauch kalt wurde. Es sind zwar keine negativen Gedanken, aber ich bin nicht wirklich auf meine Arbeit konzentriert und brauche länger Zeit, um fertig zu werden.

Diese Abschweifungen, zuerst in die nahe Zukunft und dann in die Vergangenheit, initiieren und benutzen meine Ichs, um mich unter Kontrolle zu halten. Ich habe verstanden: Sobald ich mich aus der Präsenz, aus dem gegenwärtigen Moment entferne, biete ich mich als Opfer und Angriffsfläche für die Ichs an. Im Grunde kann ich diese Erkenntnis auf meinen Alltag mit meinen Mitmenschen übertragen.

Während ich streiche, denke ich an ein Gespräch, das vor einem Jahr stattgefunden hatte, male mir aus, was ich hätte sagen, wie ich hätte anders reagieren und nicht gleich klein beigeben sollen, was in mir Ärger erzeugte und ich gedanklich Worte benutzte, die ich sonst nie sagen würde. Das ging eine ganze Weile so, bestimmt eine halbe Stunde, bis ich mich wieder ins Jetzt zurückholte: »Was waren das für Gedanken? Die Situation ist schon lange vorbei. Ich kann sie nie wieder herbringen, geschweige denn verändern, vor allem nicht, wenn der Kollege gar nicht da ist.

»Nur streichen, nichts anderes soll im Fokus stehen.« Danach fiel mir auf, wie müde ich geworden war, obwohl ich erst mit meiner Arbeit begonnen hatte. Das Ichdenken ist energieraubend, kräftezehrend und zeitraubend. Es sind Gedankenspiele über Gespräche, die nie stattgefunden haben oder stattfinden werden. Die vergeudete Energie bringt mir nichts, dem Kollegen nichts und das Universum hat auch nichts davon.

Das Abitur steht vor der Tür, Mia will ein bisschen Wellness von mir, obwohl sie sich gut fühlt, wie sie sagt. Sie habe sich gut auf die drei Arbeiten vorbereitet und sei nicht aufgeregt. Sie sei so stolz auf sich, dass sie so entspannt denken könne, während ihre Mitschülerinnen aufgeregt seien und ständig jammerten, dass sie es nicht schaffen würden. Mir fiel ihr Tonfall auf, er passte nicht zu ihrer Stimmung. Ich wurde hellhörig.

So begann ich meine Behandlung mit Fußreflexzonenmassage, weit weg vom Geschehen und doch so nah an den Gefühlen. Die Reflexzone des Beckenbereichs war sehr verspannt, die Nierenzonen reagierten empfindlich und schmerzten Mia sehr. Da ich mich gleichzeitig in den Körper hineinfühlte, konnte ich die Angstgefühle der Nieren erspüren, sie klapperten förmlich mit den Zähnen. Auch bei der Akupunktur ohne Nadeln am Ohr (Vegetativum Punkt) empfand ich eine Ängstlichkeit. Es kamen Gefühle aus der jüngsten Kindheit auf, den Anforderungen der Eltern von damals nicht gerecht worden zu sein. Diese Gefühle vermischten sich mit dem Hier und Jetzt und ließen den Körper starr werden und verspannen. Der Körper war gefüllt mit Angst, es nicht schaffen zu können, die Kraft und Macht nicht zu haben, eigentlich Unüberwindbares bewerkstelligen zu können.

Hier wird ganz deutlich, wie die empathielosen Gedanken Mia manipulierten. Sie suggerierten ihr, dass sie keine Angst hätte, sie würde sich ja »soooo guuuut« fühlen. Gleichzeitig erzeugten sie in ihr Angstgefühle. Das Überlegenheitsgetue der Ichs überdeckte die unbewusste Furcht, die Prüfungen nicht zu schaffen. Die Furcht wiederum war ebenfalls das Werk der Quasselstrippen. Diese lassen uns gleichzeitig zwischen Überlegenheits- und Minderwertigkeitsgefühlen hin und her schwanken. Die Ichs bekommen so ihre Beachtung und eine immense Energie von uns.

Das Ichimperium wächst und gedeiht, jedoch nicht zu unseren Gunsten. So ist es ratsam eine vollkommene Identifikation mit den Ichs zu vermeiden und sich hin zu Herz und Körper zu bewegen. Inzwischen kann ich an der Stimmlage sehr gut erkennen, wenn jemand sagt, es ginge ihm sehr gut, ob es ein gefühltes »Gut« ist oder eines von den Ichs ausgesprochenes. Bei den Ichs wirkt die Aussage sehr gekünstelt und prononciert.

Es gibt einfache Methoden, um ins Hier und Jetzt zu kommen, die Abschweifung vom Wesentlichen zu vermeiden. Wir können das Körperbewusstsein stärken, mit Atemübungen, Herzmeditation, Körpermudras, Akupunktur ohne Nadeln und Mentalen Übungen.

Allerdings ist es ratsam, diese Übungen nicht nur halbherzig auszuführen, indem diese nur mit Worten oder automatisch praktiziert werden, denn dann können Sie sicher sein, dass sie nur sehr gering wirken. Mit Herzenergie, wahren Gefühlen, einem Lächeln und Freude erreichen wir unser Ziel. Es ist so wichtig, sich nicht nur auf den Kopf zu verlassen, sondern auch den Körper mit einzubeziehen. Nicht umsonst ist der Satz entstanden: »Körper, Geist und Seele in Einklang bringen.«

# 46. Aufmerksamkeit

Die Ichs wollen Aufmerksamkeit und meistens haben sie mit ihrem Wollen Erfolg. Ich erkläre gerade einer Klientin die Lächelnmudra. Wir praktizieren es gemeinsam, während wir uns gegenübersitzen und unsere Mimik gegenseitig beobachten. Eine Minute aufrecht sitzen und die Mundwinkel so nach oben ziehen wie es irgend möglich ist. Die Mundwinkel meiner Klientin zucken, wollen wieder nach unten, die Augen werden unruhig, die Schultern wollen sich nach vorne und oben ziehen. Ich bin ständig dabei sie zu korrigieren. Es fällt ihr sichtlich schwer, so als hätte ich sie aufgefordert mit ausgestrecktem Arm einen zehn Liter Eimer gefüllt mit Wasser permanent hochzuhalten.

Endlich ist die Minute um und schon wirkt die Schwerkraft auf Mundwinkeln und Schultern wieder. »Puh, war das anstrengend«, schießt es aus der Klientin heraus, als hätte sie die ganze Zeit die Luft angehalten. Im gleichen Moment bringt sie Sätze hervor wie: »Ich habe Ihnen noch nicht erzählt, dass ich nachts nicht gut schlafe und dass vor vier Wochen mein rechter Arm wehgetan hat und ich *glaube*, dass das mit meiner ständig sitzenden Tätigkeit zu tun hat. *Vielleicht* sollte ich einen besser verstellbaren Stuhl haben. Mein Chef *muss* mir einen genehmigen…« Ich versuche ihren Redeschwall zu stoppen, denn mir ist bewusst, dass die Ichs durch sie hindurch sprechen. Einige Male setze ich an: »Entschuldigung, wenn ich Sie unterbrech…« Ich beende meinen Satz. Ich dringe nicht zum Bewusstsein meiner Klientin durch. Sie endet mit: »…was soll ich tun? Welche Übung empfehlen Sie mir?«

Inzwischen habe ich meine Schultern hochgezogen, meine Mundwinkel haben sich nach unten gebogen und ich atme erst einmal aus. Ich versuche meine Klientin zu spiegeln. »Ich habe ihnen doch gerade eine sehr wichtige Übung gezeigt. Sie sollten die aufrechte Haltung üben, die Mundwinkel nach oben ziehen und diese Übung mindestens eine Minute so halten, oder sogar noch weiter intensivieren. Außerdem haben wir vorher die Atemübung gemacht, die sie dreimal am Tag drei Minuten lang durchführen sollten«.

Ich merke an ihrer Mimik und ihren Augenbewegungen, dass ich mit meinen Worten überhaupt nicht durchkomme und höre förmlich, wie es in ihrem Kopf rattert. Bemerke allerdings wie ich durch meine Erklärung, die ich ruhig und sachlich vorbringe, langsam sprechend, jedes Wort besonders betonend, meine Energie investiere und an die Ichs meiner Klientin verliere. Mit viel Energie und Feingefühl meinerseits hat meine Klientin die Übungen schließlich verstanden und erkannt, dass sie zunächst keine weiteren braucht, bis diese in Fleisch und Blut übergegangen sind.

Luis kommt zum fünften Mal in größeren Abständen in die Praxis mit Schmerzen in der Lendenwirbelsäule. Er sitzt jeden Tag mehrere Stunden am Computer und zum Ausgleich fährt er Fahrrad. Vier Mal habe ich ihm erklärt, dass durch die runde Körperhaltung am PC und die Haltung während des Radfahrens die geraden und die schrägen Bauchmuskeln verkürzen und sich über eine längere Zeit einen Ansatzreiz sowohl an den Ursprüngen als auch an den Ansätzen der Muskeln an Becken und Rippen entwickelt hat. Denn bei jeder Aufrichtung erfahren die Muskeln einen Zug und es entwickeln sich kleinste Ödeme und Entzündungen, eben an Ansatz und Ursprung. Die Rezeptoren an den Muskeln melden an das Gehirn, bitte schütze mich. Das Gehirn lässt alle Beugemuskeln von Kopf, über Schultern bis zu den Händen, Brust- und Bauchmuskeln, über Oberschenkel, Unterschenkel, Fuß und Zehenmuskeln anspannen, sich verkürzen, um die Ansatzreize am Bauch zu schützen.

Die Strecker müssen nachgeben, denn sonst können die Beuger nicht beugen. So werden die Strecker vom Gehirn auf schwach gestellt. Ich betone, auf *schwach* gestellt!

Das Aufrichten fällt Luis deshalb schwer, da die Muskelbeuger in die Beugung ziehen und die Strecker zu schwach sind. Das ist eine einfache Erklärung und ein kleiner Ausschnitt einer Therapie, die so noch selten gelehrt wird. Dr. Alois Brügger (1920-2001) aus Zürich hat viele Studien und Abhandlungen zu diesem Thema geschrieben, die in der Medizin wenig Beachtung gefunden haben, die jedoch hervorragende Anamnese- und Behandlungsmethoden bieten.

Wenn ich den logischen Mechanismus erkläre, wird er wenig verstanden, weil sich in den Köpfen der Menschen veraltete Methoden eingenistet haben, an denen die Ichs festhalten. In diesem Fall wäre es wichtig, dem Körper mehr Aufmerksamkeit zu schenken.

Das habe ich Luis immer wieder erklärt und ihm einfache Übungen gezeigt, die ihm sofort spürbare Erleichterung brachten. Diese müssen aber mehrmals am Tag ausgeführt werden, denn Muskeln brauchen einen Lerneffekt durch Wiederholungen. Außerdem nimmt er immer wieder die gebeugte Haltung ein, die er präventiv behandeln könnte. Luis erklärt, dass er keine Zeit dafür hätte und sie ständig vergessen würde.

Wir forsteten seinen Alltag durch und fanden reichlich übrige Zeit für die Übungen, die etwa drei Minuten pro Einheit beanspruchen. »Das ist ein Fall für den Schweinehund«, meinten wir lachend. Durch die intensive Körperwahrnehmung während der Übungen konnte sich Luis zu den Übungsphasen durchringen und seine Rückenschmerzen gehören seit kurzem der Vergangenheit an.

# 47. Die Stahlwand

Meine Freundin Conny und ich haben die Stahlwand vor einigen Jahren zum ersten Mal mit unseren Müttern ausprobiert. Unser achtsamer Gedanke war: Wenn etwas schief geht, können wir es durch unsere Mütter erfahren und transformieren. Diese Übung war sehr hilfreich und interessant. Ich habe sie in meinem Buch »Denn

Gesundheit kennt den Weg« beschrieben. Seitdem begleitet mich die Stahlwand ständig, vor allem in meiner Praxis, aber jetzt hat sie noch mehr an Bedeutung gewonnen.

»Eigentlich geht es mir gut, ich habe alles, was ich brauche, aber es geht mir trotzdem nicht gut, was soll ich tun? Woher kommt dieses Gefühl? Liegt das noch an meinen Eltern oder Ahnen?« Die Klientin, Nele, wir kennen uns schon einige Jahre, freut sich über die positive Veränderung, die sie in den letzten Jahren durchlaufen hat und ist dennoch unglücklich, dass ihre Fortschritte immer wieder durch dunkle Wolken gestört werden.

Die Sonne scheint, die Frühlingsblumen strahlen in Gelb, Weiß, Magenta, Lila und kräftigem Rot. Der saftig grüne Rasen steht im Kontrast zu ihnen und bringt ihre Farben noch mehr zur Geltung.

Unsere Sessel stehen am Fenster und wir betrachten den Garten, da ich unser Gespräch dorthin gelenkt habe. Einige Amseln trippeln auf dem noch feuchten Rasen, ziehen und zerren einen Regenwurm nach dem anderen aus der Erde. Das Schauspiel zaubert uns beiden ein Lächeln ins Gesicht. Nele ist in ihrer Herzenergie.

Ich frage sie, wie es ihr im Moment geht. »Sehr gut«, meint sie mit einem Strahlen im Gesicht. »Wo ist das Nichtgutgefühl geblieben?«, frage ich, wohlwissend, dass ich sie wieder zum Nachdenken und in ihre Ich-Energie zurückhole. Der Gesichtsausdruck verändert sich schnell in eine düstere Mimik. Wir nicken beide, denn wir haben verstanden, dass wir gerade zweierlei Welten in uns tragen.

Ich errichte für sie in Gedanken eine Stahlwand und erkläre ihr, was es damit auf sich hat: Meine Stahlwand sah vor Jahren aus wie ein großes Burgtor. Das Tor war hart und wurde von Stahlnägeln gehalten. Wie beim Burgtor gab es an der Seite eine kleine Tür, die man öffnen konnte, wenn man wollte. In den letzten Jahren hat sich meine imaginäre Mauer verändert. Sie ist jetzt aus blankem Stahl, immer frisch geputzt und ohne Tür. Es ist unerlässlich, im mentalen Denken immer präziser zu werden und zu sein. Das ist insofern wichtig, damit unser Gehirn und Teile unseres Unterbewusstseins eindeutige Bilder erhalten, denn umso klarer wird später die Wirkung sein.

Diese Stahlwand, die uns vor allen Energien von außen, egal ob destruktiv oder obstruktiv, schützt, lässt keine Gedanken schneller Wellenlänge durch. So haben die Ichs keine Chance, sich einzumischen. Die Wellenlängen des Universums, unsere Essenz und unsere ursprünglichen Energien bleiben rein und klar in dem Moment, in dem wir uns auf unserer Seite die Wand vorstellen. Keine andere Energie hat in diesem Moment Zugang zu uns. Wir können uns spüren und erfassen, wer wir sind.

Meiner Klientin Nele stelle ich die Stahlwand zwischen sie und ihren ICH-Gedanken. Wohlgemerkt, die Ich-Gedanken sind die unsinnigen Gedanken, die Lügengeschichten erfinden, die keine Empathie für meine Klientin hegen.

Die rationalen Gedanken bleiben an Neles Seite. Das sind die, die Projekte planen, die den Einkaufszettel schreiben, die Kinder in die Schule fahren, wissen, wo die Glühbirnen im Keller zu finden sind und die ihr helfen diese auszuwechseln. Nele auf der einen Seite der Stahlwand, nur mit ihrer Nele-Energie fühlt sich locker und frei, würde am liebsten in den Garten gehen und Purzelbäume schlagen.

Auf der anderen Seite der Stahlwand stehen mehrere Ichs dicht gedrängt und sind erstens entsetzt (das ist meine Interpretation, denn die Ichs haben keine Gefühle, sind also nicht wirklich entsetzt), dass wir auf die Idee mit der Stahlwand gekommen sind, und zweitens schlagen sie virtuell gegen die silbrig glänzende Wand: »Das könnt Ihr mit uns nicht machen, wir brauchen doch die Energie (von Nele).« Wie hungrige und durstige Wesen klingen sie. Sie sind darauf angewiesen, dass Nele ständig an sie und mit ihnen denkt und sie so mit ihrer Urenergie nährt. Nur dadurch können die nutzlosen Gedanken leben.

An dieser Stelle sei angemerkt, dass ich als intensiv fühlender Mensch den Ichs hier und da Gefühle unterstelle, die sie nicht haben, nur um bestimmte Reaktionen ihrerseits zu erklären.

Mir fällt es wie Schuppen von den Augen: Die ganzen Jahre habe ich die Ichs genährt und meine Klientinnen auch noch angehalten es zu tun, indem ich sie Übungen machen ließ, die den Ichs Stärke verliehen haben. »Woher wird mein nächster Gedanke kommen? Wie wird er aussehen?«, waren therapeutische Fragen, welche die Ich-Gedanken verwirren und abhalten sollten, um unserem Gehirn für einige Bruchteile von Sekunden Ruhe zu gönnen, um der Gedankenobstipation (Gehirnverstopfung) entgegenzuwirken und klaren Gedanken Platz zu schaffen.

Nele hat verstanden, dass die bewusst gedachte Stahlwand ein weiteres Mittel ist, damit die Ichs sich nicht in ihren Verstand einmischen können. Beide Hirnhälften und das Herz haben Raum und Zeit sich zusammenzuschließen und rationale Gedanken zu produzieren oder einfach nichts zu denken.

Sie hat nun für den Alltag und für die Nachtsaufwachzeiten mehrere Möglichkeiten einen klaren Kopf zu bewahren, indem Sie das Lächelnmudra, die Atemübungen und die Stahlwand schnell und einfach einsetzen kann.

Byron Katie, eine US-Amerikanische Lehrerin, ließ in ihrer Therapie, »The Work« vier wichtige Fragen stellen, die ich auf meine Klientin und ihr Problem übertrage: »Ist es denn wahr, dass deine Mutter anders sein sollte wie sie ist?« Die Ichs antworteten mit Ja. »Kannst du wirklich wissen, dass es wahr ist?«, frage ich weiter. »Ja«, stimmten die Ichs gemeinsam ein. »Wie reagiere ich, wenn ich den Glaubenssatz habe, dass die Mutter anders sein soll?« Die Ichs sind überfordert. Sie scheinen aufgeben zu wollen. »Wer wäre ich ohne diesen Glaubenssatz?« Jetzt hatten es die Ichs schwer und brauchten tatsächlich einige Sekunden, um zu antworten. Denn es ging ihnen nur scheinbar an den Kragen. Scheinbar, denn sie begriffen schnell, dass *sie* gefragt wurden und nicht das Herz. Es ist ein gutgemeinter Therapieansatz, den ich lange Zeit praktiziert hatte, bis ich begriff, sobald wir uns mit den Ichs befassen, geben wir ihnen Energie und lassen sie größer werden. Wir geben ihnen die Macht über uns. Wenn die gleichen Fragen gestellt werden, aber statt des Ichs der Name verwendet wird, ergeben sich andere Antworten.

Andere Beispiele der Stahlwandübungen: In einer beratenden Aufstellung, ohne vorherige Informationen, stellte ich meiner Klientin Heike die Mutter ihr gegenüber auf, und wir beobachteten, wie beide sich verhalten würden. Anschließend platzierte ich mental das Stahltor zwischen sie. Wichtig ist es zu wissen, dass die Wand keinen Bruch und keine Einschränkung für beide bedeutet. Wenn wir sie uns auf der Weltkugel vorstellen würden, dann könnten beide ihre eigenen Wege auf der ganzen Welt gehen. Nur jetzt in diesem Moment gab es keinen Energieaustausch zwischen Mutter und Tochter. Wir waren neugierig: Was würde sich verändern?

Die Tochter drehte sich erleichtert weg von der Wand: »Endlich frei, ich fühle mich fit für meinen Beruf. Mit dem Stahltor zwischen mir und meiner Mutter fühle ich mich kräftiger.« Die Mutter stand der Wand zugewandt und klopfte mit der Faust dagegen: »Ach, wenn ich von dir die Energie nicht mehr bekomme, dann gehe ich zu deinem Bruder.« Hier hatte die Mutter unbewusst als Energieräuberin von der Kraft der Tochter gelebt. Heike verstand und wenn sie wieder merken sollte, dass ihre Energie verschwindet, dann kann sie sich ihre eigene Stahlwand aufstellen.

Ein anders Beispiel zwischen Mutter und Sohn. Die Mutter äußert ängstlich zur Stahlwand gedreht: »Lass mich nicht alleine.« Sohn, verwundert: »Ich stehe nicht mehr an Vaters Stelle. Ich bin mit mir. Ich fühle, wie Kraft in mir hochsteigt.« Er geht nun seinen eigenen Weg, denn es war ihm nicht bewusst gewesen, dass er seinen Platz in der Herkunftsfamilie nicht als Sohn, sondern als Ehemann eingenommen hatte. Hier hatte die Mutter unbewusst ihren Sohn an die Stelle ihres Ehemannes gerückt, was eine ungute Familienkonstellation bewirkte. Wenn die Mutter den Vater ablehnt, oder der Vater sich von seiner Frau innerlich getrennt hat, passiert es, dass der Sohn die Stelle des Vaters energetisch in der Familie vertritt. Äußerlich ist das im ersten Moment nicht zu erkennen, emotional aber schon. Der Sohn ist dann mit der Mutter verheiratet und der Frau, die er geheiratet hat, bleibt nur ein Platz als Geliebte.

Dieses familiäre Durcheinander kam den Ichs zugute, sie versuchten, das Wirrwarr zu erklären, erfanden verschiedene Begründungen, wie es sein könnte, wenn es so wäre, wie es sein sollte. Die Verwirrung wurde immer größer und schließlich fand sich der Sohn in einem Knäuel wieder, aus dem es für ihn keinen Ausweg gab. Die eigentliche Antwort lag auf einer ganz anderen Ebene. Dies wurde durch die Stahlwand gut sichtbar.

Wibke hat eine längere Urlaubsreise vor sich und wollte sicherheitshalber ihren Rücken untersuchen lassen, damit er die Fahrt besser übersteht. »Ansonsten geht es mir so gut«, schwärmt sie. »Ihre Idee mit der Stahlwand ist einfach genial. Ich habe mir eine schöne gebaut und kann jetzt in Ruhe meine Eltern besuchen, sitze total entspannt im Lehrerzimmer, unterhalte mich locker mit der komischen Bekannten meiner Freundin und auch beim Einkaufen stören mich die hektischen Leute nicht mehr. Das ist sooo guuut, das glauben die gar nicht. Einfach wunderbar. Danke.«

# 48. Gehirnobstipation

»Ich glaube ich habe Alzheimer.« Das ist ein Satz, der mir oft in einer Therapiestunde begegnet und der mir in der Seele weh tut, weil er einfach nicht stimmt. Es wird leichtfertig eine schwerwiegende Eigendiagnose gestellt, mit wahrsagerischer Prophezeiung, die wenn sie wahr würde, ganz sicher viel Leid über diese Menschen bringen würde. Reden wir hier eher von einer Gehirnobstipation, einer Gedankenüberflutung, die zu einer Verstopfung führt und uns seltsam handeln lässt. Aussagen von Klientinnen: »Wo ist die Milchtüte, die ich gerade eingekauft, danach unablässig gesucht habe und die ich dann per Zufall in der Gefriertruhe wiederfinde?« »Anstatt Diesel habe ich Benzin getankt.« »Wieder einmal habe ich meinen Schlüssel verlegt,« sagt eine Klientin und ist sich sicher, dass so Alzheimer beginnt.

Alltagsgeschehen, die ihre Routine gefunden haben, werden auf einmal unterbrochen, weil wir uns in diesem Moment, in dem wir uns etwas merken möchten, mit den Gedanken schon irgendwo anders sind. Der Schlüssel, der automatisch nach dem Einkauf in der blauen Schale auf der Kommode im Flur abgelegt wird, behalte ich in Gedanken versunken in der Hand, während ich die Einkaufstasche in der Küche abstelle und der Schlüssel in die Tasche fällt, unterdessen denke ich, dass ich am Nachmittag mit dem Auto wegfahre und Blumen einkaufen möchte. Ich bin in Gedanken schon dort, obwohl es gerade neun Uhr ist. Wenn ich denke, dass ich schon im Blumenladen bin, dann habe ich ja den Haustürschlüssel in der Hand, dann kann er nicht in der Schale liegen und ich merke erst gar nicht, dass er in die Tasche gefallen ist. Später werde ich zweifeln, ob und wann ich den Schlüssel zuletzt in der Hand hatte.

Ein anderes Beispiel: Eine Patientin kam regelmäßig in meine Praxis mit Beschwerden an Händen und Knien. Es war nicht schwer für mich, die Ursache zu finden, denn sie war wieder einmal auf der Treppe nach oben gestolpert, auf beide Knie gefallen und hat sich mit den Händen abgestützt. Was war geschehen? Sie hatte eingekauft und etwas vom Keller hochgeholt. Zu ihren Wohnräumen und Küche musste sie grundsätzlich zwölf Stufen einer Steintreppe nach oben steigen. Sie war nach den ersten beiden Stufen in Gedanken schon in ihrer Küche. Der Küchenboden ist eben, warum soll also das Gehirn dem Nervensystem und dem Muskelbandapparat den Befehl geben, immer noch Stufen zu steigen? So kam es zum Sturz.

Beim Zuhören eines uns vertrauten Menschen, dessen Geschichten wir kennen, da wir sie schon oft gehört haben, oder wenn wir mit Menschen zu tun haben, die sich immer beklagen, durchziehen uns Gedanken: »Ach, jetzt kommt die alte Leier wieder.« Wir hören nicht mehr zu, die Ohren werden zugeklappt, während wir unseren eigenen Gedanken nachhängen und in die Vergangenheit abschweifen.

Ich fand es immer beschwerlich meiner Mutter am Telefon ihre Frage, die sie mir gestellt hatte, zu beantworten. Während ich ihr die jeweilige Situation erklärte, spürte ich, wie sie ihre Ohren zuklappte und ich förmlich das Rattern ihrer Gedanken im Kopf wahrnahm: »Mama du hörst mir wieder nicht zu und machst dir gerade deine eigenen Gedanken zu deiner Frage und nachher erzählst du Vater wieder deine Version meiner Antwort.« »Woher willst du das wissen?«, fragte sie dann immer ganz unschuldig mit kindlichem Ton, weil sie wusste, dass ich sie ertappt hatte. »Du weißt, ich kann das spüren!«, gab ich mit bestimmendem Ton zurück. Mutters Gedanken sorgten immer wieder für viele Missverständnisse in der Familie.

# 49. Mitspracherecht

Es ist Samstagmorgen, sechs Uhr. Eines meiner Ichs hat meine Gedanken fest im Griff. Schon beim Aufwachen merke ich, dass sich in meinem Kopf ein reges Treiben abspielt, das nichts mit einem angenehmen Erwachen zu tun hat. Mir gelingt es nicht, die Gedankenfetzen einzufangen, die wirr rundumher schwirren. Um was geht es hier? Meine Gedanken sind von mir, Ulrike, nicht beabsichtigt. »Hallo, darf ich auch mal mitreden?«, denke ich bewusst. Da wird es für kurze Zeit still im Kopf. Mir wird in diesem Moment klar, ich habe ein Mitspracherecht und mir wurde die Freiheit gegeben, eigene bewusste Gedanken zu bilden. Das heißt allerdings selbst aktiv zu werden. Aktiv heißt: Beweglich sein, tätig werden, sich engagieren, arbeitswillig, lebhaft sein, handeln, anfassen, zupacken, etwas beginnen, es wollen, es wagen und vollbringen und das mit aufrechter Haltung, mit einer Lächelnmudra und mit Freude tun. Was soll da einem noch im Weg stehen?

Wenn wir passiv sind, geben wir der Gravitation die Macht. Alles fällt nach unten, unsere Körperhaltung, unsere Mundwinkel. Automatisch laufen im Hintergrund Gedanken ab, die ich nicht bewusst wahrnehme, weil ich passiv bin. Wir sind untätig, uninteressiert, dulden, was andere uns befehlen, sind faul, schläfrig, müde, erleiden, ertragen, sind desinteressiert, teilnahmslos, gelangweilt und überlassen unser Leben den Ich-Gedanken, die nichts mit unserem Wesen zu tun haben. Wir lassen uns leben, verlieren den Kontakt zu uns selbst und beklagen, dass uns etwas fehlt, obwohl wir alles haben.

Wie komme ich schnell und einfach zu Ulrike? Ohne aktiv zu sein, geht es nicht. Aktiv sein kann sowohl Handeln als auch Umdenken bedeuten. An guten Tagen gelingt es mir, meine Gedanken spontan dem aktuellen Geschehen anzupassen. Das ist aber eher selten, denn es sind meine unbewussten, unsinnigen Gedanken, die mich in die künstliche Katastrophe geführt haben. Sie zu unterbrechen ist oft schwierig. Ich versuche tief zu atmen, gleichmäßig, drei Minuten lang. Manchmal kommen die Gedanken durch, denn sie sind schlau, sie lernen schnell. Seit 2023 nenne ich sie, auch KGGa, künstliche Gedanken-Geistarmut. Ich weiß, der Begriff ist so unpassend wie die Ichs selbst. Ulrike trickst sie aus, denn den Begriff verstehen sie nicht!

Ich massiere intensiv meine Ohren, innen, außen, Weichteile und Knorpel, drehe sie und ziehe leicht an ihnen. Das tut gut. Ich spüre die Durchblutung in den Ohren, in meinem Kopf und Körper.

Diese Massage bringt mich ins Hier und Jetzt zurück, wenn die Quasselstrippen mich nerven. Manche Stellen schmerzen beim Massieren, weil auffällige Akupunkturpunkte am Ohr automatisch behandelt werden. Damit können die KGGas nichts anfangen und verstummen. Ich spüre, dass sie sogar endlich aus meiner Energiezone verschwinden. Meine unsinnigen Gedanken sind auf und davon. Jetzt funktioniert es auch wieder mit der Atmung. Ich richte mich auf, lächle. »Hallo, guten Morgen, Ulrike«, sage ich zu mir, »wieder da?!« Alle Zellen in meinem Körper scheinen im Chor ein fröhliches »Jaha« zu signalisieren. Ich bekräftige das freudige und zufriedene Gefühl in mir, indem ich in der Kindersprache einige Sätze sage. Der Körper scheint sich mit: »Gell, jetzt sind wird Freunde,« zu offenbaren.

Der Ausspruch: »Jeder ist seines Glückes Schmied«, kommt mir in den Sinn. Der Schmied handelt, er erhält das Feuer, schmiedet, hält das Eisen ins Feuer, hämmert und formt es. So wie wir auch unser Leben formen können. Es kommt immer darauf an, welche Prioritäten wir den momentanen Situationen geben, in negativer oder positiver Hinsicht.

In solchen Momenten scheinen die Ichs mit ihren Händen vor dem Gesicht herumfuchtelnd zu signalisieren: »Die hat eine an der Klatsche, mit der können wir heute nichts anfangen.« Sie verschwinden zunächst, allerdings in jeder Ecke lauernd, denn sobald ich mich verlasse, stürzen sie sich wieder auf mich. Sie werden mich über mich ärgern lassen, Mitleid mit einem unbekannten Menschen haben, mich über Gott und die Welt aufregen lassen. Ja, das können sie gut! Doch Ulrike hat ein Mitspracherecht und kann selbständig entscheiden, ob sie das will. Und Sie liebe Leserinnen und Leser könne das ebenso!

# 50. Das Unterbewusstsein

Wir reden so leicht und locker vom Unterbewusstsein. Ist uns jedoch bewusst, was das Unterbewusste ausmacht? Wo ist sein Sitz? Aus wie vielen Teilen, Kammern und Nischen besteht es?

Für einen Vortrag mit dem Titel, »Die verschiedenen Ebenen des Unterbewusstseins«, hatte ich einige Ideen gesammelt:

Ist das Unterbewusstsein nur eine Illusion? Diese Frage stellte ich bei einem Vortrag an das Publikum. Anstatt Antworten zu erhalten, wurde ich mit vielen Fragen bombardiert. Ich versuchte das uns oft suspekte Wesen, zu gliedern.

- Das Unterbewusstsein ist zuständig für die Triebimpulse, Strukturen oder Konflikte.
- Es bleibt dem Bewusstsein zeitweise oder grundlegend verborgen.
- Das Unterbewusste kann vom Bewusstsein nicht kontrolliert werden.
- Das Unterbewusstsein ist spontaner und um ein Mehrfaches schneller als das Bewusstsein.
- Wir haben 90% Unterbewusstsein und 10% bewusstes Mitspracherecht
- Das Unterbewusstsein wird auch das emotionale Erfahrungsgedächtnis genannt, da es schon aus früheren Zeiten Erfahrungen mitbringt (die Energie der Ahnen, aus der Schwangerschaft, Geburt)
- Es kommuniziert in der Bildsprache, die man auch der rechten Hirnhälfte zuschreibt.
- Dagegen kommuniziert das Bewusstsein, der Verstand, mit der Sprache, mit Worten.
- Das Bewusstsein verschließt sich oft, weil es schnell überfordert ist. So entgeht ihm vielfach das Wesentliche.

Die verschiedenen Facetten des Unterbewusstseins:

**1.) Der Körper:**

    A.) Er fühlt wie ein kleines Kind.

    B.) Er ist nicht mit Worten zu beruhigen.

    C.) Er will »gemögtwerden«.

    E.) Er braucht Aufmerksamkeit, Wärme, Geborgenheit.

    F.) Er ruft immer nach der Mama, meint allerdings uns damit.

    G.) Er entlädt über das neurogene Zittern, seine übermäßigen nervlichen Spannungen.

    H.) Er ist unser bester Freund, der uns ein Leben lang begleitet.


**2.) Die Akupunkturpunkte:**

    A.) Ursprünglich waren sie nicht einfach nur für die Schmerztherapie gedacht, so wie sie in der westlichen Welt deklariert werden.

    B.) Sie beinhalten Erinnerungen an die Kindheit.

    C.) Sie können Aussagen über das Jetzt machen.

    D.) Sie sind meist paarig angelegt. Trotzdem kann die rechte Seite mehr schmerzen oder aussagen als die linke und umgekehrt.

    E.) Sie haben eine große Menge Emotionen gespeichert.

    F.) Sie fließen nahtlos in das Unterbewusste mit ein.

    G.) Sie tragen die Energien der Ahnen mit sich, oder ihre Vorleben und bei Behandeln entladen sie deren Energien.


**3.) Die Amygdalae**

    A.) Sie sind paarig angelegt.

    B.) Sie werden auch Mandelkern genannt.

    C.) Sie gehören zu dem limbischen System.

    D.) Sie sind ein Emotionsspeicher.

    E.) Sie sind an emotionalen Handlungen beteiligt.

    F.) Sie sind ebenso mitverantwortlich für den Gedächtnisspeicher.

G.) Wenn die Emotionen, vor allem in der Kindheit, überlaufen aber auch im erwachsenen Alter, dann scheinen sie Hilfe vor allem von der linken Hirnhälfte zu bekommen. Diese erfindet Glaubenssätze als Schutzschilde.

## 4.) Das Herz

A.) Es ist ein intelligentes Herz.
B.) Es gibt mehr Informationen ans Gehirn als umgekehrt.
C.) Es beherbergt die Intuition.
D.) Es ist vorausschauend.
E.) Es kämpft nicht.
F.) Es besteht aus einer besonderen Muskelstruktur, die bis zum Tod ohne Mittagspause oder Urlaub arbeitet.
G.) Es ist immer mit dem Universum verbunden

## 5.) Das Familiensystem

A.) Die Vererbung über die Gene
B.) Energieübertragungen der Ahnen
C.) Das Wirken der Familiengeheimnisse, der Ausschlüsse… .

Unserem Bewusstsein ist das Unterbewusste nicht direkt zugänglich. Wir können seiner Logik mit dem normalen Menschenverstand oft nicht folgen. Manchmal lässt das Unterbewusste uns Entscheidungen treffen, Überlegungen machen, Taten vollbringen, die unsinnig erscheinen. Es schlummert in der Tiefe. Das Unterbewusste hat die elterlichen Prägungen genauso gespeichert, wie unsere Eindrücke, Erinnerungen und Vorstellungen.

Eine für mich neue Version der Prägung erzählte mir eine Klientin: »Vor kurzem habe ich ein Nachbarskind, etwa 2 Jahre alt, gefragt wie es heiße (Wie heißt du?). Es zeigte mit dem Zeigefinger seiner rechten Hand auf seine Brust und sagte ‚Du'. Ich wiederholte meine

Frage und wieder zeigte das Mädchen auf sich und sagte ‚Du'. Das habe ich noch nicht erlebt«.

Als ich diese Geschichte einem Klienten erzählte, meinte er: »Das ist noch gar nichts. Ich habe einen kleinen Knirps gefragt, wie er denn heiße, wie man das mit kleinen Kindern so macht und der hat auch auf sich gezeigt und »Nein« gesagt. Er weiß seinen Namen nicht, nur das Wort Nein. Ich kenne seine Eltern und jedes zweite Wort von denen ist ein Nein, nein, darfst du nicht, nein, das macht man nicht«. Wie geht es den Kindern beziehungsweise ihren Körpern, deren Vornamen hinter dem DU ansteht?

Je mehr Neurowissenschaftler Gehirnfunktionen untersuchten, umso mehr mussten sie erkennen, dass das vorher so große Bewusstsein, immer mehr schrumpfte. Wahrscheinlich ist uns nicht bewusst, dass das Unterbewusstsein mehr als 90% unserer Taten und Funktionen unseres Organismus steuert. Es scheint uns 10% bewusstes Mitspracherecht zuzugestehen.

Da wir die Macht des Unterbewusstseins meist unterschätzen und daher untergraben, meldet es sich schließlich über gesundheitliche Probleme unseres Körpers. Wir sprechen dann von psychosomatischen Beschwerden.

Vorzeichen könnten ein mulmiges Gefühl im Bauch sein, ein Unwohlsein oder eine Unsicherheit. Wenn vom Unterbewusstsein die Rede ist, wird auch gerne der Ausdruck, automatisches Gehirn, verwendet.

Sekunden bevor unser Verstand bei Entscheidungen aktiviert wird, hat sie unser Unterbewusstsein schon getroffen. Genau dieses Phänomen konnte ich bei meinen kinesiologischen Tests beobachten. Vor der bewussten Formulierung der Frage, hatte der Testmuskel schon reagiert.

Vom Autopiloten ist dann die Rede, wenn wir zum Beispiel beim Telefonieren eine Scheibe Brot schmieren und belegen, automatisch die Zutaten aus dem Kühlschrank holen, die dort allerdings immer ihren gleichen Platz haben. Der Autopilot ist ebenfalls eingeschaltet, wenn wir jeden Tag die gleiche Strecke zur Arbeit mit dem Auto fahren in Gedanken abschweifen und trotzdem heil zu Hause ankommen mit den Worten: »Mein Auto kennt schon alleine den Weg.«

Wir meinen, dass wir zwar die Entscheidung mit unserem Bewusstsein treffen, doch macht das Gehirn uns einen Strich durch die Rechnung. Die vermeintliche Kontrolle ist eher eine Reaktion eines Diktats des Unterbewusstseins. Während der Verstand seine Rechenmaschine anwirft und seriell alles abarbeitet, ist das Unterbewusste dabei, komplexe Gegebenheiten zu analysieren.

Das Unterbewusste reagiert bei Gefahr wesentlich schneller als unser Bewusstsein. Ich vermute, dass eine Art intuitives Fühlen womöglich verhindert, dass wir in ernsthafte, gefährliche Situationen kommen.

Ich fahre auf einer Vorfahrtsstraße, von rechts kommend sehe ich ein Auto und verlangsame automatisch mein Tempo, denn ich *weiß*, er wird mir die Vorfahrt nehmen. Ich bremse und schon rauscht das Auto in meine Fahrbahn hinein. Es gibt eine Schrecksekunde. Jetzt erst schaltet sich mein bewusstes Gehirn ein, lässt mich rekapitulieren und analysieren, was gerade passiert ist. Nach weiteren Millisekunden melden sich dann lautstark die Ichs und malen mir aus, was alles Schreckliches passiert wäre, hätte ich nicht rechtzeitig reagiert. Mir wird bewusst, dass in meinen intuitiven Sekunden zuvor die Ichs gar nicht da waren.

Gehören die Ichs zu unserem Unterbewusstsein? Ich antworte mir mit einem klaren »Nein«. Die Ichs verkriechen sich, sobald Gefahr droht. Sie sind im Denken langsam, destruktiv und nicht in der Gegenwart. Ich könnte mich im Ernstfall nie auf sie verlassen.

# 51. Die Ratio

Die Ratio ist eine Definitionssache: Für mich bedeutet die Ratio der gesunde Menschenverstand, der Normverstand, der eins und eins zusammenzählen kann und gleichzeitig die Energien zulässt, die uns ebenfalls ausmachen. Das heißt: Das Bauchhirn und vor allem das Herzhirn geben ihre Empfindungen und Informationen ans Kopfgehirn weiter. Die rechte Hirnhälfte macht sich dementsprechend Bilder und die linke den Text dazu. Ich verhalte mich dann vorausschauend und sozial und handle so, dass es mir gut geht und den anderen Mitmenschen nicht schadet. Die Ratio lässt uns ruhig werden, findet Lösungen, wandelt Fehler in neue Erfahrungen um. Sie initiiert verantwortliche Entscheidungen und daraus resultieren Handlungen, da wir den Boden unter den Füßen spüren. Sie lässt Platz für die Energie, die ich DIE Wahrheit oder die große Energie, die universelle, göttliche Energie nenne, an die wir angebunden sind, wenn wir uns in unserer Herzenergie befinden, wir in einem unsichtbaren Raum eine Kraft spüren, die leichter ist als alles, was wir kennen und stärker, als wir je begreifen können. Diese Ratio beurteilt nicht den für uns scheinbar nicht wahrnehmbaren Raum, da er uns meist verborgen bleibt.

Dieser Ratioverstand ist urteilsfähig, verhilft zu einem klaren Verstand, ist maßgebend für vernünftiges, sachkundiges, intelligentes und zurechnungsfähiges Verhalten.

Die Begriffe wie Ratio, Denkvermögen, Berechnung, Verstand, Kohärenz, Resilienz, Wertschätzung, können die Ichs besser verstehen als unser Körper es kann. Die Ichs lernen die Ausdrücke auswendig und jonglieren damit. Natürlich weiß ich, dass diese Begriffe eine Allgemeingültigkeit bezeichnen und zu einem besseren Allgemeinverständnis beitragen. Der Körper fühlt wie ein zweijähriges Kind, egal wie alt er geworden ist. Er kann so wenig wie das Kleinkind etwas damit anfangen, wenn ich sage: »Wir tun jetzt etwas für deine Resilienz und schalten die Ratio dafür ein.«

Mein Verständnis für die Ratio war, dass sie mit einer Logik einhergeht, was jedoch scheiterte, als ich die *linke Hirnhälfte* näher beleuchtete. Dieser Gehirnhälfte ordnet man unter anderem die Logik, das Rechnen und Sprechen und das allgemeine Verständnis zu. Sie ist allerdings mit ihren Interpretationen oft sehr unlogisch, wenn sie nicht mit der rechten Hirnhälfte und den anderen Hirnarealen und dem Herzen kommuniziert.

# 52. Die Amygdala

Die Amygdala, der Mandelkern ist paarig angelegt und ein Teil unseres limbischen Systems. Dieses bildet eine Verknüpfung mit unserem Langzeitgedächtnis. Das limbische System erhält aus vielen Bereichen Mitteilungen, die zum Erzeugen, zur Speicherung und zum Abrufen von Abläufen wichtig sind. Der Sitz der Amygdala befindet sich im inneren Bereich des Temporallappens, (Schläfenlappen) und sie ist beteiligt an der Entstehung emotionaler Reaktionen. Auch für die Bildung unseres Gedächtnisses und für unser emotionales Erinnerungsvermögen hat sie eine maßgebliche Bedeutung.

Sie ist impulsgebend und auslösend für Gefühle wie Wut, Angst oder für die Fluchtreflexe. Ihr Gedächtnis zieht Schlüsse, die den verschiedenen Kernen, aus denen die Amygdala besteht, zugeordnet werden. Es existieren alte und junge Kerne, alte und neue Erinnerungen. Die Amygdala kann Sinnesreize aus Gehörtem, Gesehenem und taktil Gefühltem bewerten, als Emotionen speichern und hilft mit, diese teilweise in motorische Abläufe zu führen. Innerhalb der instinktiven, vegetativen (Vegetatives Nervensystem, innere Organe) und endokrinen (Hormonsystem) Bereiche spielt sie ebenfalls eine bedeutende Rolle. Die Amygdala ist ein wichtiger Teil unseres zwischenmenschlichen Verhaltens.

Die Forscher beobachteten, dass bei Menschen, deren Amygdala geschädigt war, das Gefühl der Angst nicht mehr vorhanden war. Sie hatten kein Bewusstsein mehr für die Angst.

Bei meinen Behandlungen mit der linken Hirnhälfte musste ich erkennen, dass die Amygdala eine große Rolle spielt. Wann immer Schlüsse aus den Emotionen gezogen, oder Glaubenssätze zum Schutz vor Systemversagen gebildet werden, ist die Amygdala beteiligt.

**Die linke Hirnhälfte:**
**Interpretiert,**
**will schützen, archiviert,**
**lässt nicht los, bleibt so**
**für immer, spaltet,**
**behindert den Lebensfluss.**

# 53. Die SplitBrain-Methode

Nach getaner Arbeit saß ich eines Abends in meinem Sessel in meinem Behandlungsraum. Der Tag hatte viele Fragen offengelassen. Warum tauchten trotz intensiver Behandlungen immer wieder, zwar in abgeschwächter Form, die gleichen Probleme auf? Die Ichs hatte ich bei der Lösungsfindung schon berücksichtigt. Das Unterbewusste, mit seinen verschiedenen Anteilen, konnte ich nicht vollständig bündeln und als ein Thema betrachten, das war mir bewusst.

Ich testete mich kinesiologisch aus, in dem ich die Behauptung aufstellte, dass ich die Krankengymnastikprüfung 1977 bestanden habe. Das Thema war immer wieder ein Problem, wenn eine weitere Prüfung bevorstand. Bisher konnten auch Kolleginnen das Thema mit Psycho-Kinesiologie oder Aufstellungen bei mir nicht lösen.

Mein Testmuskel meldete ein klares »Nein« Ich hätte die damalige Prüfung nicht bestanden. Ich holte meinen Ordner mit all meinen Urkunden aus dem Schrank, suchte das entsprechende Dokument heraus und las mir laut den Text vor. Mein Testmuskel war weiterhin schwach. Lügt mein Körper? Gibt es einen Boykotteur, der meinen Körper an der Wahrheitsfindung behindert? Ich hatte in diesem Zusammenhang die Idee, mein Gehirn näher zu beleuchten. Aus einem Regal griff ich einen Atlas, der sich ausschließlich mit dem Gehirn und seinen Funktionen befasst und testete aus, welcher Bereich des Gehirns in Resonanz mit meinem Thema ging. Es zeigte sich die linke Hirnhälfte.

Worte gelangen an das Wernicke-Zentrum in der linken Hirnhälfte. Dort werden der Schall und die emotionalen Untertöne registriert, die Wörter, die jemand spricht, analysiert. Hier werden ebenfalls unsere Gedanken zu Lauten, Silben, Wörter und schließlich zu Sätzen umgewandelt. Natürlich hat die linke Hirnhälfte noch mehr Funktionen. Ich bin Laiin und kann tatsächlich nicht genau beschreiben, in welchem Bereich genau die linke Hirnhälfte die Behauptung aufgestellt hat, dass ich meine Prüfung damals nicht bestanden hätte. Ich sagte vor mich hin: »Ulrike, linke Hirnhälfte.« Mein Vorname war eine klare Aussage und öffnete mir die Tür zu meiner linken Gehirnhälfte, um mich hineinzufühlen. Plötzlich empfand ich Satzfetzen wie: »Gelähmt sein, den Beruf nicht ausüben, den Lernstoff nie nachholen können, zu der Prüfung nach den festgelegten14 Tagen nicht mehr antreten dürfen.«

Ich erinnerte mich an die Zeit vor der Krankengymnastikprüfung. Ich wurde damals (mitten im 4. Semester) an einem Bandscheibenvorfall operiert und musste zwei Wochen im Krankenhaus verbringen. Die Ärzte machten mir keine Hoffnung, meinen Beruf später ausüben zu können. Im Gegenteil, sie rieten mir, die Ausbildung abzubrechen und mir eine andere Arbeit zu suchen denn die Prognose ergebe eine negative Entwicklung. Von der Leiterin der KG-Schule wurde mir zudem mitgeteilt, dass ich innerhalb von zwei Jahren nicht länger als zwei Wochen fehlen dürfe und die hätte ich ja ausgeschöpft. Der Lernstoff war im letzten Semester so gedrängt, dass ich meinte den nie nachholen zu können. Ich war in einer unendlichen Bedrängnis, weil mein erspartes Geld für die Krankengymnastikschule für eine Wiederholung nicht gereicht hätte. Außerdem gab es für mich keinen anderen Wunschberuf.

Ich vermute, dass diese starken Emotionen meine Amygdalae weit überfordert hatten. Die Gefühle drohten mich zu überschwemmen und für den Organismus meines Körpers, zusätzlich geschwächt durch die Operation, bestand die Gefahr eines Organversagens.

In diesem Moment schaltete sich wohl die linke Hirnhälfte ein und erfand einige Glaubenssätze zum Schutz meines Organismus. Allerdings scheint das linke Gehirn mit seiner Phantasie weit über die logische Grenze zu gehen. Die linke Hirnhälfte scheint wohl bei der Verleugnung stressbedingter Erfahrungen aus unserer Kindheit beteiligt zu sein. Es fanden sich zwei Glaubenssätze: »Ich lebe nicht mehr.« und »Ich schaffe die Prüfung nicht.« Ich bezeichne die linke Hirnhälfte, in der die Logik beheimatet sein soll, als einen Interpreten, der sich die Welt macht, wie es ihm gefällt. Ich habe zwar meine Prüfungen damals gut bestanden, jedoch mit sehr viel Angst und Zweifel, sie nicht zu schaffen. Trotz der bestandenen Arbeiten flossen bei mir anschließend, zu unser aller Verwunderung, die Tränen, weil ich wohl laut linker Hirnhälfte, die Prüfungen nicht bestanden hatte. Diese unzutreffende Tatsache blieb lange Zeit verborgen.

Mir wurde klar, dass die kinesiologischen Behandlungen und die Aufstellungen die Wellenlänge der Glaubenssätze und Schwüre der linken Hirnhälfte nicht beeinflussen können. Diese hat ihre Interpretationen tief im Innern archiviert. Ich konnte in Kombination mit der Kinesiologie, der Chinesischen Quantum Methode und meinem mich Hineinfühlen, die Emotionen verstehen und das Thema abschließen. Ich habe endlich nicht nur auf dem Papier, sondern auch in meinem Innern die Prüfungen bestanden.

Hier möchte ich verdeutlichen, dass es wohl einen gravierenden Unterschied macht, ob ich von einem Unterbewusstsein spreche, oder vom »Unbewussten«. Das Unbewusste habe ich aktiv erlebt, es ist zu meiner Geschichte geworden, die meine Ichs verfälscht und meine linke Hirnhälfte unterdrückt hat. Mein Körper jedoch als zartbesaitetes Wesen, hat all die Erlebnisse gespeichert. Wenn er sich an bestimmte Ereignisse erinnert, macht er mir kleine Teilbereiche zugänglich, die ich in den bisherigen Behandlungen nie gefunden hatte.

Eine wirkliche Erklärung für die Prozesse der linken Hirnhälfte hatte ich jedoch noch nicht. Aber wie es sich manchmal so ergibt, las ich einige Tage später einen Artikel über den Interpreten. Die linke Hirnhälfte wurde dort von Wissenschaftlern so beschrieben, wie ich sie empfunden habe. Mein Fühlen und die kinesiologische Testung fanden somit eine Bestätigung. Allerdings liegen die Untersuchungen der Wissenschaftler Jahre zurück. Ich bin wohl durch mein Hineinfühlen auf ein Wissensfeld gestoßen, das genau beinhaltete, was mir zur richtigen Zeit dargelegt wurde.

Ich behandelte einige Tage später einen 65-jährigen Mann, der sich beklagte, dass er weder privat noch beruflich in seinem Leben etwas erreicht hätte. Er sei bei Psychologen und bei Kinesiologen gewesen, aber im Grunde habe sich bei ihm nicht wirklich etwas verändert. Er wolle sein Glück dieses Mal bei mir versuchen. Ich wandte meine neue Behandlungsmethode an: »Gespaltenes Gehirn (SplitBrain-) Methode«. Seine linke Hirnhälfte erklärte: »Ich bin tot.« Wir sahen uns beide an und fanden, dass das eine Lüge sei. Es war genau diese Formulierung. Nicht: »Ich bin gestorben oder nicht mehr da, oder verschwunden, oder vergraben.« Dieser Ausdruck tot sein, war eine absolute Meinung der linken Hirnhälfte und doch erinnerte sie an ein kleines Kind, das die Augen mit seinen Händen zuhält und meint: »Huhu, such mich doch, wo bin ich denn?«. Wir fanden im Laufe der Behandlung heraus, dass der Patient mit zwei Jahren von einer Schaukel gefallen war. Er selbst hatte sich damals nicht verletzt, allerdings hyperventilierte seine überbesorgte Mutter und kippte um. Das war der tatsächliche Schock des Jungen, weil seine Mutter nicht mehr da war. Kinder schauen in die Augen der Eltern, sind diese geschlossen oder emotional leer, dann meinen die Kleinen, dass niemand mehr für sie da sei, um sie zu versorgen.

Die Gefühle des kleinen Jungen waren damals so enorm mit Todesangst angefüllt, dass seine linke Hirnhälfte ihre Interpretation zum Tod hinlenkte. Wenn der Junge tot ist, dann kann er nicht mehr die schrecklichen Gefühle empfinden, die ihn tatsächlich töten könnten. Wie gesagt, solch ein Glaubenssatz ist ein Schutz, doch seine Auslegung ist äußerst irreal.

Welche Auswirkung hatte dieser Glaubenssatz, der immer noch in der linken Hirnhälfte archiviert war, für das bisherige Leben dieses Mannes? Immer wenn er sich lebendig fühlte, neue, freudige

Erlebnisse machte, triggerte ihn dieser Satz und es ging ihm nicht mehr gut. Er erklärte: »Ich bekam Bauchschmerzen oder knickte mit einem Fuß um, damit ich nicht in Urlaub fahren konnte. Ich nahm immer mehr an Gewicht zu vor allem, wenn ich an ein Date mit einer netten Frau in Aussicht hatte.«

Dieser Glaubenssatz, dem noch einige Nebensätze von der linken Hirnhälfte hinzugefügt wurden, wie: »Ich bin schuld, dass es meiner Mutter schlecht geht. Ich bin ein böser Junge. Ich darf nie wieder glücklich sein…«, hatte ihm enormen Stress verursacht. Wir lösten die Glaubenssätze in der linken Hirnhälfte, was sich sofort sichtbar in der positiven Mimik und Körperhaltung ausdrückte.

Der Interpret, die linke Hirnhälfte, kann ohne mit der Wimper zu zucken behaupten, dass der gutgepflegte grüne Rasen rot ist. Gegen diese Absolution können die anderen Hirnareale in keiner Weise angehen. Es ist natürlich nötig, dass am Ende der Behandlung alle Hirnareale miteinander verbunden werden und zusammenarbeiten. Es ist wichtig, dass die oft seltsame Logik, die Intuition und Kreativität nicht ausschließt. Zum einen mache ich das mit bestimmten Worten, zum anderen lasse ich nach der Behandlung die Klientinnen mit den Augen ohne Kopfbewegung, eine liegende Acht malen und einige Überkreuzübungen aus der Edu-Kinesiologie durchführen.

Gerade in diesem Moment, indem ich diese Sätze schreibe, mache ich eine neue Entdeckung: Ich teste meine linke Kopfseite, indem ich eine Hand in Höhe meines Ohres, in die Aura halte, ohne meinen Kopf oder die Haare zu berühren. Der Testmuskel ist stark. Ich halte auf gleicher Weise meine Hand an die rechte Kopfseite und mein Muskel wird schwach. Meine rechte, bildhafte Hirnhälfte ist offenbar nicht in mein Schreiben involviert. Ich beobachte sieben Blaumeisen auf dem überdachten Futterplatz, während es draußen regnet und freue mich an ihnen. Meine rechte Hirnhälfte testet stark, meine linke auch. Ich schreibe weiter, indem ich die Buchstaben in meinen Computer tippe, die rechte Hirnhälfte ist schwach, die linke stark. Während ich innehalte und mir den Text überlege, wird die rechte Seite wieder stark. Tippe ich wieder, wird sie schwach.

Mein nächster Gedanke: Liegt es am Schreiben selbst oder am Tippen? Ich schreibe mit einem Kugelschreiber per Hand einen Text auf ein Blatt Papier und beide Hirnhälften testen stark.

Ich imaginiere nun einen Urlaubsort. Zuerst beobachte ich, wie meine Gedanken die Örtlichkeiten formulieren. Einen weißen Sandstrand, Palmen, türkisblaues Meer, lauwarmer Wind. Ich sehe diesen Ort, an dem ich sogar schon gewesen bin, etwas verschwommen. Die linke Hirnhälfte testet stark, die rechte schwach. Das verwirrt mich. Erst als ich imaginär den Sand unter meinen Füßen, den Wind an meinen Wangen spürend, das glasklare Wasser in seinen verschiedenen türkisfarben in mich aufnehme, testen beide Hirnhälften stark. Ich scheine auf eine wichtige Erfahrung gestoßen zu sein: Der Körper, der wie ein kleines Kind fühlt, egal wie alt er ist, hat ein sensibles Mitspracherecht. Es geht um Emotionen und körperliches Fühlen. Dabei spielt es keine Rolle, ob ich mir die Szene nur ausdenke oder ob ich sie tatsächlich gerade erlebe.

Meine Überlegungen gehen in die Richtung, ob die Ichs eventuell mit der linken Hirnhälfte gemeinsame Sache machen? Diese Frage bleibt im Moment noch offen.

# 54. Das Ich als Hausverwalter

Wir könnten einem natürlichen Lebensweg folgen, der uns genügend Freiraum für eigene Entscheidungen lässt. Wir sind jedoch meist in einem Gewissenskonflikt zwischen dem, was wir fühlen (damit ist vor allem der Körper gemeint) und wissen und dem, was wir spüren möchten, um den moralischen Regeln zu entsprechen.

Die meisten Kinder sind ihren Eltern gegenüber gehorsam, loyal und entfernen sich dadurch von sich selbst. In uns formieren sich durch die Summe vieler Gefühle, die verletzt wurden und fehlender Halt, Glaubenssätze, die in der linken Hirnhälfte archiviert und über Jahrzehnte nicht bemerkt, ignoriert und vergessen werden. In der linken Hirnhälfte fand ich über den kinesiologischen Test die Ich-Aussagen, wie auch festgefahrene Glaubenssätze, die sich ebenfalls über den Namen bemerkbar machten: »Ich darf nicht glücklich sein.« »Mia darf nicht glücklich sein«, ergaben die gleichen Ergebnisse, der Testmuskel war bei beiden Aussagen stark. Im Kontext weiterer Befragungen offenbarte sich, dass Mia die Glaubenssätze selbst erschaffen hatte.

»Ich darf nicht glücklich sein, weil meine Mama auch nicht glücklich ist.« »Mia darf nicht glücklich sein, weil jedes Mal, wenn Mia glücklich ist, etwas Schreckliches passiert.« »Weil Mia dann von Mias Vater nicht mehr geliebt wird.« »Weil das Glück nur Mias Mutter gehört. Weil Mia sie glücklich machen muss.« Das würde bedeuten, dass Mia sich selbst verlassen hat und nur für die Eltern da ist.

In Mias Körper und in ihrem Geist ist sozusagen niemand mehr zu Hause. Sie ist außer Haus, sie ist außer sich und braucht für ihr Haus einen oder mehrere Verwalter. Denn irgendjemand muss sich ja um die »Haushaltsführung« kümmern während ihrer Abwesenheit. Hier bewerben sich mehrere Ichs, die in der Familie bekannt sind, wie Meinungen der Eltern und der Erzieherinnen. Später kommen Meinungen von Freundinnen, Lehrerinnen, Medien, Staat und Kirche dazu.

Die Ichs sind andersgeartete »Menschenmeinungen«, die sich notdürftig um Mias Haus kümmern. Sie haben keine persönliche Bindung, keine Empathie zu dem Gebäude, das sie verwalten. Im Grunde kann man ihnen keinen Vorwurf machen, sie sind nur eine Vertretung. Die Ichs machen sich im Haus breit, übernehmen schnell das Regiment, warum denn nicht, wenn keiner da ist. Die Hausherrin dient energetisch Tag und Nacht der Mutter, die sie, Mia, jedoch mental ablehnt. Mia ist so sehr beschäftigt, das gestörte Verhältnis, das sie zu ihrer Mutter hat, auch auf andere Menschen in ihrer Umgebung zu projizieren, dass sie nur selten in ihrem zu Hause (ihrem Körper) vorbeischaut.

Mia ist im *Anderenallesrechtmachenstress*, dass ihr gar nicht auffällt, wie ihr Haus immer mehr baufällig wird. Erst wenn das Immunsystem schwach wird, sich Allergien, Autoimmunerkrankungen, Probleme in Organen, an Muskeln und dem Skelett zeigen, horcht Mia auf. Wieso, warum fragt sie sich, denn sie hat gesund gelebt, Sport gemacht und war immer für alle da. Mia nimmt Schmerzmittel, antirheumatische Medikamente, die sie weiterhin von ihrem eigenen Körper-Heim abschotten. Vielleicht überwindet Mia ihre Scham und sucht einen Psychologen, eine Psychologin auf.

Die Gespräche werden zunächst von Mias Ichs geführt. Da und dort scheint es Lücken zu geben und Mia kann sich schwach daran erinnern, ein Eigenheim (Körper) zu besitzen. Die Therapeutin kommt nicht weiter. Der kleine Erfolg war schon mal gut. Mia spürt jetzt, dass vieles in ihr nicht stimmt, dass ihr Privat- wie auch das Berufsleben über viele Jahre gelitten haben.

Sie fühlt sich zunehmend unwohl in ihrer Haut. Sie versucht andere Therapien, Yoga, Meditation, besucht Heilerkurse, liest Bücher über Geist und Seele und wird noch mehr verwirrt, weil sie neue Einsichten bekommt. Es folgen Psycho-Kinesiologie, Familienaufstellungen und vieles mehr. Mia hat das Gefühl immer weiterzukommen im Leben, versteht viele ihrer Reaktionen auf die Außenwelt und meint es endlich geschafft zu haben. Sie hat sich täglich mehrere Affirmationen zurechtgelegt, die sie sich unter der Dusche und beim Spazierengehen vorsagt. Mia stellt fest, dass sie immer wieder in alte Muster fällt, dass sie Vorgänge in alter Weise wiederholt, obwohl sie *gelernt* hat, diese auf neuen Wegen zu meistern. Sie hat die Affirmationen auswendiggelernt, ja sie hat sie gepaukt und trotzdem treten die alten Glaubenssätze wieder auf. Mia ist nicht bei sich angekommen, ihr Körper kann nichts mit den gebüffelten, umgepolten Glaubenssätzen anfangen.

In ihrer linken Hirnhälfte und in der Amygdala sind immer noch die entscheidenden Dogmen und das Emotionswirrwarr vorhanden, wie sie vor Jahrzehnten entstanden sind. Mias Ichs gestalten weiterhin ihren Alltag, bilden neue unangenehme Themen, wiegeln die Therapien, die sie durchgeführt hat, überheblich ab. Die Ichs fabrizieren ihr Probleme, denn sie wollen Aufmerksamkeit, wenn nicht von der Umwelt, dann doch von Mia. Sie ist gewohnt, sich um die anderen zu kümmern, so auch um die »Anderungen«, die Meinungen der Menschen in ihrer Umgebung. Aber je mehr Mia die Eigenheiten der Ichs versteht und die Interpretationen der linken Hirnhälfte lösen kann, umso mehr kommt sie in ihre Herzenergie und in ihre Mitte.

Herbert vierundsechzig Jahre, Rentner, will sein Leben zum Besseren wenden, wie er sagt, hat jedoch Mühe zu meditieren. Er habe einige Therapien ausprobiert und sei zu keinem befriedigenden Ergebnis gekommen. Er möchte gerne Ruhe erlangen und bevor er die Stufe erreicht hat, gehen ihm hunderte von Gedanken durch den Kopf, die keinen Sinn ergeben und die immer düstere Geschichten in Sekundenschnelle einspielen. Es mute ihm an, als folge er im Radio einem Bericht und ständig würden sich andere Störsender einmischen. Weder die durchkreuzenden Sender noch der eigentliche Bericht ergeben durch die Störgeräusche und Stimmen einen Sinn. Er wolle von mir eine Erklärung und vielleicht doch auch eine Lösung.

Ich suchte über den kinesiologischen Beinlängendifferenztest und über das Organmandala nach der Ursache, machte eine intuitive Aufstellung und forschte in der linken Hirnhälfte nach seinen destruktiven Gedanken. Wir wurden nicht fündig, bis mir einige

Akupunkturpunkte einfielen, die ich ohne Nadeln, aber mit meinem Hineinfühlen behandelte. Herbert befand sich sichtlich in einer Leber-Qi-Stase (Niedergeschlagenheit). Als ich einige Punkte durchleuchtete, die Herbert aus der deprimierenden Lage wieder herausholen sollten, kamen wir seinem Problem sehr nahe.

Herberts Mutter wollte nicht, dass ihr Sohn ein freudiges Leben führe. Sie war vor drei Jahren gestorben und seit diesem Zeitpunkt hätten sich die Gedankeneinmischungen verschlimmert. Da es ihm nun in seiner Rentenzeit eigentlich sehr gut gehe, überfielen ihn die Ichs seiner Mutter jedoch immer häufiger. Endlich konnte er darüber reden, denn das unbewusste Etwas hatte nun endlich einen Namen. Während dem Prozedere fielen ihm viele frühere Szenen wie Schuppen von den Augen. »Das muss man sich auf der Zunge erst einmal zergehen lassen, dass die eigene Mutter einem das Glück nicht gönnt. Leider kann ich sie darauf nicht mehr ansprechen, um ihren Grund zu erfahren.«

Auch für mich zeigte sich durch diese Behandlung ein neuer Therapieansatz auf. Ich hatte bisher die Akupunkturpunkte immer genadelt, die ihre Wirkung optimal über die körperliche Ebene gezeigt hatten, wenn ein Schmerz durch die Nadelung danach verschwand. Durch das Hineinfühlen in die Akupunkturpunkte konnte ich jedoch Geschichten erfahren, die weit über die Jetztzeit hinausgingen und wir in einem Vorleben landeten, das sowohl das Leben der Ahnen sein konnte als auch das eigene Vorleben. In diesem Fall waren es die Gedanken und Verwünschungen der Mutter.

Erst nachdem die Akupunkturpunkte für die Leber-Qi-Stase das Mutterthema gelüftet hatten, konnten wir über die Kinesiologie, die intuitive Aufstellungen und mit der SplitBrain-Übung etwas Ordnung in Herberts Unterbewusstsein und in sein Bewusstsein bringen. Sein besseres Verständnis zu sich machte ihm den Weg frei zu seiner Herzenergie. Beim Meditieren kamen zwar immer wieder die Mutter-Ich-Gedanken, sie hatten jedoch keine Chance mehr, dauerhaft Herberts Ruhe zu stören.

Die nächste Frage tat sich für mich auf: »Verbergen sich die Ichs in unseren Akupunkturpunkten? Bisher hatte ich sie nur außerhalb unseres Körpers gewähnt. Werden die Ichs nur geschürt, weil wir so sehr viele ungelöste Geheimnisse mit uns herumtragen? Die Suche geht weiter.

# 55. Bekommen Ichs Junge?

Was ich bisher in der Gesamtheit und in den Kontexten heraus-gefunden habe, lässt wohl darauf schließen, dass die Ichs Nachwuchs bekommen können, zwar nicht so wie alle Lebewesen auf der Welt, sondern die stetige Vermehrung durch zu vieles und destruktives Denken verursacht wird. Sie lernen schnell hinzu, wie wir uns das von einer Künstlichen Intelligenz (KI) schließlich erhoffen. Die Ichs die wir von unseren Eltern, Ahnen, Nachbarn, Lehrern übergestülpt bekommen oder freiwillig übernommen haben, oder die wir nach-ahmen, wirken wie Viren. Sie können sich in unseren Gehirnen einnisten und in verschiedenen Gehirnarealen eigene, nutzlose, uns unzuträgliche Gedanken produzieren, Glaubenssätze anfertigen, Schwüre leisten, die auf jeden Fall Ableger der Eltern-Ichs sind, die sich in einem Nest der Emotionsgefangenschaft aus einem Notstand heraus entwickelt haben.

Die »Ich-ich-ich-will«-Phasen der kleinen Kinder, die Eltern häu-fig schmerzvoll ertragen, erwecken vielfach eine Art Stolz, dass die kleinen Ich-Kinder sich jetzt endlich durchsetzen (Etwa zwischen dem dritten und fünften Lebensjahr). Dabei sind es nicht die Kinder, sondern die Ichs, die sich in den neuen Menschen einrichten, sich ausprobieren und den unschuldigen, bisher kreativen Geschöpfen ihre Ichgedanken überstülpen und sie besetzten, genauso wie ein Krieger eine Festung einnimmt. Es gleicht einer Fremdbesetzung.

Wie oft finde ich in Klientinnen eine Angst, sich selbst zu sein. Es ist schwierig, ein einfaches Beispiel zu nennen, weil die Ursachen so vielfältig, so fein gestreut im Körperlichen zu finden sind. Es fühlt sich an wie ein Zuckerguss, der nicht nur den Körper bedeckt, sondern auch in jede Zelle eingedrungen ist. Egal welches Organ wir gedanklich behandeln und dadurch körperliche wie mentale Blockaden lösen, immer zeigen sich ängstliche Gefühle, in Form von leichtem Zittern, stoßweißem Atmen und Verspannen der Muskeln. Erst beim näheren Beleuchten entpuppen sich diese Reaktionen als Angst. Angst, der Mama etwas anzutun, wenn ich authentisch bin, wenn ich äußere, was meine Meinung ist. Hierbei geht es nicht um weltbewegende Dinge, sondern um Einbildungen.

Eine Mutter hat bestimmte Erwartungen, Ansichten und Meinungen, die nicht den Tatsachen im Hier und Jetzt entsprechen. Ein krasses Beispiel: »Der Rasen ist rot.« Das Kind hat gelernt, dass das Gras grün ist, dass es viele Nuancen von Grün gibt. Widerspricht das Kind der Mutter und erklärt, dass der Rasen grün ist, dann erfährt dieses Kind eine dramatische Szene. Die Mutter fällt beinahe in Ohnmacht oder sie sagt: »Du machst mich krank.« »Tu mir das nicht an.« »Du bist schuld, wenn ich sterbe.« Erlebt das Kind diese Situationen mehrmals, wobei die Szenen der Mutter immer theatralischer werden, beginnt das Kind seine Meinung zu ändern, wird der Mutter zustimmen, weil es schreckliche Angst hat, die Mutter durch seine eigene Sichtweise (die Wahrheit) zu töten.

Jetzt entwickelt das Kind andere Gedanken, andere Lebenseinstellungen und verlässt so sich selbst. Es werden Ichgedankenkinder erschaffen, die weit entfernt von der Realität sind. In jeder Kindheit gibt es Schwachstellen, verursacht durch ein harmloses, falsches Verstehen. Wir alle möchten versorgt werden, Geborgenheit spüren, es soll so sein wie im Mutterleib. Jedoch gibt es keinen Mutterleib mehr für uns, wenn wir geboren sind. Durch die Trennung von dieser Geborgenheit erleben wir ein Trauma. Die Ichs stellen sich auf die jeweiligen Mangelgedanken ein und nützen die scheinbaren Defizite für ihre Zwecke aus.

Um Abstand von solchen Gedanken zu bekommen, haben Kleinkinder immer noch das Spielen und sich im Spiel zu vergessen. Wir Erwachsenen müssen uns schon etwas mehr bemühen die Denkweisen zu verändern, da dieser Status Quo schon Routine geworden ist. Eine Gewohnheit zu durchbrechen braucht Mut und sehr viel Willenskraft.

Meditationen zu praktizieren wäre ein gangbarer Weg. Jedoch ist zu diesem Zweck Zeit erforderlich, Zeit, die wir meinen nicht zu haben, wie es uns die Ichs suggerieren wollen. Einfache Methoden sind in der Natur zu finden. Beim Beobachten von Schmetterlingen, Käfern, Ameisen oder Vögeln können wir in uns versinken. Eine weitere Möglichkeit bietet sich beim Spazierengehen an, indem wir zum Beispiel an einem Bach innehalten und dem Fließen des Wassers zuschauen, uns vorstellen, wie das Wasser unseres Körpers, das Blockaden erfahren hat, wieder in Bewegung kommt.

# 56. Gefangen in den Gedanken der anderen

Die Mutter hat beschlossen, wann auch immer, dass sie ihre Tochter nicht umsonst unter Schmerzen auf die Welt gebracht habe. Sie will sie für sich vereinnahmen. Sie befindet sich auf der Ebene: »ICH WILL…«. Diese Haltung produziert in der Mutter viele Gedanken, Sorgen, manchmal Wut, Niedergeschlagenheit und auch Freudegefühle. Was darf nicht geschehen, damit Tochter Rita bei ihr zu Hause bleibt? Rita sollte nicht gut in der Schule sein. Sie dürfte keine Erfolge haben. Es müsste ihr gesundheitlich so gehen, dass sie zu Hause bleiben muss, da sie nicht alleine leben könne. Da gibt es mindestens zwei Möglichkeiten: Rita verdient zu wenig Geld, um sich eine eigene Wohnung leisten zu können, oder sie ist krank und braucht die Unterstützung der Eltern. Da Mütter sehr prägend für ihre Kinder sind, ruft die Einstellung der Mutter das Gefühlspendant bei der Tochter hervor. Ausgesendete Gedanken sind Energien, sind Wellenlängen, die grundsätzlich auf andere Wesen treffen und sie beeinflussen. Auf jeden Fall auch die eigenen Kinder.

Rita kam mit einer guten Essenz auf die Welt, ist springlebendig, hat schon früh genaue Ziele vor Augen, von denen sie weiß, dass sie diese erreichen kann. Schon in der Zeit der Pubertät, spürt Rita wie ihre Vorhaben schleppender werden. Sie freut sich nicht wirklich auf eine gerade geschriebene Bestnote, mit einer Drei ist sie sehr zufrieden. Wenn sie mit einer Vier, doch etwas traurig darüber, nach Hause kommt, empfängt sie die Mutter mit einem nachsichtigen, zufriedenen Lächeln: »Das macht doch nichts, das wird schon wieder besser.« Nach dem Abschluss der Mittleren Reife hat Rita einen unsinnigen Unfall und muss einige Monate zu Hause bleiben, kann nicht sofort mit dem von ihr geplanten Praktikum beginnen. Es ist eine selbsterfüllende Prophezeiung.

Entschlossen macht sie ihre krankengymnastischen Übungen, um ihr Ziel nicht aus den Augen zu verlieren. Rita spürt, wie ein enges Band sie zu umschließen droht, spürt, dass sie von zu Hause raus müsse. Sie nimmt nicht wahr, wie ihre Mutter zufrieden schnurrt. Die Ausbildung läuft wieder nicht glatt, eine nächste Operation steht an.

Die Situation passt nicht zu der dynamischen jungen Frau, die Rita in sich spürt. Sie fühlt sich wie mit einem Gummiband festgehalten. Als Rita weitergehen will, zieht sich das Band erst leicht, dann immer fester zusammen, und schließlich zerrt das bis zum Äußersten gedehnte Gummiband Rita wieder zurück. Dieses Bild zieht sich durch ihr ganzes Leben. Rita beschließt, Kurse zu besuchen, um zu verstehen, warum sie trotz ihrer klaren Ziele und ihrer enormen Lebensenergie nicht mit Leichtigkeit vorankommt.

In die Jahre gekommen und rückblickend, wird Rita vieles klar. Sie stellt ihre, inzwischen 94-jährige Mutter zur Rede. Diese erwidert mit nachdrücklichem, festem Ton: »Ich wollte nie, dass du Erfolg hast, denn ich wollte dich für mich. Wenn du Karriere gemacht hättest, wärst du weit weg gezogen von mir, dann hätte ich dich nicht für mich gehabt.« Diese Erklärung ernüchtert Rita und sie beginnt zu verstehen, wie stark mindestens ein Elternteil sein Kind prägen und leiten kann. Die Gedanken der Mutter reichen sehr tief in das Unterbewusstsein. Rita fühlt sich wie eine Marionette ihrer Mutter. Das Schlimme ist, dass sie die Manipulation, die sich wie ein Virus in ihrem Körper all die Jahre vermehren konnte, nie bemerkt hatte. Gedanken sind nicht nur in der Lage Berge zu versetzen, sondern auch Lebenslinien zu blockieren. Selbst nach dem Tod der Mutter bemerkt Rita, dass all diese missgünstigen Gedankenenergien immer noch in ihr tätig sind. Mit der SplitBrain Methode finden wir heraus, dass ihre linke Hirnhälfte den Satz: »Mein Leben gehört meiner Mama«, archiviert hatte. Dieser Glaubenssatz galt auch über den Tod der Mutter hinaus. Das Gute ist, er kann verändert werden.

# 57. Ich ärgere mich

Wie oft fallen Sätze wie; »Ich ärgere mich über meinen Mann, meine Frau, über die Chefin, über das Wetter.« Wenn ich *mich* ärgere, dann ärgere ich schon nicht einen anderen Menschen, das steht fest. Ich tue mir nur selbst weh und baue Stress und vielleicht sogar Aggressionen auf. Der Adrenalinspiegel steigt und meinem Gehirn gaukele ich vor, dass ich vor einem Feind stehe. Wut steigt hoch, die Leberenergie wird gehemmt, der Blutdruck klettert nach oben und irgendwann ist mein Ärger zu einem Circulus vitiosus geworden. Die Katze beißt sich in den Schwanz, und die Endlosschleife dreht sich im Kreis.

Ich ärgere mich bedeutet, dass ich Gedanken produziere und Gefühle aufbaue um ein Thema herum, das, meiner Meinung nach, meine Erwartungen nicht erfüllt.

Lisa erzählt über ihren Mann, was er tue, was er nicht erledige, was sie erzürnt. »Ich ärgere mich ständig über meinen Mann, weil er so gar nichts im Haushalt macht. Außerdem hört er mir gar nicht zu.« »Können Sie Ihren Mann ändern, dass er so handelt, wie Sie es sich von ihm erwarten?«, frage ich. »Nein das kann ich nicht, deshalb ärgere ich mich ja noch mehr«, gibt sie mir zurück. »Soll denn Ihr Mann genauso denken, fühlen, handeln wie Sie?«, will ich wissen. »Das wäre schon gut, denn dann könnten wir uns gegenseitig besser verstehen«, bekomme ich zur Antwort. »Fassen wir zusammen: Ihr Mann soll die gleiche Arbeit tun wie Sie, genauso denken wie Sie, so sein wie Sie. Ist Ihnen schon einmal der Gedanke gekommen, dass er dann weiblich, am gleichen Tag wie Sie geboren wäre, die gleichen Eltern und die gleichen Erfahrungen wie Sie gemacht haben müsste?«, provozierte ich Lisa. Diese Gedanken gefielen ihr nicht. Sie wurde unzufrieden und nervös. »So ja auch wieder nicht«, gab sie mir patzig zurück. »Wie wäre es, wenn Sie in die Rolle Ihres Mannes schlüpften und das täten, was er will?«

Wir starteten den Versuch. Ich stellte mich für Lisa und Lisa sich für ihren Mann mir gegenüber. Die Aufgabe war, uns in die Augen zu sehen und den Blick zu halten. Ich spürte als Lisa ihre Unzufriedenheit, allerdings auch ein Gefühl von: »Ich will etwas von dir, was mir fehlt.« Lisa, die jetzt als ihren Mann mich ansah, war ruhig, lächelte mich an und in den Augen konnte ich eine Zärtlichkeit erkennen. Im gleichen Moment schlug sich Lisa die Hand vor den Mund: »Mein Gott, er liebt mich.« Wir gingen wieder aus unseren Rollen heraus. Diese Erkenntnis besänftigte Lisas Groll gegen ihren Mann.

»Wie wäre es, wenn Sie einfach Ihren Namen statt des Ichs einsetzen würden?«, rege ich an.

»Hm, Lisa ärgert Lisa,« kommt noch etwas ungelenk aus ihrem Mund. Lisa wiederholt den Satz immer wieder, schaut mich ungläubig an und ihre Mimik verrät, dass der Ärger verschwunden ist und einer leichten Belustigung Platz gemacht hat.

»Lisa ärgert Lisa. Dieser Satz hat auf einmal eine ganz andere Bedeutung für mich bekommen. Das ist totaler Schwachsinn. Mein Mann macht ja eigentlich sehr viel. Ich habe mich tatsächlich über mich geärgert. Ich war gar nicht ich. Verstehen sie, was ich meine? Ich war gar nicht Lisa. In dem Herumnörgeln erkenne ich meine Mutter. Jetzt wird mir einiges klar. Wenn ich in Ich denke, dann kann es sein, dass ich fremdbestimmt denke.« Lisa hat erkannt, dass die Ichs ihr die Probleme machen und nicht Lisa selbst.

Ich erkläre Lisa, dass der Satz: »Ich ärgere mich«, ein passiver Satz ist, der ständig darauf wartet, dass der Mann oder das Wetter anders werden. Die Ichs »*verpassivieren*« uns und wir geben, wie ein kleines Kind, die Schuld den Anderen. »Lisa ärgert Lisa«, ist Unsinn, wird weggelegt, verpufft im Niemandsland und Lisa kann tatkräftig werden. Jetzt verändert sich Lisa, ohne an sich *arbeiten* zu müssen. Sie wird aktiver und ihre Arbeit fällt ihr leichter.

Aktivität heißt, klare Ansagen machen mit einem ruhigen, sachlichen Ton, der nicht verletzt. Wenn ich mich ärgere, werde ich mich beklagen, nörgeln oder unwirsch mit vielen Njains (Ja, Nein) mit einem verletzenden Ton antworten.

Die nächste Frage ist, wer ärgert sich, beziehungsweise mich? Die Herzenergie kennt aus sich heraus keinen Ärger. Demzufolge sind es die Ichs, die uns zuerst eine Lüge suggerieren, sie verbreiten und gleichzeitig lassen sie uns über uns ärgern. Die Ratio (Zusammenarbeit zwischen Herz und Gehirn) interessiert die Lügen nicht, denn die Ratio geht zielstrebig ihr Vorhaben an.

Ganz nebenbei hat mich Lisa wissen lassen, nachdem sie sich nicht mehr ärgert und beschwert, hat sich ihr Mann verändert und hilft ihr im Haushalt.

Übrigens: Die Ichs haben die Eigenschaft, an einem einmal gefundenen Ergebnis beharrlich festzuhalten, auch wenn sich die Umweltbedingungen schon längst verändert haben. Die damals bestmögliche Lösung hat in der gegenwärtigen Situation ihre Bedeutsamkeit verloren und ist nicht mehr zutreffend. Der Erfolg von früher lässt sich heute nicht mehr umsetzen, und schon wird die damalige Lösung zum heutigen Problem.

# 58. Organe beinhalten die Ichs der Eltern

Beim Organ-Mentaltraining der Leber registrierten meine Klientin Gertrud und ich, dass sich Emotionen meldeten. Zuerst reagierte der Körper, hauptsächlich im Bauchbereich mit wellenartigen Bewegungen, die nicht von Gertrud bewusst veranlasst wurden. Danach schienen die Bauchgefühle ihre Nachrichten an das Gehirn weitergegeben zu haben. Es waren die Ichs der Eltern. »Du musst …« Letztendlich wurde aus »Du musst« ein: »Ich muss …tun«. Ich muss Kaffeetrinken, dann muss ich Fenster putzten, danach muss ich das Wohnzimmer sauber machen, dann den Vorgarten richten und dann muss ich einer Freundin schreiben, ich muss den Müll wegfahren, muss bügeln und das alles möglichst gleichzeitig. Die Ichs können uns, ohne mit der Wimper zu zucken, alles aufladen und von uns verlangen, dass in kürzester Zeit die ganzen Arbeiten erledigt sein sollen.

Das erinnert an das Verhältnis von Aschenputtel und ihrer Stiefmutter. Die Ichs lassen uns jedoch nicht in Ruhe, denn die Eltern-Ichs haben noch mehr Arbeitsanweisungen zu bieten. Es ist zu vermuten, dass die Eltern-Ichs auf ihre Kinder all die Arbeit abwälzen, die sie selbst nicht machen wollen oder nicht ausführen können, da sie selbst von sich zu viel verlangen.

In einem anderen Organ fand sich beim Mentaltraining eine feine latente Angst. An der Oberfläche ist Ellen taff und geht ihre Aufgaben vielleicht etwas zu akribisch an. Sie kam zu mir, weil sie ständig kalte Füße hat und wünschte sich eine Reflexzonenmassage an den Füßen. Die Nierenzonen waren verspannt und schmerzten Ellen. Ich entschied mich, trotz ihres konkreten Wunsches, für das Mentaltraining ihrer Nieren, wobei sie nach etwa zwei Minuten begann, leicht mit den Zähnen zu klappern, als würde sie frieren. Da ich gleichzeitig mit ihr mitfühlte, spürte ich den wahren Grund des Zähneklapperns und fragte zum Schein das Naheliegende: »Frieren Sie?« Ellen schüttelte den Kopf: »Nein ich zittere vor Angst, die ich nicht benennen kann. Sie ist ganz zart und es ist, als würde sie meinen ganzen Körper auskleiden. Es ist wie eine hauchdünne Angstschicht.« Wir unterbrachen die Behandlung nicht und Ellen war bereit ihr Thema anzuschauen. Ihre Angst umfasste ihr Tun, ihre Ausdrucksweise und ihre Gedanken, immer im Fokus, dass diese falsch sein könnten. Es hatte in ihrer Kindheit kein Lob, nur Tadel oder missgünstige Bemerkungen gegeben. »Dass das immer noch da ist und so tief in mir vergraben, das wusste ich nicht«, stellte Ellen fest. In den Nieren war die Angst verborgen, die unter der ständigen Anspannung litten, was dann zu kalten Füßen führte (die Füße sind die dritte Niere). Langanhaltende Angst schädigt die Nieren, die verlieren Energie und es kommt zum Nieren-Yang-Mangel. Da sie wie eine Energietankstelle für unseren Körper agieren, fehlt uns diese. Den Ausdruck: »Da habe ich kalte Füße bekommen«, ist ein Ausdruck, wenn ich in eine brenzlige Situation geraten bin, die in mir Angst ausgelöst hat.

# 59. Die dreiköpfige Mutter

Ein vierzehnjähriges Mädchen sitzt mir gegenüber. Sie wirkt etwas eingeschüchtert oder eher, in sich gekehrt. Normalerweise hätte ich sie ebenso beschreiben können, wie: Sie ist eine Heranwachsende, ein pubertierendes Mädchen.

Ihre Mutter sitzt draußen im Warteraum. So hätten es beide einvernehmlich beschlossen, könnte man denken. Das Mädchen erklärt mir, dass sie sich diesmal gegen die Mutter und für sich entschieden habe. Es sei ihr Wunsch gewesen, alleine bei mir zu sitzen. Diese Aussage zeigte eine Entschlossenheit, die ich nicht bei dem Mädchen erwartet hätte.

Die Mutter hatte vor zwei Wochen zuvor um einen Termin für ihre Tochter gebeten. Ich solle einmal nachsehen, ob bei ihrer Tochter alles in Ordnung sei. »Was sollte nicht stimmen?«, fragte ich sie. »Sie ist nicht wie die anderen Mädchen, die in der Pubertät sind.« Ganz leise schob sie geheimnisvoll am Telefon hinterher: »Sie hat noch nicht ihre Periode. Sie wissen, was ich meine. Ich mache mir Sorgen.«

Im Gespräch mit der Heranwachsenden erfahre ich, dass Mutter und Tochter ein Problem und viele verschiedene Meinungen über den Alltag und das Leben haben.

Sie empfindet ihre Mutter als ein dreiköpfiges Wesen mit nur einem Körper. Bald war klar, das Mädchen hat erkannt, dass ihre Mutter selten ihre autonomen Wesenszüge sichtbar werden lässt. Sie ist die Wütende, die Ungerechte, die Trauernde und sehr selten die Warmherzige.

»Manchmal kommt sie mir vor, als wenn lauter fremde Wesen aus ihr sprechen würden. Meine Mutter bekommt dann seltsame Gesichtsausdrücke und ihre Stimme wird andersartig. Wenn ich das zu Hause äußere, dann sieht sie mich an, als hätte ich nicht alle Tassen im Schrank«, erklärt sie mir.

Ich empfinde das Mädchen als sehr klug, denn alles, was sie mir erzählt, trägt ein altes Wissen in sich, das von ihr mit intensiven Gefühlen beschrieben, mit ungelenken Worten ausgedrückt, sich umständlich anhört. Ich nenne diese Menschen hochsensibel, ohne psychologische Tests gemacht zu haben.

Die Mutter bezeichnete ihre Tochter als zurückgeblieben, weil sie in einer blumigen Sprache spricht, in der die Ichs nicht zu Hause sind.

Das Mädchen hat erkannt, dass ihre Mutter von vielen Ichs beherrscht wird und dadurch fremdbestimmt auf sie, die Tochter wirkt. Feinfühlig spürt sie, wann die Ichs ihre Taktiken ändern und in ihrer Mutter einen Schalter umdrehen. Das nennt sie die dreiköpfige Mutter, auf deren Entscheidungen kein Verlass sei. »Ich mochte meine Mama immer dann, wenn wir gekuschelt haben, denn ihr Körper hat mir gegenüber nie gelogen.«

»Ach, übrigens, habe ich meine Periode schon einige Zeit. Ich konnte es bisher vor meiner Mutter verstecken, weil ich nicht weiß, welcher Teil von ihr darüber wieder einen Mords Trara machen will«, erklärt sie mir lächelnd. Da erkannte ich, dass sie über das Gespräch ihrer Mutter mit mir Bescheid weiß. Sie schreibt heimlich Gedichte, die sie ebenfalls vor ihrer Mutter geheimhält, weil sie befürchtet, dass sie mit ihren emotionslosen Worten das Zarte ihrer Zeilen kaputt mache.

Als ich dem Mädchen meine Theorie von den Ichs erkläre, stimmt sie mir zu. Sie habe es nur nicht auf meine Weise erklären können, doch schon immer gefühlt.

Ob *alles stimme* haben wir gar nicht wirklich herausfinden wollen. Das *Stimmen* ist eine Betrachtungsweise unserer Ichs, die uns mit anderen Menschen vergleichen und uns für richtig oder falsch einstufen.

Mit der Mutter hatte ich zu einem späteren Zeitpunkt ebenfalls ein Gespräch über Hochsensibilität und den Ichs.

Laura heißt *das Mädchen*. Die Erzählung hätte einen persönlicheren Charakter erhalten, wenn ich von Anfang an das Mädchen bei ihrem Namen genannt hätte, was Laura und ihr Wesen auch verdienen. Die Schilderung bekam eine gewisse Anonymität durch den Namensersatz, Mädchen. Ich weiß nicht wie es Ihnen geht, ich jedenfalls, kann mir unter Laura einen anderen, lebendigeren Menschen vorstellen als unter dem Begriff Mädchen oder Heranwachsende.

# 60. Menschen ohne Ichs

Eine Frage wurde an mich herangetragen: »Gibt es Menschen ohne Ichs?« Darüber habe ich mir noch keine Gedanken gemacht, war ich doch in den letzten Jahren mehr mit dem Verstehen der Ichs, ihrer Herkunft und ihrer Eigenheiten beschäftigt.

Eine gute Bekannte könnte solch ein Fall sein. Sie spricht klar und gerade heraus, was sie denkt. Ich habe sie für einen Gehirnmenschen gehalten, der weniger Gefühle empfindet, allerdings einen gesunden Menschenverstand einsetzt. Genau diese Bekannte erzählte mir, dass sie eines Nachts das Gefühl hatte, dass sich jemand rechts neben sie an den Bettrand niedersetzt. Sie spürte, wie die Matratze sich senkte. Noch im Halbschlaf, rief sie den Namen ihres Mannes da sie der Meinung war, dass er sich da hingesetzt hätte. »Was dusch denn du auf meiner Seite«, fuhr sie ihn an. Sie öffnete die Augen, sah ihn jedoch nicht, tastete auf die andere Bettseite und da lag ihr Mann tief schlafend. »Woisch,« sagte sie im tiefen schwäbisch zu mir, »uff oimol isch mir in de Sinn komme, dass des mei Muttre isch, die vor em halbe Johr gschorbe isch. Die hot mi besuche wolle. So dief wie die Matratze gsunge isch passt besser zu meiner Mutter, die wesentlich schwerer war als mei Mo isch.« Ich war verblüfft, dass dies meiner Bekannten passiert ist, die doch sonst so sachlich und ohne Schnörkel daherredet.

Die Idee mich in sie hineinzufühlen kam mir erst, als wir uns wieder einmal trafen und ich bemerkte, dass sie sich etwas verhalten mir gegenüber gab. Ich fragte sie, ob etwas zwischen uns stehen würde. Sie entgegnete mir ohne Umschweife: »Woisch, du hosch des letschte mol so schräg raussproche, do hab ich mi ogriffe gfühlt.« Sie erzählte den Sachverhalt. »Das tut mir leid, das war nicht meine Absicht. Ja und jetzt hast du dieses Thema die letzten Wochen mit dir herumgeschleppt und dir ständig Gedanken darüber gemacht?«, bedauerte ich. »Noi, so blede Gedange hewwe bei mir koin Platz, die kann i nett gebrauche. Die komme mir net ins Haus.« Sie zog es vor, mir ihr Anliegen lieber persönlich und nicht am Telefon oder über die App mitzuteilen, um das Thema bis zu unserem nächsten Treffen aus der Welt zu schaffen. Sie hatte sich keine weiteren Gedanken darüber gemacht. Die Ichs hatten bei ihr keine Chance.

Bei diesem Gespräch fiel mir auf, dass ich tatsächlich keine Ichs um sie herum wahrnehmen konnte. In einiger Entfernung beobachtete ich einige Ichs, die im von ihr abgedrehten Halbkreis, mit dem Rücken zu ihr standen. Sie bemerkten sie nicht, meine Bekannte war Luft für sie. Ich bin mir sicher, dass die Ichs gar nicht da waren und ich sie nur entdecken konnte, weil ich meinen Fokus auf sie lenkte. Meine Gedanken erschaffen meine Realität, so auch die Ichs, die aber nicht da waren. Meine Bekannte und die Ichs hatten keinerlei Beziehung zueinander. Ich wurde ein bisschen neidisch.

Fasziniert beobachtete ich einen kleinen Jungen, der auf dem Spielplatz im Sandkasten den Sand von einer Seite zur anderen schaufelte und kurz aufblickte. Seine Augen suchten seine Mama, fanden sie im Gespräch mit einer anderen Frau. Er schaufelte den Sand wieder zurück, ohne ein wirkliches Ergebnis erzielt zu haben. Ich konnte seine Präsenz spüren. Glücklich stand er da, vollkommen zufrieden.

Auf den alten Super-8-Filmen, mit denen ich meine Kinder aufgenommen habe, kann ich meinen Sohn im Alter von etwa eineinhalb Jahren beobachten, wie er einen Pappkarton mit all seinen Sinnen untersucht. Es sieht so aus, als ob er sie zum Teil in Zeitlupe einsetzt und völlig konzentriert alle Details dieses Kartons in sich aufnimmt. Es gibt kein Ich, das ihm dazwischenredet, er ist einfach im Jetzt.

Von kleinen Kindern, die noch nicht Ich sagen müssen, können wir lernen und versuchen, die lauten Ichs erst gar nicht zu Wort kommen lassen.

# 61. Das kann ich nicht

Miriam hatte ihren linken Unterschenkel gebrochen, der mit Platten und Schrauben ärztlich gut versorgt war und sechs Wochen einen Therapieschuh getragen. Nun sollte sie mit Unterarmstützen das Vollbelasten üben und vor allem den Vierpunktegang. Ich wollte ihr die Übung zeigen und sie sagte ganz klar: »Das kann ich nicht.« Eigentlich war damit alles gesagt und die Behandlung hätte zu Ende sein können. »Ich kann nicht«, sollte man übersetzten mit: »Ich will nicht.« Diese Aussage hat eine grundlegend andere Bedeutung. »Kann nicht«, ist passiv, es steht kein Wille und keine Entscheidungskraft dahinter. »Ich will nicht«, beherbergt eine Absicht, zu der sich der Mensch aktiv bekennt. Es ist trotzdem unklar, ob es das Unterbewusste nicht möchte oder die Ichs es nicht wollen.

Ich machte bei der Klientin den kinesiologischen Muskeltest. »Ich kann nicht«, der Muskel war stark (Ja). »Ich will nicht«, ebenfalls. Die gleichen Sätze ließ ich sie wiederholen mit ihrem Namen statt dem ICH. Jedes Mal wurde ihr Arm schwach (nein), weil die Aussage: »Miriam kann nicht«, nicht stimmte. Als sie den Satz in

»Miriam kann in dem Vierpunktegang gehen«, umwandelte, war ihr Testmuskel stark.

Ich zeigte ihr, wie der Gang aussehen soll. Rechter Arm mit Unterarmstütze nach vorne, linkes Bein auf die gleiche Ebene stellen. Linker Arm nach vorne, rechtes Bein parallel zum linken Stock. Es funktionierte nicht. Miriams linker Fuß schien am Boden festgeklebt zu sein. Ich bemühte mich, mit verschiedenen Erklärungen ihre Gangart zu verbessern. Miriam wäre dabei beinahe gestürzt. Bis ich bemerkte, dass sie eine Blockade hatte, ein sogenanntes Brett vor dem Kopf, weil sie zuließ, dass die Ichs behaupteten: »Ich kann nicht.« Sie sollte den Satz: »Miriam kann!«, laut sagen. Und schon machte sie recht mühelos den ersten Schritt, den zweiten und so weiter. Sie war selbst sehr erstaunt, wie gut sie gehen konnte. So einfach kann es gelingen. Ihre Freundin, die sie als Begleitung mitgebracht hatte, beobachtete die Szene und war völlig verblüfft, wie gut Miriam die Stöcke und ihre Beine koordinieren konnte.

Zur nächsten Sitzung kam Miriam verhalten und erklärte mir bedrückt: »Hier konnte ich letztes Mal so gut laufen und zu Hause war alles wieder weg. Jetzt geht gar nichts mehr.« Ich erklärte ihr wieder, dass ihr Körper besser reagieren kann, wenn sie ihren Namen sage oder denke. »Oh, stimmt ja, das hatte ich vergessen. Warum habe ich so ein wichtiges Detail vergessen?« Sie rügte sich selbst. »Die Ichs verhindern wichtige Informationen, die uns gut tun würden und dann lassen sie uns auch noch auf uns selbst schimpfen«, erklärte ich ihr. Miriam schaltete sofort in den Miriam-Modus und schon lief sie fehlerfrei und schmerzfrei meinen Flur entlang.

Verirrt, vernebelt, gestrandet, sich sammeln,
Kraft schöpfen, aus dem Sumpf der Scham
emporsteigen, authentisch sein.

# 62. Was ist der Schweinehund?

»Was ist der Schweinehund?«, wollte eine Kursteilnehmerin wissen. Bevor ich nachdenken und antworten konnte, rief ein Kursteilnehmer lachend in den Raum: »Mein Schweinehund und ich sind sehr gute Freunde. Wir wollen uns meist gar nicht trennen.«

Ursprünglich waren es Hunde für die Wildschweinjagd. Ihre Aufgaben waren, die Schweine bis zur Ermüdung zu hetzen und sie letztendlich festzusetzen. Wenn wir die Ichs betrachten, könnte man meinen, dass sie auch diese Beschäftigung innehaben. Sie hetzen uns in den Stress, bis wir müde werden und letztlich das tun, was sie von uns verlangen. »Bleibe heute einfach im Bett liegen.« »Esse ganz viel Süßigkeiten.« »Kauf dir ruhig noch eine Tasche, die genau aussieht wie die anderen drei.« »Die Körperübungen brauchen wir heute nicht zu machen, das machen wir morgen.« Menschen mit diesen Aussagen wird nachgesagt, dass sie keine Willensstärke hätten, sich nicht durchsetzen könnten und es ihnen an Selbstdisziplin mangele. Die große Schwäche des Schweinehunds ist die Angst, es könnte sich etwas in seinem Umfeld verändern. Nur nicht die Komfortzone verlassen und nur keine unangenehmen Arbeiten verrichten.

Hier stellt sich die Frage, was unangenehme Arbeiten sind? Wer erklärt den Tätigkeitsbereich als unerträglich? Das Herz oder die Ich-Gedanken?

Als ich einer meiner Schweinehunde entlarvte und den ganzen Tag schon einen großen Bogen um meinen Schreibtisch gemacht hatte, probierte ich etwas Neues aus. Das gefiel dem Schweinehund nicht, denn ich setzte mich gemütlich auf die Couch und nahm meinen Schweinehund (ein Kissen) in die Arme und gab ihm liebevolle Energie. Es war mir, als würde er sich in meinen Armen mit Händen und Füßen wehren. Er war gewohnt, dass man ihn loshaben wollte aber nicht, dass man ihm eine herzliche Aufmerksamkeit gab. Er wurde wild, trat nach mir, aber ich ließ ihn nicht los. Liebevoll, aber bestimmt wurde mein Umarmen ähnlich einer Klammer. Es ging wohl einige Minuten so. Dieses Mal wollte ich nicht diejenige sein, die nachgab. Obwohl mir bewusst war, dass ich nur eine Energie in den Armen hielt, fühlte ich gleichzeitig eine Revolte in meinem Bauchraum. Es kamen alte Gefühle hoch: »Nein, das darf ich nicht, ich muss gehorchen, darf mich nicht querstellen, muss lieb sein…« Mit der Zeit spürte ich im Dünndarmbereich, dass ich mich Jahrzehnte nicht getraut habe, meinen (Ulrikes) Willen zu leben, mich bei meinen Eltern durchzusetzen, zu rebellieren, nein zu sagen. Es überkam mich ein Husten, der sich so verstärkte, dass er fast einem sich Übergeben glich. In diesem Moment war der Schweinehund verschwunden. Er ist wohl ein Handlanger der Ichs. Es war wie eine Erkenntnis, als ich mich, also Ulrike, empfinden konnte wie nie zuvor. Ulrike war Ulrike noch nie so nahe gekommen. Dieser wunderbare Zustand hielt nicht sehr lange an, dann nahmen mich die Ichs wieder in Beschlag. Das feine und doch intensive Gefühl war aus der Zwischenwelt gekommen, war zart und sanft, so dass es selbst mein Normverstand nicht fassen, oder durch seine ungeschliffene Art zu denken, zerstören konnte. Manchmal, wenn ich ganz ruhig werde, kann ich das faszinierende Gefühl wieder herholen. Irgendwo in mir hat es einen Platz bekommen. Es gehört jetzt zu meinen unsagbaren, himmlischen Erfahrungen.

# 63. Stress ist Kopfsache

Wenn ich rückblickend in meine Kindheit sehe und mir dort die Erwachsenen vor Augen führe, kann ich erkennen, wie viel meine Eltern arbeiten mussten. Manchmal waren ihre Gesichtszüge unergründlich hart, wenn die Heuernte noch kurz vor dem Gewitter eingebracht werden musste. Ich kann heute noch die Spannungen spüren, welche die Wangen dicker werden ließen, weil die Kaumuskeln angespannt wurden. Die hektischen Bewegungen, der Tonfall und auch die Wortwahl fühlten sich sehr unangenehm an. Ich fürchtete solche Tage, lösten sie doch in mir Angst, Anspannung und ein Alleinsein aus.

Das Wort Stress war vor sechzig Jahren bei uns zu Hause noch nicht in Mode gekommen. Menschen hatten ihn, kämpften mit ihm, wurden ihn erst los, wenn sie klar und strukturiert erledigt hatten, was diesen Zustand ausgelöst hatte. Ich konnte danach die Entspannung meiner Eltern spüren, die Licht in meine Dunkelheit brachte, die mir Hoffnung gab, nicht alleine zu sein. Diese Ruhe hielt allerdings nicht lange an, da die nächste Arbeit anstand.

Heute ist das Wort Stress in aller Munde. Manchmal wird es zu schnell und lässig benutzt. Wir kennen den Stress, machen uns Stress und gleichzeitig lehnen wir ihn ab.

In der Praxis führte ich wieder meine Versuche durch: Bernhard erzählte mir von seinem Stress, den er auf der Arbeit habe und dass er dem Burnout nahe sei. Er lag auf der Behandlungsliege und wollte von mir eine Wohlfühlmassage an Füßen, Rücken und Nacken. Er lag auf dem Rücken und ich wollte für ihn sichtbar und spürbar machen, was er mit seiner Aussage an seinem Körper anrichtete.

Ich saß an seiner linken Seite, bat ihn seinen linken Fuß hochzuziehen (Beugung im Fußgelenk), das Knie dabei auf die Unterlage zu drücken und nun gegen meine Hände, mit denen ich an Unterschenkel und Oberschenkel Widerstand leistete, das Bein nach außen zu schieben, während er mir von seinem *Stress* erzählte. Das Bein war schwach, Bernhard hatte Mühe gegen meinen leichten Druck Widerstand zu leisten. Als nächstes bat ich ihn, einfach nur seine Arbeitsschritte im Einzelnen aufzuzählen, ohne das magische Wort zu denken oder auszusprechen. Sein Bein war stärker als zuvor. Die dritte Variante brachte den Durchbruch: Bernhard nannte seinen Namen und zählte seine Schwierigkeiten in seinem Beruf wie zuvor auf, ohne das magische Wort. Sein Bein war so stark, dass ich ihm mit meiner vollen Kraft nichts dagegensetzen konnte. In diesem Moment konnte ich keine Ichs verspüren. Wir waren beide ganz und gar auf den Moment konzentriert.

Eine Klientin, die in ihrem Gedankenkarussell gefangen ist berichtet: »Ich wache auf und sofort gibt es einen Stich in meine Brust, mein Herz rast, mein Atem stockt«. »Was geschieht da mit mir?« Sie fragt und gleichzeitig redet sie weiter: »Du hast gestern Abend vergessen, deine Freundin anzurufen. Du hattest es ihr versprochen. Was soll sie jetzt von dir denken. Auf dich kann man sich nicht verlassen. Die Briefe hättest du gestern Abend auch einwerfen können, dann bräuchtest du es heute nicht zu machen. Wann war nochmal der Friseurtermin? Jetzt aber los, die Wäsche in die Waschmaschine, den Einkaufszettel vervollständigen, möglichst früh einkaufen, dann bekommst du noch alles, was du willst, vielleicht ist später alles ausverkauft. Es ist schon verwunderlich, wie viel eingekauft wird. Ach, die Fenster müssten auch mal wieder geputzt werden, die Blumen auf der Fensterbank sind noch nicht gegossen. Himmel, alles auf einmal geht doch nicht. Was mache ich jetzt mit der Freundin? Ich habe so viel Stress und kann nicht einfach einen Plausch machen. Mein Chef will die Präsentation auch lieber vorgestern als morgen. Wie soll ich alles schaffen?« Die Klientin spricht ohne Punkt und Komma, um mir einen Einblick in ihre Gedankenwelt zu geben.

Solche Monologe sind vielen Menschen und auch mir bekannt. Dieses innere Gespräch fängt zuerst mit sich selbst an und beschimpft dann die anderen, die alle Schuld sein sollen: »Die sollen mich doch alle in Ruhe lassen.« Dieser Satz ist in meiner Praxis sehr oft Gegenstand vieler Behandlungen.

Im Grunde weiß die Person, die diesen Satz ausspricht, nicht wirklich, was sie damit meint. Sie sagt, dass »die alle« sie in Ruhe lassen sollen, hat dabei ihre Familie oder Kolleginnen im Kopf. In

Wirklichkeit lassen »die« Ichs sie nicht in Ruhe. Die stressen so sehr, dass jede Frage oder Aufforderung eines Mitmenschen das Fass zum Überlaufen bringt und sie als die Schuldigen herhalten müssen.

Unsere Gedanken, kreisen, machen aus einer Mücke einen Elefanten, laufen wie ein altes Tonband im Kopf ununterbrochen. Sie bewerten, kritisieren uns negativ, vergleichen uns mit anderen, treiben uns an, lassen aufgrund ihrer lauten Manie unsere Gefühle im Hintergrund ungeachtet und drängen uns Meinungen auf, die neue, meist unproduktive Emotionen erzeugen, die uns an unserer Authentizität zweifeln lassen.

Eine fünfminütige Wut erzeugt so viel Stress im Körper, dass es einige Stunden dauern wird, bis sich unser Herz und das Immunsystem wieder erholen. Diese Zeit erhöht das Risiko, einen Herzinfarkt oder eine Herzschwäche zu bekommen.

Die Fragestellung zur Struktur des Stresses, verlangt nach Antworten: »Es ist mir zu viel, ich kann nicht mehr, es werden zu große Anforderungen an mich gestellt, mein Körper macht nicht mehr mit, der Chef ist schuld, die Eltern sind schuld, ich habe keinen Spaß an der Arbeit, Doppelbelastung, Geldnot, Scheidung, Trennung, Tod eines Angehörigen, Sorgen, Kummer, Ärger, Frust und alles soll anders sein, als es ist.«

Bei dem Wort, Stress, fällt der Name des Stressforschers Hans Seyle (1907-1982), der den Begriff Stress aus der Physik entliehen und auf uns Menschen übertragen hat. Er hat zahlreiche Bücher und Veröffentlichungen zu diesem Thema verfasst. Vor allem auch über die Biochemie, die den Körper bei Stress durchläuft. Wie immer, wenn der Körper überfordert ist, produziert er unter anderem Stresshormone, um zunächst ein gesundes Gleichgewicht herzustellen. Die Widerstandskraft wird kurzfristig erhöht. Eine Folge davon kann zum Beispiel ein noch harmloser Bluthochdruck sein. Bei Dauerstress wirken die Produkte der Hormonkaskade toxisch. Der Körper erkrankt, zum nun sehr hohen Bluthochdruck kommen Diabetes Typ 2, Entzündungen und Immunschwäche dazu, die noch schlimmere Krankheiten auslösen können.

In Stresssituationen fühlen wir uns wie ein Metall, auf das ein physikalischer Druck wirkt und es verbiegt. Veränderung scheint ein großer Stressfaktor für uns Menschen darzustellen. Wir kommen aus der häuslichen Geborgenheit in den Kindergarten, von dort in die Schule, durchleben die Pubertät, machen eine Ausbildung oder ein Studium, heiraten oder gehen eine Partnerschaft ein, ziehen in eine neue Wohnung in einer anderen Stadt. Veränderungen sind spürbar durch Tod oder Trennung, Geburt eines Kindes, Wechsel der vier Jahreszeiten, Luftdruck, Wetterwechsel. Im Grunde wird Stress nicht durch die Situation selbst ausgelöst, sondern durch die Art und Weise, wie wir sie, aufgrund unserer Erfahrung und Prägung *beurteilen*.

Je nachdem, wie wir denken, werden wir unsere Welt für uns erschaffen. Gut oder schlecht, wer weiß? Den Gedanken und dem Glauben sagt man nach, dass sie Berge versetzen können. Hier stellt sich die Frage, wer die Berge erschaffen hat, die es zu versetzen gilt? Von welchen Bergen ist hier die Rede? Im Grunde will die Aussage Mut machen, angemessen zu denken und noch zufriedenstellender zu handeln. Gedanken und Glauben verfügen über eine große Macht. Das Ich und das Ego produzieren den Glauben, indem sie darauf vertrauen, dass das richtig ist, was sie von anderen Ichs übernommen haben. Darüber bilden die Ichs sich eine Meinung und halten ihre, für sie fehlerfreie Ansicht, für möglich und wahr.

Die Berge, die es zu versetzen gilt, sind meist unsere eigenen Konstrukte. »Ich glaube ich habe die Prüfung verhauen.« Mit diesem Satz kam tieftraurig Rena zu mir. »Du glaubst?«, fragte ich noch mal nach, »oder du weißt es mit Sicherheit?« »Nee, die Ergebnisse bekommen wir erst in den nächsten Tagen. Aber ich meine, nicht gut gewesen zu sein«, erwiderte sie mir. »Was fühlst du in dir?«, bohrte ich weiter. »Nichts, ich bin leer innendrin. Ist ja auch verständlich. Ich habe so viel gelernt und nun ist alles aus und vorbei.« Renas Körperhaltung zeigte, dass das Ende der Welt schon gekommen ist. Am liebsten hätte ich sie in den Arm genommen und getröstet, weil ihr Leid einen absoluten Sog für mich darstellte. Ich hatte mich auf ihre Wellenlänge begeben und wurde zu einer Mutter, die sie trösten will.

Im nächsten Moment besann ich mich auf meine Therapeutenstelle und begab mich in Renas Herzebene. Dort gab es nur Stress. Das Herz hatte einen Beutel über den Kopf gezogen und drohte zu ersticken. »Alles gelogen,« durchzog es meine Brust. Ich versuchte mit der Gewissheit des Herzens, dieses von der heftigen Umklammerung der Herzhülle zu befreien, indem wir fokussiertes Atmen und das A-E-I-Atmen übten, um dem Stress seine Spitze zu nehmen. Danach gab Rena zögerlich zu, doch so einiges in der Prüfung gewusst zu haben. Als sie den Anspruch der Eltern an sie durch eine Behandlung ablegen konnte und dadurch der Hang zum Perfektionismus nachließ, lag Rena entspannt auf der Liege und meinte, im Grunde war die Prüfung nicht wirklich schwer. Ich erfuhr einige Tage später, sie hatte sie mit Bravour bestanden.

Der Druck, durch die Forderungen der Eltern, war in Rena über viele Jahre so gestiegen, dass sich in ihr eine übermäßige Stressreaktion aufgebaut hatte, die sie nicht mehr konstruktiv und liebevoll über sich denken ließ. Vor und während der Prüfung hatte sie Übungen, die sie in unseren Therapiestunden erlernt hatte, erfolgreich angewandt. Der Druck war wieder angestiegen, als sie die Übungen, die sie meinte nur für Prüfungen zu brauchen, nicht mehr praktizierte. Inzwischen kann sie durch die Anwendungen der entsprechenden Methoden auch die hohen Erwartungen der Eltern zurückweisen. Es ist schade, dass Rena in der Zeit zwischen Prüfung schreiben und das Ergebnis zu bekommen, sehr stark unter einem Stress litt, der ihren Körper schwächte und sich erste Magenprobleme zeigten.

Ebenso konnte ich beobachten, wenn Ärzte ihren Patientinnen ihren Verdacht auf ein Magengeschwür, einen Tumor, eine Herzkrankheit äußerten, sie zur Abklärung zu Spezialisten weiterschickten und der Patient, die Patientin mehrere Wochen auf den Termin warten mussten, ein hohes Level an Stress produziert wurde. Das Stressniveau stieg außerordentlich hoch, blieb bis zur Untersuchung und noch weitere Tage, bis sie wieder beim Hausarzt einen Termin und das Ergebnis bekamen. Manche Patientinnen entwickelten in dieser Zeit Magen- oder Herzprobleme, Durchfall oder Rückenschmerzen. Diese Zustände werden dann als psychosomatisch abgetan. Das Soma, der Körper, hat inzwischen gelitten.

Um den Stress nicht übermäßig werden zu lassen, ist es wichtig, neue eigene Erfahrungen zu sammeln. Die Meinungen der anderen können überdacht, sollten aber nicht unzensiert als eigene übernommen werden. Sie gehören der Kategorie, Vergangenheit an. Wie will die Erfahrung mir sagen können, wie ich im Jetzt zu handeln habe? Wer spricht die Erfahrung aus? Meine Ichs oder meine Intuition? Eine Art der Erfahrung kann mir im Jetzt helfen, zum Beispiel, nicht wieder auf eine heiße Herdplatte zu greifen. Sie kann allerdings keine neuen Situationen angemessen einschätzen. Das kann das Herz. Jede Instanz zur rechten Zeit!

Wer sich schon einmal in einem enormen Stress befand, wird mir zustimmen, dass er nicht adäquat handeln konnte. *Man* ist außer sich, nicht mehr in der Mitte. Die Leistungsfähigkeit verliert an Kraft zugunsten unserer Fahrigkeit. Dadurch fühlen wir uns am Abend ausgelaugt und müde, ohne Hochleistung erbracht zu haben. Unsere Gesundheit, die Familie oder Beziehungen leiden darunter.

Stress ist die Reaktion auf Druck, ob er von außen kommt oder wir ihn in unserem Kopf durch Gedanken entstehen lassen. Große Stressfaktoren sind das Ich und das Ego, die Gedanken erschaffen. Das Ego denkt gerne negativ, um einen Schutz vor Enttäuschung aufzubauen. Vorteil, man ist dadurch nie enttäuscht. Nachteil, es gibt auch keine Höhenflüge, es lähmt. Negativ denken fängt im Kindesalter an, um enttäuschte Gefühle nicht empfinden und noch einmal erleben zu müssen.

Luisa erzählte mir von ihrem Stress. Sie betonte dieses Wort fast in jedem Satz. Ich machte sie darauf aufmerksam, ihre Körperspannung zu fühlen, wenn sie mir von ihrem Stress berichtet. Ich stellte ihr zwei Fragen, die sie nur ohne das Wort Stress beantworten konnte. Sie fühlte weiter ihre Körperreaktion. »Ich bin ganz schön verspannt, wenn ich vom Stress erzähle«, bemerkte sie. Ihre Haltung veränderte sich indem die Schultern nach oben und vorne gezogen wurden, ganz zu schweigen von der finsteren Mine. Wir machten den kinesiologischen Armtest. Luisa dachte nur an das Wort Stress. Ihr Arm war so schwach, dass ich nur mit einem Finger dagegen tippen brauchte und er sank herunter.

Das Immunsystem, das Hormon- und vegetative Nervensystem leiden unter Stress. Die natürliche unbewusste Regulation kann nicht mehr stattfinden.

Die Aktivität der Killerzellen wird vom emotionellen Gehirn gesteuert. Ruhe und Wohlbefinden aktivieren die Killerzellen, die eliminieren, was unserem Körper schadet. Die Killerzellen entsorgen Zellfragmente, Viren, Bakterien und andere Eindringlinge. Stress, Angst, Sorgen und Depressionen hemmen diese Zellen. Bei Stress können diese Aktivitäten nicht oder nur schwer ausgeführt werden. Man bedenke, allein beim Gedanken an Stress wird diese Aktivität blockiert.

Stress ist ein eingebildeter Gedanke, der leichtfertig benutzt wird und der in unser Handeln destruktiv hineinwirkt. So elend wie ich mich denke, werde ich sein. Diese Ich-Stress-Gedanken vermitteln uns, dass *es* schwer ist, so fangen wir schon gar nicht an etwas zu wagen und behaupten, es sei für uns unmöglich.

Wenn ich in der Herzenergie bin, dann bin ich mein bester Freund, meine beste Freundin, den/die ich nicht verliere, allerdings durch die Ichs verdränge.

Sich über Stress auszulassen ist so eine Sache. Ich habe darüber geschrieben, dass es dabei um Spannungen geht, um Erwartungen, die nicht erfüllt werden, um noch größer, besser, weiter und umtriebiger sein zu können. Der Eindruck drängt sich mir auf, dass nur derjenige jemand ist, der viel Stress hat. Er fühlt sich dadurch wichtig, vor allem, *gewichtig*.

Julia saß bei mir im Behandlungsraum auf dem Sessel wie ein Häuflein Elend, mit resignierter Miene, die ausdrückte, dass alles aussichtslos ist und sie darauf verzichtet, Ziele zu verwirklichen. Diese Haltung ist Stress pur. In mir löste es kurzzeitig ein Bedauern aus, weil ich Julia einige Übungen mit nach Hause gegeben und sie diese anscheinend nicht durchgeführt hatte. »Ich kann nicht! Ich kann sie einfach nicht machen.« Julia sprach diese Sätze total verzweifelt aus. Ich ließ sie den ersten Satz übersetzen in: »Ich will nicht.« »Ja, im Grunde haben sie recht, ich will tatsächlich nicht. Ich fühle mich zu schwach und außerdem machen diese Übungen keinen Sinn.« Ich spürte, wie Julia sich wand und mit Worten gegen eine Lösung ihrer Probleme ankämpfte. Der Stress spitzte sich zu, was ihr Körper intensiv erkennen ließ.

Ich stellte mich in Julia und fühlte, was in ihr vorging. »Stellen wir uns einmal vor, wir könnten all Ihre destruktiven Gedanken wegnehmen. Die Ichs sind jetzt einfach mal verschwunden«, machte ich den Vorschlag, der sich aus meinem Hineinfühlen ergeben hatte. Julias Augen bewegen sich hin und her, schräg nach links und rechts oben und suchten nach einer Antwort. Sie wurde blass im Gesicht und rieb nervös ihre Hände, während sie noch tiefer in den Sessel sank, als wolle sie sich unsichtbar machen.

Ich fühlte mich in Julia, um herauszufinden, wie es ihr in der neuen Situation ging »Ich bin ein Nichts, ein Niemand, bin nicht da, was soll ich hier, existiere nicht«, sprudelte es aus mir nervös und ängstlich zugleich heraus. »Ja, so geht es mir«, bestätigte Julia. »Das wollen Sie doch nicht, oder? Sie wollen doch nicht, dass es mir noch schlechter geht«, versuchte sie mich zu erpressen.

»Nein natürlich nicht. Nur will ich Ihnen aufzeigen, was mir Ihr

Organismus verraten hat: Ihre körperlichen Symptome rühren von Ihrem Stress, den die Ichs Ihnen machen. Sie wollen die Ichs nicht verlassen, weil sie sich mit ihnen identifizieren. Die Ichs erfinden Kuriositäten, die Ihren Adrenalinspiegel permanent auf einer gewissen Ebene halten. Sie sind nicht nur ein Adrenalinjunkie geworden, sondern fühlen sich dadurch auch wichtig und lebendig. Sie überdeckeln mit den Ich-Gedanken Ihre wahren Gefühle, die sie zurückhalten, aus Angst Probleme bekommen zu können.«

Julia liefen Tränen über ihre Wangen: »Wieso kommen Sie immer so schnell auf den Punkt? Die Wahrheit tut derart weh.« »Es geht noch etwas weiter«, wagte ich mich vor. »Wenn wir die Ichs und die unsinnigen Gedanken aussperren, um zu sehen, was passiert, leiden Sie, weil Sie meinen, niemanden mehr zu sein. Das geschieht, weil Sie dann nur Julia sind, mit Ihrem Körper, Ihrem Herz und Ihrer Seele, das, was das Universum mit Ihnen gemeint hat, als Sie auf die Erde gekommen sind. Ihre falsche Identifikation ist aufgeflogen. Sie leben in diesem Moment ohne Sensationen, ohne Höhenflügestress oder Niedergeschlagenheitsstrapazen.«

»Puhh«, stöhnte Julia, »wer bin ich denn dann?« »Wenn Sie sich entscheiden könnten, auf die Ich-Gedanken immer öfter zu verzichten und nur im Moment zu leben, dann haben Sie den Schlüssel für ihr Leben gefunden. Sie werden sich am Anfang etwas unsicher fühlen, denn alles Neue irritiert, jedoch werden Sie eine Leichtigkeit spüren. Da gibt es keinen Stress, keine Hektik und keine außerordentlichen Gefühle. Es gibt kein, »ich will noch mehr«, oder »ich will es anders haben, wie es ist.« Alles ist sanft, rein, ehrlich, ohne ein Zutun. Es ist kein sich ergeben, es ist eher ein Hingeben, ein Anerkennen und Zustimmen wie es gerade ist. Auf einmal werden Dinge geschehen, von denen Sie zuvor noch nichts wussten, oder von denen Sie meinten, dass Sie nie geschehen könnten«, schloss ich. Mir standen ebenfalls Tränen in den Augen, weil ich weiß, dass es diesen Raum gibt und ich viel zu wenig dort bin.

»Wow, das hört sich wie ein Märchen an, als gäbe es einen anderen Ort und eine andere Zeit. Wenn man sich dazu entschieden hat, bleibt das dann so?«, wollte Julia wissen. »Nichts bleibt, alles ist in Bewegung und Veränderung. Auch in uns verändert sich alles und ständig. Unsere Zellen zerfallen und neue wachsen nach und innerhalb von ungefähr sieben Jahren hat sich der menschliche Körper ganz und gar erneuert, wir sprechen dabei von all den Zellen, die sich regenerieren können. Die Haare verändern sich, die Figur und vielleicht sogar unser Sinn.« »Sie kennen das Gefühl, was Sie eben beschrieben haben?«, bohrte Julia nach. »Ich habe es Ihnen angemerkt, Ihr Gesichtsausdruck, Ihre Augen spiegelten wider, dass sie wo ganz anders waren.« Ich bejahte mit Bedauern es manchmal zu vergessen, wie angenehm es dort ist und dieses »Dort« einfach im Hier und Jetzt stattfindet, allerdings ohne Ichs und Ego.

Zurück zum Stress und einer ganz anderen Welt. Keiner will den Stress und alle lechzen geradezu nach ihm. Das sieht mir sehr nach den Ichs aus. Sie erinnern sich? Die Ichs können uns in die Augen schauen und in einer Sekunde zwanzig Problemgeschichten erfinden. Das Gemeine ist, in einem Satz können sie uns ein Problem aufzeigen und gleichzeitig erklären, dass wir es im Moment nicht angehen sollen, dass das Thema uns momentan überfordern würde, wir zurzeit die Verantwortung nicht tragen könnten. So bleibt das unangenehme Thema bestehen, zerrt an unserem Nacken und schon bekommen die Ichs von uns die Energien, die sie größer machen und wir Kopf- oder Nackenschmerzen bekommen.

Das Räderwerk im Kopf steht nicht still. Wir reden von Prokrastination, der Aufschieberitis. Sie kann uns zu »Morgenmenschen« machen. »Morgen fange ich an.« Sie ist allerdings gemein, da sie uns Ersatztätigkeiten machen lässt. »Ich muss jetzt bügeln.« Das »Muss« macht einen riesigen Stress, denn hinter mir scheint ein Wesen mit einer Peitsche zu stehen und mich zum Bügeln erpressen zu wollen. Was mache Ich? Ich trage etwas in den Keller, dort fällt mir ein, dass ich das eine Regal schon lange umräumen wollte. Ich fange an und merke, dass das zu lange dauern würde, gehe wieder hoch in die Wohnung, nehme ein Marmeladenglas mit nach oben und bekomme richtig Appetit auf ein Marmeladenbrot. Die Butter ist fast aus. Ich sollte eine Einkaufsliste schreiben, denn es fehlen noch andere Lebensmittel, die ich einkaufen müsste. Und dann wäre ich beinahe über meinen Wäschekorb gestolpert, als ich mein Handy holen wollte. Die Odyssee, die sich an diesem Tag noch fortsetzt, endet erst als es zu spät ist zum Bügeln, das ich auf *Morgen* verschiebe. Die Ichs prokrastinieren für ihr Leben gern und suhlen sich genüsslich im Stress. Das mit dem genüsslich ist ein Ausdruck von mir, weil ich sie mir so vorstelle. In Wirklichkeit kennen sie kein genüsslich, weil sie keine Gefühle empfinden können. Es passiert mir immer wieder, dass ich dem Ich und dem Ego Gefühle zuschreibe, weil Gefühle für mich so selbstverständlich sind und ich mir nicht vorstellen kann, keine zu haben.

Unsere Gedanken spielen eine viel größere Rolle bei der Entstehung von Stress und Krankheit als bisher angenommen. Da können wir noch so gesund leben, die Ernährung umstellen, Sport machen, die Ichs schaffen es, unseren Organismus zu schwächen.

Beispiel: Die To-do-Liste für den arbeitsfreien Tag ist lang. Ich fürchte mich schon vor dem Tag, der scheinbar so vollgepackt ist, dass ich selbst beim Lesen der Liste keinen Überblick mehr habe. Ich fühle mich wie gelähmt und will erst gar nicht anfangen. Mir fallen Kleinigkeiten ein, die ebenso gemacht werden sollten, dann müsste ich endlich meine Freundin anrufen, da weiß ich aber, unter eineinhalb Stunden geht es da nicht. Mein Herz rast und ich bin blockiert, statt einfach mit einer Tätigkeit zu beginnen, die ich für den Tag aufgeschrieben habe.

Ich brauche da kein Stresstagebuch zu führen, weil ich inzwischen herausgefunden habe, dass hauptsächlich die Ichs dahinterstecken und wie ich die austricksen kann, weiß ich ja jetzt.

Ein anderes Thema ist darin zu sehen, dass sich unser Körper diesen Stress sprichwörtlich zu Herzen nimmt und jahrzehntelang in sich trägt.

Bei einem Mentalcoaching meiner Art, bei dem ich zum Beispiel die Leber einer Klientin mit einem imaginären Wärmeball (nach Mirsamkarim Norbekov) imaginär bearbeitete, kamen Gefühle hoch, die im ersten Moment an Angst erinnerten und die dann, wie so oft bei Leberthemen, beim Vater hängenblieben, beim sturen Vater, der keine andere Meinung gelten lassen wollte und der genau zu wissen glaubte, was für seine Tochter gut ist.

Die Empfindung beim Hineinfühlen war schwammig, etwas ängstlich, weinerlich, sich zurückziehend. Es entpuppte sich als, Angst zu haben vor dem, was die Tochter gerne tun würde es sich aber nicht getraut. Die Intuition, die Kreativität und die Autonomie wurden immer noch untergraben, obwohl der Vater schon zehn Jahre tot war.

In diesem Fall können wir nicht von den eigenen Ichs reden, sondern von der Macht der Ichs des Vaters. Die Ichs sind Meinungen der anderen, die uns prägen. Die Leber der Klientin erlebte nach der Behandlung eine Befreiung, was an ihrem erleichterten, tiefen Durchatmen zu erkennen war. Die Gesichtszüge erhellten sich, die Bezeichnung Stress bekam eine andere Bedeutung. Was blieb, waren die Herausforderungen des Alltags, die sogleich von ihr angegangen wurden.

Heutzutage wird alles als Stress bezeichnet, was nicht zur Freude und Leichtigkeit beiträgt. Es ist eine Gedankeneinstellung. Wenn ich fünf Aufgaben im Alltag bewältige, ohne Stress dabei zu empfinden und es stolz weitererzähle, dann kommt vom gegenüber: »Mein Gott bist du fleißig. Du bist wie ein Flummi, so quirlig und regsam. Das könnte ich nicht.« Ich konnte es auch nicht, bevor ich es nicht in Angriff genommen hatte.

Außerdem habe ich durch mein Preisgeben, was ich alles getan hatte, in mir eine Seite aufgedeckt, die mir so noch nicht bewusst war. Ich wollte ein Lob, eine Zustimmung, ein bravo von außen. Na, ja der Vergleich mit einem Hüpfball war ja auch ein wenig Lob.

Um Lob betteln die Ichs. Das Herz würde sich einfach nur freuen und es mit einem warmen Gefühl bekräftigen. Das würde es allerdings auch tun, wenn ich lediglich auf dem Sofa geschlafen oder ein Buch gelesen hätte. Wäre ich in meiner Herzenergie geblieben, bräuchte ich die Ichs gar nicht und müsste nicht um Anerkennung betteln.

Bei einem tatsächlichen Stress, wenn zum Beispiel ein Unfall passiert ist, oder wir zu einem schrecklichen Geschehen dazukommen, können wir sicher sein, dass keines unseres Ichs da ist. Dann setzen ganz andere Mechanismen in unserem Körper ein, die uns antreiben wegzurennen, Hilfe zu leisten, oder schnell zu reagieren.

Wenn die Gefahr gebannt ist, dann kommen die Ichs wieder und malen uns aus, was alles hätte passieren können, wenn, oder wenn nicht und ihrer Phantasien sind keine Grenzen gesetzt.

# 64. In den Finger schneiden

Marie schält Kartoffeln, sie hat ihren Autopiloten eingeschaltet. Die Arbeiten, die relativ oft und in kurzen Zeitabständen verrichtet werden, kennt das Gehirn auswendig und lässt sie automatisch erledigen. Es passiert nichts Aufsehenerregendes. Das birgt die Gefahr in sich, dass Marie sich in die Ichwelt flüchtet. Sie wandert in die nahe Vergangenheit, wie sie auf dem Markt die Kartoffeln eingekauft und ihre alte Jugendliebe von weitem gesehen hat. »Warum bin ich nicht auf ihn zugegangen? Ach, der kennt mich doch gar nicht mehr. Aber es hätte mich schon interessiert, was er heute macht und wo er wohnt. Das hätte er mir ja sowieso nicht erzählt. Das war ja damals nur Schwärmerei. Der hat doch nur die blonde schöne Gabi angesehen. Ich bin schließlich ein Nichts für ihn gewesen. Er hatte mich nie wirklich beachtet. Warum werde ich das Gefühl nicht los, dass er auf dem Markt in meine Richtung gesehen hat? Autsch. Blöd, jetzt habe ich mich geschnitten.«

Marie ist für den Bruchteil einer Sekunde im Hier und Jetzt. Die Quasselrunde ist sofort unterbrochen. Ihre Zeigefingerkuppe blutet, ein schneidender Schmerz zieht durch ihren Körper. Schnell hält sie den Finger unter das fließende Wasser, während sie hinter sich mit der anderen Hand die Schublade aufzieht, ein frisches Geschirrtuch herauskramt und ein Päckchen mit Pflaster. Sie trocknet den Finger und verarztet ihn. Marie setzt sich für einen Moment auf einen Stuhl im Esszimmer und pustet automatisch auf den Finger, wie es ihre Mutter früher getan hatte, wenn sie wieder einmal gestürzt war und das Knie eine Schürfwunde darbot. Sie ist sich dessen in diesem Moment nicht bewusst. Es gibt nur das Jetzt. Die Schmerzen lassen nach.

Und schon kommen sie wieder, die Ichgedanken. »Das kommt davon. Du hättest besser aufpassen müssen. Du bist immer so schusselig. Es ist schon dreizehn Uhr. Wann soll das Essen fertig sein?« Sie hören nicht auf, machen Marie ein schlechtes Gewissen, diese Schuld- und Schamgefühle. Marie ist aufgeregt und muss sich jetzt sehr konzentrieren beim restlichen Kartoffelschälen, mit der Angst im Nacken, sie könne sich nochmals schneiden.

Jetzt ist der richtige Zeitpunkt, die Mundwinkel ganz nach oben zu ziehen, das Brustbein nach vorne oben zu schieben. In diesem Moment ist sofort kein negativer Quasselgedanke möglich. Maries Arbeit geht ihr leicht von der Hand.

Mir war nicht klar, warum die Ichs verschwinden, wenn wir, wie an diesem Beispiel, uns verletzen. Wahrscheinlich findet in solch einem Moment im Gehirn eine Umschaltung auf das Reflexhirn statt. »Reflexe« geht es mir durch den Kopf. Ich hole den Reflexhammer aus der Schublade, setze mich auf meine Liege und lasse die Beine baumeln. Ich will es an dem Patellarsehnenreflex ausprobieren.

Zuerst beobachte ich, wie meine Ichs irritiert sind. Das Vorhaben selbst hat ihre Reaktion bewirkt, weil meine Entscheidung es zu tun und mein sofortiges Handeln, mich schon ins Hier und Jetzt gebracht haben. Sie lauern. Ich halte inne und sie kommen, indem sie meinen, dass das doch Humbug sei und ich anderes zu tun hätte. In diesem Moment schlage ich mit dem Reflexhammer unterhalb der Kniescheibe auf die Patellarsehne und der Unterschenkel streckt sich reflexartig schnell, ohne, dass ich eingreifen kann. Man nennt den Reflex auch Eigenreflex. Nichts, gar kein Ich zu hören oder zu empfinden. Absolute Stille. Ich werde trotzdem nicht jedes Mal, wenn die unnötigen Gedanken kommen, auf meine Kniescheibensehne klopfen, um sie für kurze Zeit auszuschalten, lächle ich vor mich hin.

Mein Reflexhammer löst durch den von mir gesetzten Reiz eine Reaktion aus, die immer gleich abläuft und die ich gedanklich nicht steuern kann. Auch das Ich hat hier keinen Zugriff. Reflexe sind Schutzmechanismen, die keine Zeit verlieren dürfen, mit dem Gehirn zu plaudern, um adäquat reagieren zu können. Hier ist höchste Konzentration gefordert und alles Störende wird ausgeblendet.

# 65. Der freie Wille

»Ich möchte frei sein, mein eigenes Ding machen.« Dieser Satz gehört ebenfalls zu den allgemeinen Standartsätzen, die nach Hilfe rufen. Wenn ich meine Klientinnen frage: »Was wünschen Sie sich von mir? Wo und wie könnte ich Sie unterstützen?«, dann geht es oft um Ruhe haben, oder frei sein wollen.

Wovon wollen wir frei sein? Von unseren Eltern, von den Erwartungen anderer, frei zu sein, unsere Arbeitszeiten selbst zu bestimmen, frei zu entscheiden, was wir essen und trinken, wie wir unsere Freizeit verbringen? Wir wollen frei sein von Diskriminierung, frei von Schuld, Hass, Scham und schlechtem Gewissen.

In meiner Arbeit habe ich festgestellt, dass sich einige meiner Klientinnen weitgehend von den oben genannten äußeren Zwängen befreit haben und dennoch nach Freiheit streben. »Mein Hirn hat sich verselbständigt. Es denkt immer so dummes Zeug. Wenn ich auf eine Leiter steige, denke ich sofort, dass ich runterfallen könnte. Wenn ich mich glücklich fühle, kommen düstere Gedanken, dass unerwartet etwas Schreckliches passieren wird. Das sind ganz kurze Gedankenblitze, aber mein Körper spannt sich an, oder er glaubt sogar, den Befehl bekommen zu haben, von der Leiter zu fallen. Dann bin ich ganz unsicher und fast sicher, dass die Leiter wackelt. Bin ich verrückt? Psychisch krank?« Die Frage kam von einer Klientin, die im Alltag mit beiden Beinen auf dem Boden steht, aber viel Stress hat, wie sie sagt.

Wenn wir unser Gehirn unbeaufsichtigt lassen, kramt es in alten Erlebnissen, die es uns dann erzählt. Dabei muss es sich nicht um eigene Erlebnisse handeln.

Hier einige Beispiele, wie wir auf solche Gedanken kommen können.

Durch Erzählungen: Vor einigen Monaten sprach ich mit meiner Nachbarin, die mir erzählte, dass ein Bekannter von der Leiter gefallen war, als er die Dachrinne seines Hauses reinigen wollte. Nach wochenlangen qualvollen Schmerzen erlag er später seinen Verletzungen.

Durch Medien: Es kann sein, dass mich ein Fernsehfilm emotional sehr berührt hat und ich virtuell miterlebt habe, wie meine Partnerin in den Armen ihres Geliebten erschossen wurde. Unser Gehirn kann in der Regel nicht zwischen Fiktion und Realität unterscheiden und glaubt, das Geschehen selbst erlebt zu haben. Die Freiheit des normalen Denkens ist in solchen Fällen eingeschränkt. Eine freie Entscheidung ist dann nicht mehr möglich.

Durch unser Innenleben: Was ist mit den Darmbakterien, die ein Eigenleben führen und die zu unserem Bauchhirn dazugehören? Je nachdem, welche Bakterien und Viren wir dort beherbergen, können sie uns prägen. Bei der Entstehung unserer Gefühle haben sie ein Wörtchen mitzureden.

Durch das Familiensystem: Bei meinen intuitiven Einzelaufstellungen von Familien und/oder Gefühlen habe ich festgestellt, dass es keine Konstante gibt. Je nachdem, welchen Einstieg ich wähle, gestaltet sich die Aufstellung unterschiedlich. Ob ich mit einem Partnerschaftsproblem, mit meinen Ängsten oder mit meinen beruflichen Problemen einsteige, kann es sein, dass es sich jeweils um ein Thema handelt, das mit meinem Vater, meiner Mutter zu tun hat. Es werden sich jedoch jedes Mal andere Facetten des Vaters, der Mutter, zeigen oder über ihn, sie hinaus bis hin zu deren Vater oder deren Großmutter. Die Vielfalt ist unendlich kombinierbar. Es sind jedoch nicht nur die Gene, die unsere Gedanken gestalten, sondern auch die Energien, die über das Familiensystem übertragen werden.

Zum Beispiel kann sich Constanze nie ganz frei entscheiden, weil sie mit einem der Großväter oder Urgroßmütter verstrickt ist, bis sich die Verstrickung löst.

Eine ganz andere Entdeckung machte ich, als ich mich für ein bestimmtes Problem meiner Klientin während einer Familienaufstellung hinstellte und ein homöopathisches Mittel, das zu diesem Problem passte, blind austestete. Als ich das Fläschchen mit den Globuli in die Hand nahm, veränderte sich augenblicklich die ganze Familienkonstellation. Keine der aufgestellten Personen war mehr so wahrnehmbar wie vorher.

Die Akupunkturpunkte brachten mir eine weitere Offenbarung. Ich stand stellvertretend für eine verzweifelte und ausweglose Situation eines Klienten, behandelte einen bestimmten Akupunkturpunkt an seinem Körper, den ich vorher getestet hatte, und schon änderte sich auch die ganze Familienaufstellung. Der Blick richtete sich nicht mehr wie zuvor verbohrt und egozentrisch auf ein bestimmtes Familienmitglied, auf das der Klient eine tödliche Wut hegte, sondern von diesem weg in sein eigenes Inneres, in sein Unbewusstes. Nicht seine

Mutter war das Problem, sondern das, was sein Unterbewusstsein aus seiner Kindheit gespeichert hatte. Wieder einmal zeigte sich, dass die Ichs Interpreten sind, die aus dem, was ohnehin schon im Bewusstsein verankert ist, künstlich eine Geschichte mit Wenn und Aber und so könnte es gewesen sein, geschaffen haben. Die Ich-interpretierende Komponente unseres Gehirns ist trügerisch und erzeugt illusorische Gedankengänge, die uns glauben lassen, wir hätten eine freie Wahl. Aber da die Ichs Anderungen sind, und wie wir wissen, die Meinung anderer Menschen vertreten, sind wir mit den Ichs nie frei.

Manchmal habe ich das Gefühl, dass es mir unmöglich ist, mich völlig frei von Begrenzungen zu machen. Zum Teil kann ich dem Determinismus zustimmen der meint, dass alles, wie unsere Vergangenheit, Gegenwart und Zukunft, genau festgelegt ist. Wenn ich darüber nachdenke, komme ich mir vor wie in einem Alptraum, in dem mich eine Schlingpflanze festhält, und jedes Mal, wenn ich mich aus der Schlinge befreie und einen Arm bewegen kann, wächst ein neuer Fangarm, der mich festhält.

# 66. Die Stahlwand und die Vergangenheit

Durch die vielen Erfahrungen, dass die Ichs uns immer wieder gedanklich in die Vergangenheit versetzen und wir dort sehr lange verweilen, kam ich auf die Idee, die Stahlwand zwischen meine Vergangenheit und mich zu stellen.

Zuerst lote ich den Ist-Zustand aus. Meine Vergangenheit steht mir gegenüber. Ich starre sie erwartungsvoll an. Die Vergangenheit steht etwas gelangweilt vor mir, schaut sich im Raum um und fragt sich, was sie hier zu suchen hat.

Ich schiebe die Stahlwand zwischen uns, dabei bleibt meine Vergangenheit in ihrer Energie und ich in meiner. Ich schaue auf die nackte Stahlwand und es gefällt mir nicht, dass wir getrennt sind. Ich fühle mich meiner Existenz beraubt. »Ohne meine Vergangenheit bin ich nichts«, geht es mir durch den Kopf. Ich will sie umarmen, will sie festhalten. Ich will, dass sie mir verlässlichen Halt gibt.

Auf der anderen Seite der Wand greift sich meine Vergangenheit an den Hals, reibt ihn und sagt erleichtert: »Gott sei Dank hat die mich endlich losgelassen. Hat die mich gewürgt! Ich konnte kaum noch atmen.«

Ich war entsetzt, fassungslos, enttäuscht. Das hatte ich nicht erwartet. Was ist meine Vergangenheit denn wirklich? Wenn ich sie festhalte, kann sie sich nicht mehr bewegen, sie kann aber auch nicht transformieren. Ist die Energie, die ich seit meiner Kindheit erfahren habe, gar nicht für mein ganzes Leben gedacht? Ist sie gar nicht mehr für mich da? Ist sie Teil eines großen Feldes geworden? Bin ich egoistisch und beanspruche diese Energie nur für mich?

Vielleicht gehört meine Vergangenheit gar nicht mir alleine. Auch meine Eltern, meine Großeltern und meine Schwester hatten ihren Platz auf meiner bisherigen Lebensbühne. Später kamen Freundinnen, Lehrerinnen, Kolleginnen, Partner hinzu, die nicht nur auf meiner Lebensbühne mitspielten, sondern ich auch auf ihrer. Die Vergangenheit ist viel mehr als das, woran ich mich erinnern kann. In diesem Moment wird mir bewusst, dass ich nicht wirklich viel über mich, die Welt und das Universum weiß. Alles, was ich erzähle und für wichtig halte, ist eine Momentaufnahme unter einer Lupe. Es ist, als würde ich einen winzigen Ausschnitt eines großen Gemäldes mit einem Vergrößerungsglas betrachten. Ich erkenne einen Pinselstrich und etwas Farbe, aber ich habe keine Ahnung, wie das ganze Bild aussieht. Ich weiß nur, dass da mehr ist als nur der Linienverlauf. Natürlich will ich eine Gegenprobe machen:

Ich stelle Ulrike und Ulrikes Vergangenheit gegenüber. Sofort habe ich ein anderes Bewusstsein. Als Ulrike stehe ich mit einem wissenden kleinen Lächeln vor dem Nichts. Ulrike kann nichts erkennen, muss nichts erfassen. Die Vergangenheit auf der anderen Seite ist nicht da. Da ist nur Luft und Energie. Die Stahlwand ist überflüssig. Wenn Ulrike die Stahlwand wegnimmt, bleibt die Situation die gleiche. Nichts als Luft und Energie, sage ich immer wieder. Luft ist klar, denke ich, aber welche Energie spürt Ulrike? Ulrike stellt sich in diese Energie, die kein Vergangenheitserlebnis besitzt. Sie ist sauber, rein, klar und steht Ulrike zur Verfügung für neue Erlebnisse. Ulrike stellt sich hinein und spürt eine ungeheure Kraft. Es ist, als hätte man alten Kaffee weggeschüttet, die Tasse gereinigt und nun frisches Wasser, Tee oder Kaffee einfüllen können. Es bleibt kein fader Geschmack zurück, der sich mit dem neuen vermischt.

Wo ist die Traurigkeit, wo sind die Sorgen, die Vorwürfe an die Eltern? Wo ist das Bedauern, etwas nicht getan zu haben?

Ulrike spürt, dass es nicht nur der Name ist, sondern dass der Name der geheime Schlüssel zu dem Potenzial ist, das Ulrike vom Universum erhalten hat. Der Name, der Körper und vor allem das Herz verstehen sich wunderbar. Wenn diese Verschmelzung gelingt, verändert sich auch Ulrikes Denken. Die Ichs können Ulrike nichts mehr anhaben, ihr nicht mehr einreden, was sie zu tun und zu lassen hat, sich schuldig macht, wenn sie nicht tut, was die Quasselstrippen ihr heimlich einflüstern.

Natürlich setzte ich diese neue Erkenntnis sofort mit drei verschiedenen Klientinnen in die Praxis um, mit dem gleichen Ergebnis.

Ich wollte die gleiche Aufstellung mit der Herzenergie machen. Das Herzgehirn kommt gar nicht auf die Idee, die Vergangenheit überhaupt aufzustellen. Mein Verdacht verfestigt sich, stellt trotzdem die Frage: Kennt das Herz gar keine Vergangenheit? Antwort: Es schlägt im Jetzt, muss so präsent sein, dass es sich gar nicht mit der Vergangenheit aufhalten kann.

Das Universum ist in uns, wir negieren es,
weil wir unser eigenes Pseudo-Universum
durch die Ichs erschaffen haben.
Wir nennen es Selbständigkeit... .

# 67. Es geht mir gut und schlecht

»Es geht mir gut, aber eigentlich geht es mir nicht gut.« Das ist kein seltener Satz, den ich in der Praxis höre.

Eine Klientin sagt bei einem erneuten Besuch, dass es ihr viel besser gehe als vor ein paar Jahren, als es ihr wirklich schlecht ging, aber … warum ist da immer noch etwas, weshalb sie sich nicht gut fühlt, obwohl sie doch alles hat, was man zum Leben braucht und sogar noch ein bisschen Luxus dazu?

Es ist eine Ermessensache, bei der Empfindung *alles* zu haben und wie man Luxus definiert. Deshalb war es für mich auch nicht einfach, die Ursache herauszufinden, denn als ich in ihr Unterbewusstsein eintauchte, fühlte sich ihr Inneres gut an, sie hatte im Moment kein nennenswertes Problem. Ich bat sie, mit mir in eine Imagination einzutauchen.

Wir saßen uns in bequemen Sesseln gegenüber, schauten aus dem Fenster, die Sonne schien, der Rasen war saftig grün, die magenta-farbenen Tulpen leuchteten im Licht, die letzten Narzissen strahlten gelb und weiß, die frischen hellgrünen Blätter der Sträucher und die weiß blühenden Kirsch- und Schlehenbäume ringsum rundeten unser Bild von Frühling, Frische, Freude, Kraft und Zuversicht ab. Wir konnten beobachten, wie ein Amselmännchen einen Regenwurm aus dem Rasen zog und ihn genüsslich verschlang. Wir hatten unsere Herzen geöffnet und alles andere ausgeblendet, als wir diese Bilder wahrnahmen. Ich stellte die Stahlwand neben die Klientin, damit die nörgelnden Gedanken keine Chance hatten, ihre Gefühle zu manipulieren.

»Ehrlich, jetzt geht es mir richtig gut. Jetzt weiß ich nicht nur, dass ich alles habe, jetzt kann ich es auch fühlen. Es könnte ein Gefühl der Zufriedenheit sein oder so etwas wie Glück. Es ist ein seltsames Gefühl, weil es so leise und zart ist. Es ist nicht laut und dominant.« Auf der anderen Seite der Stahlwand wirken Energien, die Unverständnis zeigen, die es für falsch halten, die ein schlechtes Gewissen machen wollen. Sie sind erregt, starren auf die Stahlwand und warten ungeduldig darauf, dass sie wieder verschwindet, um sich wie gierige Löwen auf ihr Opfer zu stürzen, es zerreißen wollen und es leiden zu lassen, weil es gewagt hat, sich für einen Moment aus ihren Fängen zu befreien und sich gut zu fühlen.

Die Stahlwand ist nur eine Erfindung, ein Gedankenkonstrukt, das wir nicht ständig aufrechterhalten können, um uns vor solchen Manipulatoren zu schützen, weil wir zu schwach sind. Nein, nicht zu schwach, sondern weil wir es nicht gelernt haben.

Woher kommen diese Gedankenenergien, die jetzt noch hinter der Stahlwand lauern? Warum sind sie so stark und selbstbewusst? Wer hat sie erfunden? Es sind Verwandte des Ichs.

Sie reden meiner Klientin ein, dass es ihr nicht gut geht. Sie sind ständig am Nörgeln und Kritisieren, wollen die Situation anders, besser oder gar nicht haben. Man hat das Gefühl, dass sie grundsätzlich gegen das sind, was die Klientin tut oder denkt. Noch interessanter ist, dass sie gerade etwas behaupten und das Gesagte sofort widerlegen. Was interessiert mich mein Geschwätz von eben. Weil sie kein Mitgefühl haben, können sie sich nicht vorstellen, dass andere leiden.

# 68. Die Seele und das Ich

»Sie sprechen selten von der Seele, was ist mit ihr?« »Wo hat die Seele ihren Sitz? »Was hat die Seele mit unserem Namen zu tun?« »Was ist mit der Seele und dem Ich?« In meinen Behandlungen habe ich in letzter Zeit selten über die Seele gesprochen, denn mit jeder kleinen Frage, die ich stelle, tut sich ein großes Wissensfeld auf und ich weiß, dass ich auf keinem Gebiet Expertin sein kann und viel zu klein bin, um alles zu verstehen. Je mehr ich weiß, desto mehr weiß ich, dass ich nichts weiß.

Die Seele ist feinstofflich, eine ätherische Substanz, sie besteht aus keiner festen Masse. Sie kann in mir sein, meinen Körper beseelen, um mich herumfließen, aber auch grenzenlos über den Körper hinausreichen. Manchmal fließt sie neben mir her, weil ich sie ablehne und aus meinem Körper verdrängt habe, weil ich dem Ich mehr Aufmerksamkeit gebe, als meiner Seele, die ich im Zustand des Ich-Gedankens nicht mehr fühlen kann. Nach dem Tod überlebt sie unseren Körper. Viele Menschen nennen sie Psyche, was ich nicht ganz unterstreichen kann. In manchen Lehren wird die Psyche auf der mentalen Ebene gesehen, wo unsere Überzeugungen, unsere unbewussten Schwüre und der mentale Einfluss unseres Denkens angesiedelt sind.

Vor vielen Jahren starb eine Patientin in meinen Armen. Sie war so groß wie ich und stand direkt vor mir. Sie sank in meine Arme, ihr Kopf lag auf meinen Schultern. Ich hörte ihren letzten Atemzug. Ob in diesem Moment ihre Seele entwichen ist? Ich weiß es nicht. Denn bei einer anderen Patientin, die Krebs im fortgeschrittenen Stadium hatte, konnte ich energetisch feststellen, dass ihre Seele bereits gegangen war, obwohl die Patientin noch einige Wochen lebte.

Nach der traditionellen chinesischen Medizin haben wir mehrere Seelen.

☥ Der Lunge wird *po*, die Körperseele zugeschrieben,

☥ dem Herzen *shen* der Geist,

☥ der Milz *yi* Intellekt,

☥ den Nieren zhi die Willenskraft,

☥ der Leber *hun* die Wanderseele, die bestehen bleibt, wenn wir sterben.

Po, shen, yi und zhi vergehen, wenn wir sterben.

Was mir inzwischen klar geworden ist: Die Seele und die Ichs existieren in zwei verschiedenen Welten, obwohl beide nicht sichtbar und greifbar sind. Die Ichs grenzen ab, differenzieren, wirken gleichzeitig, parallel, können aber nicht ineinander übergehen, keiner weiß vom anderen. Die Seele ist still, sie ist immer da, auch wenn wir sie ignorieren. Ob wir sie beachten oder nicht, sie ist da. Sie scheint nicht beleidigt zu sein, wenn wir nichts mit ihr anfangen wollen. Sie wird von uns Menschen nicht bewusst produziert oder hergestellt.

Die Ichs dagegen sind laut, grollend, sind da, wenn sie uns brauchen, sind oft nicht greifbar, wenn wir meinen, sie zu brauchen. Sie sind von uns Menschen gemacht, erdacht, hergestellt und müssen, wie Haustiere ständig gefüttert werden.

# 69. Woher weiß das Ich?

Hier würde sich wieder bewahrheiten, dass das Universum oder der liebe Gott uns schon alles gegeben hat. Wir könnten es uns einfach nehmen, wenn wir unser Brett vor dem Kopf entfernen würden, das mit Sitten, Gebräuchen, Geboten und Verboten an unsere Stirn genagelt ist. Wir könnten vielleicht begreifen, was wirklich ist. Solange wir das Brett dort lassen, weil wir uns daran gewöhnt haben, erfinden unsere Gedanken Lügengeschichten darum herum, die noch mehr Nägel in das Brett schlagen.

Woher weiß das Ich im Mutterleib, dass es gemeint ist, wenn wir Ich sagen? Warum lässt es sich von uns Menschen als Energie missbrauchen? Die Ich-Energie könnte sich einfach verwandeln und weg wäre sie. Wie kann die Energie so degenerieren, nur weil wir sie für andere Zwecke vergewaltigen, sie zu etwas zwingen, wofür sie ursprünglich nicht geschaffen war? Es muss eine größere Energiewelt geben, die ihre eigene Ordnung hat, und wenn wir uns in sie einmischen, verändert sie sich viel mehr, als wir verstehen können. Wir zwingen sie, sich zu verkleinern, sich zu verdichten, ihre konventionelle Natur in unser kleines Verständnis zu verwandeln. Ich glaube, dass ich die Lava auf Lanzarote ein wenig verstanden habe, als sie mir sagte, dass wir soooo klein sind.

Chemiker würden mir zustimmen, dass eine Substanz, sobald sie leicht verändert wird, eine ganz neue, eigene Charakteristik annimmt. Es ist auch bekannt, dass sich eine Substanz verändert, je nachdem, wer sie betrachtet und in welchem Zustand sich der Betrachter befindet. Es kommt auf den Betrachter an, heißt es.

Ähnliches haben Wissenschaftler (wie Günter Haffelder, 1940-2018, Physiker und Psychologe, Institut für Kommunikation und Gehirnforschung Stuttgart) festgestellt, als sie das Gehirn einer Testperson untersuchten. Sie sagten der ersten Person, die Testperson sei dumm und der zweiten, die Testperson sei sehr intelligent. Der Proband hatte keine Ahnung, was außerhalb seines Zimmers besprochen wurde. Sobald die erste Person den Raum betrat, änderten sich seine Gehirnströme in destruktive und beim Eintreten der zweiten Person in konstruktive Wellen (EEG-Spectralanalyse).

Wasser verändert sich durch Farbe, Worte, Musik. Wir bestehen zu 65 bis 70 Prozent aus Wasser. In meinem Buch »Wandeltreue« habe ich Omotos »Wasserexperimente« erläutert und beschrieben, wie sich verschiedenartige Wasserkristalle bilden, je nachdem welche Wörter, welche Musik auf die Teströhrchen einwirken. Ist das Wasser verschmutzt, sehen die Kristalle dumpf und unregelmäßig aus, ist das Wasser rein, strahlen die Kristalle regelrecht.

Seien wir ehrlich, können wir uns wirklich genau definieren? Können wir so genau wissen, wer wir sind? Müssen wir unbedingt herausfinden, was und warum wir auf der Welt sind, was der Sinn des Lebens ist, außer der Fortpflanzung? Diese Fragen beantworten zu wollen, übersteigt unsere Fähigkeiten. Wenn wir Menschen uns alle zusammensetzen und nicht jeder sein eigenes Süppchen kochen würde, dann würden wir mehr verstehen, aber wie weit sind wir überhaupt in der Lage, die kosmische Ordnung zu begreifen? Wären wir es, wenn uns nicht ständig Menschen mit einem vergewaltigten Ich Grenzen aufzeigen würden? Wir könnten im übertragenen Sinne fliegen wie eine Hummel, die nicht weiß, dass ihre Flügel zu klein sind für ihren großen, schweren Körper.

Solange wir nur mit dem Kopf verstehen wollen und nicht in unsere Herzenergie gehen, werden die Grenzen sehr eng sein.


# 70. Die Gedankenebenen

Jeder Gedanke löst in unserem Körper eine chemische Reaktion aus, eine Kaskade von Funktionen, die von Kopf bis Fuß ineinandergreifen.

Jeder Gedanke bewirkt eine Bewegung. Wenn ich ein Glas Wasser anheben und daraus trinken will, geht diesem Prozess ein Gedanke voraus. Bevor ich den Arm ausstrecke, die Hand öffne, um zu greifen, denke ich, dass ich genau das tun will. Hinter dem bewussten Gedanken steht eine bestimmte Absicht. Neurowissenschaftler sagen, dass unsere Gedanken nicht aus dem Nichts kommen. Unsere Gedanken können im Gehirn gemessen werden, sie sind eine Zusammensetzung von Schaltkreisen, von Signalen aus unserem Körper, von unseren Sinnesorganen und wahrscheinlich von vielem mehr.

Beispiele aus der Kinesiologie: Meine Klientin liegt auf dem Behandlungstisch auf dem Rücken. Ich mache den Beinlängendifferenztest. Beide Beine sind gleich lang. Bevor ich einen Gedanken fassen kann, um die genaue Frage an ihr Unterbewusstsein zu formulieren, verkürzt sich ein Bein. Wie jetzt? Was war passiert? Ich schaue auf und sehe, wie sich die Augen der

Klientin von rechts nach links, von oben nach unten bewegen. Ich kann förmlich hören, wie es in ihrem Kopf rattert. »Was denken Sie gerade?«, will ich wissen. Überrascht von meiner Frage stutzt sie. »Ähm, woher wissen Sie, dass ich etwas gedacht habe?«, fragt sie mich unschuldig. »Ihre Beine wurden ungleich, ihr Gehirn suchte unruhig nach irgendwelchen Fragen, Antworten, Aufgaben, was an ihren Augenbewegungen zu erkennen war. Ihr Gesichtsausdruck wurde während der Testung sehr ernst«, teilte ich ihr meine Beobachtungen mit. »Ja«, räusperte sie sich verlegen, »ich sollte eigentlich hier bei meiner Behandlung sein, aber meine Gedanken ließen mich nicht los und ich dachte, dass ich nachher noch einkaufen muss, in die Apotheke, um das Medikament für meinen Mann zu holen. Dann fiel mir ein, dass ich meiner Kollegin den Schlüssel für den Laden nicht dagelassen habe, weil sie heute Abend abschließen muss«. Gedanken lösen Bewegungen aus.

Ein weiteres Beispiel: Ich formuliere in Gedanken eine Aussage, die ich der Klientin einige Sekunden später laut vorsagen will und die sie wiederholen soll. In diesem Moment verkürzt sich eines ihrer Beine, weil sich Faszien und Muskeln zusammenziehen. Noch habe ich nichts gesagt. Ich formuliere in Gedanken einen anderen Satz und die Beine der Klientin sind wieder gleich lang.

Zur Erinnerung: Beim kinesiologischen Test sind beide Beine vorher gleich lang. Wird ein Bein kürzer, bedeutet das Stress und damit Nein. Bleiben bei einer Frage beide Beine gleich lang, hat der Körper bei dieser Frage keinen Stress.

Meine unausgesprochenen Gedanken lösen also Reaktionen bei anderen Menschen aus. »Hoppla, das kann gefährlich werden«, sage ich mir. Ich sollte mehr auf meine Gedanken achten.

Wenn wir immer in Gedanken sind, was macht dann unser Geist? Ist der Geist eine andere Energie als der Gedanke? Geist wird oft als Synonym für Psyche verwendet. Diese wiederum ist gleichbedeutend mit Seele. Auf jeden Fall ist es etwas Feinstoffliches, dem wir Namen geben. Wir Menschen, so unterschiedlich wir sind, definieren diese Begriffe je nach Situation und Belieben. Wir sprechen von: Der ist geistig hochnäsig, der ist geistig verwirrt, der ist psychisch gestört, der ist seelenlos. Im Grunde genommen sind diese Aussagen, die mir spontan einfallen, alles negative Kritiken. Wir urteilen über die Gefühle, das Bewusstsein, die Kreativität, das logische Denken und den Verstand eines anderen Menschen. Damit heben wir das feinstofflich Geistige auf eine Ebene, die dort als Wirkung gar nicht stattfinden kann. Es ist, als wollten wir mit einer Briefwaage das Gewicht des Geistes messen. Auch die Wissenschaftler mussten erkennen, dass sie nicht immer das passende Messgerät zur Hand hatten. Vermeintlich hatten sich Fehler eingeschlichen, die aber nur deshalb aufgetreten waren, weil die Geräte für bestimmte Untersuchungen nicht geeignet waren.

# 71. Gegenwart, KI

Wenn ich mich in der Gegenwart befinde, kann ich weder an die Vergangenheit noch an die Zukunft denken. Es wird still im Kopf. Die Ichs haben Angst vor der Gegenwart, weil das Hier und Jetzt keine Energie für sie bereithält. Sie sind eine Art KIs in unseren Köpfen. Diese künstliche Intelligenz lernt ständig dazu und setzt ihr Wissen nicht im Sinne unseres Lebens ein, sondern so, wie sie es für richtig hält. Die Gedanken ziehen sich aus der Gegenwart zurück. Sie scheinen zu überlegen, wie sie mich wieder dazu bringen können, für sie zu denken, möglichst dramatisch, um besonders viel Energie zu produzieren und an sie abzugeben. Auch in der esoterischen Szene musste ich feststellen, dass sehr viele Menschen mit ihren Ichs zur Erlösung kommen wollen. Die Ichs gaukeln ihnen vor, auf dem Weg zur Erleuchtung zu sein. Wir können die Ichs nicht erlösen, aber wir können uns von den Ichs befreien. Wenn wir verlernen mit unserem Normverstand (Gehirn und Herz) selbst zu denken, werden uns die Ichs und die Künstliche Intelligenz überrollen.

Während der Pandemie konnte ich die Energie der Ichs beobachten. Ich frage mich, ob die Machthabenwollenden und Mächtigen von diesen Energien wissen? Wissen sie, wenn sie uns in Angst versetzen, uns aufregen, unsere Gedanken aufpeitschen, dass wir Energien für die Ichs erschaffen, damit diese Menschen sich aus dem Himmel der Ichs bedienen und mit unseren Energien mächtiger werden können?

Wut, Hass, Ärger, Aggression werden von vielen Medien bewusst geschürt. Wann hören oder sehen wir positive Nachrichten? Selbst beim Wetter kann man beobachten, dass es zu kalt, zu heiß, zu trocken, zu nass ist. Von schönem Wetter ist selten die Rede. Positive Nachrichten gibt es beim Fußball. Egal welche Mannschaft gewonnen hat, es wird gejubelt, gleichzeitig sind die Fans der gegnerischen Mannschaft, die verloren hat, enttäuscht.

Es ist schwer, in der Gegenwart zu sein, weil wir sensationslüstern sind. Wir lechzen nach negativen Geschichten, die uns durch die Sirenen der Polizeiautos und der Feuerwehr geboten werden. Da ist ein Unfall passiert, da hat jemand betrunken eine Straftat begangen, da wurde eingebrochen, dort wurde jemand getötet. Diesen Sensationen wird gierig nachgegangen, und schon sind die Ichs bereit, Märchengeschichten ohne Happy End zu erfinden. Die Unfallberichte werden kommentiert, ausgeschmückt, mit allen Eventualitäten versehen und in diesem Morast wird gebadet und gesuhlt. Meist werden noch Geschichten aus der Vergangenheit ausgegraben, verglichen und wenn der Vergleich hinkt, angepasst. Die Ichs, wenn man sich mit ihnen beschäftigt, sind wie eine eigene Welt, die an Science Fiction erinnert.

Wir springen zu schnell auf den Zug der Sensationen und Ängste auf, weil wir meinen, ohne die Aufregungen nicht mehr existent zu sein. Wer sind wir ohne die Identifikation mit dem Ich? Die Antwort finden wir, wenn wir den Mut haben, das Ich nicht mehr für das Wichtigste in der Welt zu halten.

Der Mensch kann logisch denken, die Ichs entbehren jeder Logik. Wie sind sie entstanden? Sind sie Entartungen, die sich verselbständigt haben? Denn im Grunde braucht sie kein Mensch. Sie schweben gierig über und um uns herum. Ich kann sie nicht einmal Gespenster nennen. Sie kommen mir bösartig und hinterlistig vor. Ich glaube nicht, dass sie sich dessen bewusst sind, wie auch, wenn sie kein Mitgefühl haben. Ob sie ein echtes Bewusstsein besitzen? Ich vermute eher nicht.

Sie sind nicht wirklich böse, denn diesen Zustand kennen sie nicht, weil ihnen jegliche Empathie fehlt. Sie tun uns Gefühlsmenschen nicht gut, denn ihre Gedanken bringen unser Gefühlsleben in Unordnung. Gedanken lassen uns das Blut in den Adern gefrieren, das Herz stolpern, den Blutdruck steigen, die Knie zittern, den Bauch schmerzen, die Muskeln verkrampfen. Sie hindern uns daran, aufmerksam zu sein, sodass wir stolpern, falsch abbiegen, etwas fallen lassen oder etwas Schönes übersehen.

# 72. Brav sein wollen

Monika dachte über sich selbst nach. Sie fand meine Ideen über die Ichs sehr anregend und erklärte mir, dass die Ichs ganz schön gemein sein können. Sie beobachtete ihre Gedanken, während sie wie jeden Morgen eine Stunde mit dem Auto zur Arbeit fuhr und im Stau stand. Sie entdeckte einen Raubvogel, der sehr nah an die Autos heranflog und beinahe einen Lastwagen rammte. »In diesem Moment habe ich mir vorgestellt, wie ich aus dem Auto steige und dem Vogel helfe. Ich habe eine Decke im Auto, mit der ich ihn einwickeln und zu einer Nabu-Station bringen könnte.

Tatsächlich hatte ich für einen kurzen Moment ein Gutseingefühl im Bauch.«

»Kurze Zeit später überholte ein Auto meinen Hintermann an einer unübersichtlichen Stelle und schob sich in letzter Sekunde zwischen ihn und mein Auto. Meine Ichs dachten gar nicht an meinen Schreck, sondern gaben mir zu verstehen, wenn etwas passiert wäre, würde ich sofort handeln und den überholten Hintermann trösten und die Polizei rufen. Das waren merkwürdige Gedanken, und als die Autoschlange sich langsam weiterbewegte stellte ich fest, dass die Ichs gute Gedanken produziert hatten. Das taten sie öfter, aber ich hatte sie bisher weder beobachtet noch entlarvt. Das Gefühl, das sie in mir auslösten, war ein kindliches Wohlgefühl, das nicht auf eine Belohnung wartet, sondern sie schon spürt«.

»Es muss also aus meiner Kindheit stammen, weil ich nicht oft gelobt wurde und weil ich brav sein wollte, um genau diese Anerkennung zu bekommen«, beendete Monika ihre Geschichte, die ein Fragezeichen hinterließ.

Als ich mich in sie hineinversetzte, wie sie an jenem Morgen in ihrem Auto saß, spürte ich keine Monika, sondern vor allem Ichs. Monika hatte ihren unterbewussten Gehirn-Autopiloten eingeschaltet, der es ihr ermöglichte, abzuschweifen und den Ichs das Ruder zu überlassen. Dieses konnte geschehen, weil sie jeden Morgen im Stau stand und solche Situationen oft erlebte. Sie durchlief also eine Routine. Routinen sind immer gut für die Quasselstrippen, weil sie diese auswendig gelernt haben und wissen, wie sie sich in solchen Momenten einbringen können, um ihre Energie am frühen Morgen zu bekommen.

Eine weitere Frage tauchte auf: »Warum konnten die Ichs Monika mit dem »Bravseinwollen« erreichen? Unser Kopf erklärt, dass Monika ihren Eltern etwas Gutes tun will, um geliebt und akzeptiert zu werden. Das ist die einleuchtendste Erklärung. Doch als ich mich in das Empfinden dahinter hineinfühlte, tauchten plötzlich viele kritische Bemerkungen auf, die Monikas Gefühle erschreckten. »Du hast heute Morgen die Wäsche nicht aus der Waschmaschine genommen, den Mantel von gestern nicht zum Lüften rausgehängt, die Schuhe wolltest du auch noch putzen. Du trödelst so herum.«

Wir fassten zusammen: Es gab mehrere Ichs, die unterschiedlichen gedanklichen Stress verursachten und alle Gefühle durcheinanderbrachten.

Die einen Ichs sind die Kritiker und Antreiber, die Monika ein schlechtes Gewissen machen, sie in die Enge treiben, dass sie nur noch behütet werden will, dann schleichen sich die anderen Ichs ein, die ihr vorgaukeln, dass sie nur dann eine Belohnung bekommt, wenn sie ein guter Mensch ist. Doch Kritiker und Beschwichtiger sind nur Illusionen und Monika hat nichts davon, außer dass sie ihre Energie vergeudet hat.

Monika versucht wieder Monika zu sein, wenn sie im Stau steht, dann macht sie die Lächelmudra, richtet ihre Wirbelsäule auf und die unnützen Gedanken haben keine Chance, ihr Dinge einzureden, die im Moment des Fahrens irrelevant sind.

# 73. Schlafstörungen

Viele Menschen leiden unter Schlafproblemen. Sie klagen über Einschlaf- und Durchschlafstörungen (Erwachen zwischen 1 und 3 Uhr), leiden unter unruhigem Schlaf, erwachen in den frühen Morgenstunden (4-5 Uhr) und berichten über schlafstörende Träume.

Klientinnen berichten: »Ich kann nicht schlafen«, »Ich kann nicht einschlafen«, »Ich kann nicht durchschlafen«, »Ich wache zu früh am Morgen auf.«

Meine Fragen: »Haben Sie am Abend zu schwere Speisen, oder zu spät gegessen? Haben Sie Sorgen? Welche Gedanken gehen Ihnen im Kopf herum?«

»Nein, ich habe keine Sorgen und mir gehen auch keine Gedanken durch den Kopf.« »Gar keine Gedanken?«, will ich wissen. »Nein, ganz bestimmt gar keine«, bekomme ich zur Antwort, deren Stimmlage und Zögern sie Lügen straft.

Von Schlafstörungen kann man nicht sprechen, wenn man vor dem Schlafengehen zu viel und zu schwer gegessen hat, wenn man unter Allergien oder Medikamentenunverträglichkeiten leidet, oder wegen Juckreiz die ganze Nacht nicht schlafen kann. Auch Wetterumschwünge, Jetlag oder zu warme Nächte können zu vorübergehenden Schlafproblemen führen: Es wurde beobachtet, dass wir in kalten Nächten Wärme abgeben, wodurch das Schlafhormon Melatonin schneller ausgeschüttet wird. In warmen Nächten hingegen halten wir unsere Körperwärme und das Melatonin wird langsamer produziert. Unser Schlaf-Wach-Rhythmus wird also von diesem körpereigenen Hormon gesteuert. Abends sollten wir Lichter und Lampen dimmen, denn helles Licht stimuliert die Netzhaut im Auge. Diese Information wird an die Zirbeldrüse weitergeleitet, die wie ein Lichtsensor reagiert. Dort wird aus dem Botenstoff Serotonin Melatonin gebildet. Die Zirbeldrüse liegt sehr zentral im Gehirn.

Eine Frage, die man sich immer stellen sollte, wenn man nicht einschlafen kann, lautet: »Wen bewache ich? An wen denke ich? Gibt es Menschen, um die ich trauere?«

Schlaftabletten, die sehr beliebt sind, täuschen einen wahrscheinlich tiefen Schlaf vor. Die Ursache wird dadurch nicht beseitigt. Man schläft nicht tief und am nächsten Morgen ist man weder erfrischt, noch ausgeruht und erholt.

»Ich wache morgens immer wie gerädert auf, nachdem ich abends eine Schlaftablette genommen habe.« »Ich fühle mich in der Früh immer schwindelig und benommen.«

Wer zu mir in die Praxis kommt, weiß, dass ich der Schlafstörung auf den Grund gehen werde. Gibt es Vorfahren, Eltern, Ehemann, Ehefrau oder Kinder, die be-wacht sein müssen? Man könnte es übersetzten in: »Ich wache, weil ich mir Sorgen mache, weil ich grüble, weil ich überreizt bin, weil ich Angst oder Panik habe.«

In meiner Akupunkturausbildung habe ich gelernt, dass es Akupunkturpunkte gibt, die unseren Geist (Shen) beruhigen und Hun, die Wanderseele (die Seele, die bleibt, wenn wir sterben) wieder verankern. Akupunktur dient nicht nur der Schmerzlinderung, sondern die Akupunkturpunkte beeinflussen uns auch auf der Seelenebene, was viele Klientinnen nicht wissen. Wenn die Energien von drei wichtigen Organen nicht im Gleichgewicht sind, können wir Schlafprobleme bekommen. Das sind die Leber, das Herz und die Nieren.

Wichtig ist die Leberenergie. Ich schreibe bewusst Energie, weil *der* Leber selbst keine Nerven enthält, dadurch ein »stummes« Organ ist, das selbst keine Schmerzen empfinden kann. Zum besseren Verständnis wiederhole ich hier das Gentern aus dem Buch »Wandeltreue«.

Ich machte verschiedene Organaufstellungen und wollte deren Reaktion auf deren Artikel prüfen. Die Leber müsste also weiblich sein. Vor vielen Jahren hatte ich immer wieder festgestellt, dass die Leber oft auf ein Thema mit dem Vater oder der eigenen Männlichkeit hinwies, also eher männlich erschien. »…Ich habe auch ausprobiert, was die Leber macht, wenn ich ihr den männlichen Artikel voranstelle. … Beim wiederholten Der-Leber-sagen, richtete sich meine Wirbelsäule auf. Ich empfand eine Stärke im ganzen Körper. Es ist, als würde ‚der Leber‘ ein kleines, amüsiertes Lächeln auf den Lippen liegen, als ob er bereits wüsste, was ich gerade entdeckte. Wenn wir Druck-Schmerzen an der rechten Körperseite unter den Rippen fühlen, dann können sie von der bindegewebigen leberumhüllenden Kapsel herrühren. …Das Organgentern hilft tatsächlich unterstützend beim Heilewerden.«

Der Leber steht für Harmonie, Wut, Hass, Wind-Kälte, die ihn schädigen können aber ebenso auch für Sorgen und Stress. Ich möchte an dieser Stelle nicht weiter auf die alte chinesische

Sichtweise eingehen. Es gibt immer eine Wechselwirkung zwischen Körper und Geist. Ist der Geist, der mit Herz und Leber verbunden ist, gut verwurzelt, schlafen wir gut, tief und fühlen uns am Morgen erholt.

Klientinnen, die meinten, sie würden nachts aufwachen und keine störenden Gedanken haben, versuche ich das Faktum an einem Beispiel zu erklären. »Stellen Sie sich vor, Sie fahren auf der Autobahn, sie ist fast leer, kein Geschwindigkeitslimit, Sie fahren über eine lange Strecke gleichbleibend 200 km/h. Sie verlassen die Autobahn und dürfen nur noch 80 km/h fahren. Sie schauen auf den Tachometer und sehen, dass sie 110 km/h fahren, dabei kommt es Ihnen allerdings vor, als würden sie gerade einmal 30 km/h fahren. Sie haben auf der langen Strecke der Autobahn völlig das Gefühl für Geschwindigkeit verloren. Denn die 200 km/h waren so selbstverständlich geworden.

Genauso geht es uns mit den unsinnigen Gedanken. Wir haben uns schon so sehr an sie gewöhnt, dass wir meinen, wenn sie in der Nacht etwas weniger werden, wir gar nicht denken würden. Dieses stetige »Garnichtdenken« verbraucht sehr viel Energie. Die Reservetanks werden immer leerer. Wir putschen uns auf mit Kaffee oder Alkohol, die uns Vitalität vorgaukeln, die uns jedoch gleichzeitig unserer Energie berauben. Die unnützen Gedanken können uns ebenfalls aufpeitschen und uns vortäuschen, noch genügend Energiereserven zu haben, stehlen uns dabei noch die letzte Kraft.

Schauen wir uns die chinesische Organuhr an: Am späten Abend und in der Nacht, haben die Galle (23-1Uhr) und die Leber (1-3 Uhr) ihre Hoch-Zeiten. In diesen Zeiträumen geleitet der Dreifacherwärmer die Lebensenergie, das Qi, zur Galle und diese später zur Leber. Wenn die Organe in ein Defizit kommen, rebelliert das Qi (universelle Lebensenergie), das Feuer steigt in den Kopf und wir werden wach. Statt eines Schlafmittels, sollten wir eher uns um der Leber kümmern. Er hat einen großen Einfluss auf unsere

Emotionen. Kann das Leber-Qi nicht frei fließen, kann es zu Zorn, Aggressionen, zu Frustration und Depressionen kommen. Wer vermag da noch nachts gut zu schlafen.

# 74. Aufwachgedanken

Es gibt sensible Menschen, deren Gedanken von inneren Bildern, Gerüchen und Farben begleitet werden. Man spricht von einem neurologischen Phänomen, der Synästhesie. Diese Menschen können Musik oder Zahlen als Farben sehen, Wörter riechen oder schmecken. Es ist eine Verschmelzung der Sinne, die dazu führt, dass es etwas länger dauert, bis sich alltägliche Ereignisse zu einem Gesamtbild zusammenfügen. Dieses Phänomen kommt häufiger vor, als man denkt. Für viele Menschen klingen oder fühlen sich ihre Aufwachgedanken seltsam an. Gerade diese Menschen brauchen vermehrt Hilfe, um die Ichs zu stoppen, denn ihre nutzlosen Gedanken bringen noch mehr Farben, Geschmäcker und Gerüche in die stark vernetzten Nervenzellen des Gehirns und führen zu einer Gehirnverstopfung.

Hier mehrere Beispiele zusammengefasst: »Ich wache auf und nehme mir vor, meine morgendlichen Rituale nicht auszuführen, auch nicht nachzudenken, welche Arbeiten heute Prioritäten haben. Ich möchte einfach meinen Gedanken zuhören.« Eine Klientin beobachtet:. »... ist eine Bedrohung.« »Ich sehe zu den Gedanken Bilder aufblinken. Ein Mann mit grauem Bart. Ich kenne ihn nicht.« »... der muss repariert werden.« »Ein Gerät wie ein Rasenmäher in einem Vorgarten eines amerikanischen Hauses.«

»Wir haben kein Benzin mehr.« »Aus der Sicht einer schwebenden Seele sehe ich einer fremden Familie beim Abendessen zu.« »Warum sagt sie so etwas?« »Ohne Bild. Es riecht nach Kaugummi.«

»Ein Seufzen und ein Ruck geht durch meinen Körper. Alles ist wie in einem Miniaturtheater, schwammig nicht greifbar. Ich habe Mühe, meine flüchtigen Gedanken ins Bewusstsein zu holen und sie zu behalten, um sie für die Therapie aufzuschreiben.«

*»Geht gar nicht ... heute noch nicht gemacht ... sollte aber ins Glas ...«*
»Kein Bild, verschwommene Farben, es riecht modrig.«

»Ich versuche mich auf meinen Körper zu konzentrieren, so wie wir es in der Behandlung geübt haben, speziell auf meine Leberregion. Ich erfühle sie nur kurz«, ein Versuch einer Klientin. *»...müsste man aber doch anfangen...Frau ...hat die Übungen nicht gemacht. Das sollte ich ihr aber noch sagen.«* »Meine Gedanken sind blitzschnell von der Leber abgeschweift. Ich konzentriere mich wieder auf das Organ.« Die Klientin hat große Mühe sich auf der Leber zu fokussieren. *»Das geht gar nicht, sollen morgen anrufen... ist ein Idiot.«* »Alles ist braun, es schmeckt nach Schweiß.« Die Klientin bewegt ihre Zunge im Mund, als ob sie ihn noch schmecken würde.

»Angst beschleicht mich plötzlich, die ich aus meiner Kindheit her kenne.« *»Das Holz ist immer noch nicht geholt.«* »Einen Satz, den meine Mutter früher oft warnend gesagt hat und der mir heute keinen Anlass mehr gibt, darüber nachzudenken. Der Gedanke ist ganz zart und leise, er schwebt im Raum und versetzt meinen Körper grundlos in Stresserregung. Er ist in meiner Leberenergie als Wut gespeichert. Die Wut attackiert mich, nicht meine Mutter.« Diese Beispiele zeigen, dass es für hochsensible Menschen wichtig ist, zu lernen, mit Ichs umzugehen. Besser gesagt, diese zu vermeiden.

Vielleicht können die Organe doch sprechen, indem sie uns Weckgedanken schicken, die uns an unverarbeitete Geschichten aus der Kindheit erinnern, damit wir sie lösen, wenn wir reif dafür sind.

Synästhetiker sind im Alltag ganz normale Menschen, die sich mir in meiner Praxis öffnen, weil sie wissen, dass ich auch ein bisschen dazugehöre. Nur nicht allzu sehr ausgeprägt.

»Lass mich wieder Reiki machen«, kommt ein Gedanke aus der Tiefe meiner Brust. Vor 30 Jahren habe ich Reiki aktiv praktiziert. Mit meinem gesunden Menschenverstand denke ich an die Zeit zurück, als wir Reiki-Schüler uns einmal im Monat trafen und uns gegenseitig die universelle Lebensenergie gaben. Körper, Geist und Seele wurden ganzheitlich angesprochen und in Einklang und Harmonie gebracht. Wir waren präsent, legten unsere Hände auf oder leicht über einen Körperteil in die Aura des anderen und ließen die universelle Lebensenergie, die wir zuvor vom Universum erbeten hatten, durch uns fließen. Nach einigen Minuten spürten wir eine Wärme, ein Kribbeln, Stechen oder sogar Kälte unter unseren Händen oder in unseren Handflächen. Als dieses Gefühl nachließ, nahmen wir die nächste Position ein.

Damals klingelte, surrte, fiepte oder brummte kein Handy. Das Schnurtelefon stand in einem anderen Raum, damit es während der Reiki-Zeit nicht zu hören war. Leise, ruhige Musik begleitete unser Ritual. Wir hatten gelernt, dass wir Reiki nur in geistiger Neutralität geben dürfen. Ohne Müssen, Sollen, Wollen, Brauchen, Hätte oder Könnte.

Heute ist der Kopf so voll mit Gedanken an Klientinnen, Fernsehfilme, Quizsendungen und erschütternde Nachrichten, was wir alles nicht mehr dürfen, sollen, woran die Menschheit schuld ist, welche Urlaube wir machen müssen, um die ganze Welt gesehen zu haben. Wir sind getrieben, negativ kritisch, unruhig, hektisch und fühlen uns wertlos, wenn unser Kopf mal ohne Gedanken ist. Viele von uns befinden sich im »FOMO« Das ist die Abkürzung des englischen Begriffs: »Fear of missing out«. Es ist die Angst vor dem Verpassen von Dingen, Ereignissen, Informationen, Erfahrungen oder Entscheidungen. Wer sind wir ohne unsere sinnlosen Gedanken? Es gibt das laute Gedankenkarussell und mindestens ein leises dahinter.

Eckhart lag mit einer warmen Decke zugedeckt auf der Behandlungsliege, denn wir hatten vereinbart, dass ich ihm Reiki geben sollte. Am Kopfende sitzend begann ich, meine Hände leicht über seine Ohren zu legen, nachdem ich um Reiki gebeten hatte, wohl wissend, dass ich nur ein Kanal für diese Energie war, die nicht aus mir kam.

Nach etwa einer Minute bemerkte ich, dass die Energie durch mich floss, aber nicht bei Eckhart ankam. Es war wie eine eiserne Wand, die nichts durchließ. Ich fragte ihn, woran er gerade denke. Er zählte mir mehrere unabhängige Gedanken auf, die ihm unkontrolliert durch den Kopf geschossen waren, obwohl er sie nicht bewusst denken wollte. Die Ichs lenkten ihn ab. Wir machten kurz eine zusätzliche Entspannungsübung, um die Ichs zu irritieren, und ich setzte meine Reiki-Behandlung fort. Eckhart schlief ein. Die Ichs hatten ihn losgelassen und sein Körper begann zu zucken. Zuerst der rechte Arm, dann das linke Bein und schließlich die ganze linke Körperseite. Endlich konnte sein Körper die elektrische Hochspannung entladen.

Dieses Phänomen wollte ich genauer untersuchen. Also nahm ich eines Morgens nach dem Aufwachen meine »mentale Lupe« und richtete meine Aufmerksamkeit auf meine Gedanken und Reiki. Ich rieb meine beiden Hände aneinander, um Energie und Wärme aufzubauen, glättete meine Aura, zentrierte mich und legte beide Hände zunächst auf meine geschlossenen Augen.

Nach ein paar Sekunden begannen die nutzlosen Gedanken, mich in eine Geschichte aus meiner Vergangenheit zu verwickeln. Ich stoppte die Gedanken in dem Moment, in dem sie sich gerade mit dem Thema eines Klienten verstricken wollten. Wieder ein Stopp von mir. Im Handumdrehen hatten sie eine neue Idee, die ich zu einem bestimmten Thema in dieses Buch schreiben könnte.

Reiki bedeutet Stille, Neutralität, spüren, wie die Energie dort ankommt, wo meine Hände sind. Nur Fühlen. Wenn ich fühlte, verwandelten sich die Ichs in Luft. Sobald ich in diesem intimen Fühlen nachließ, kamen sie wieder und wollten sich einschmeicheln, indem sie mir sagten, dass ich auf den Seychellen sei und am Strand liege. Auch hier zeigte sich, dass sie sehr lernfähig sind. Als es mir vor einiger Zeit nicht so gut ging, hatte ich mich oft imaginär auf die Seychellen gebeamt und dort Ruhe gefunden, mich erholt und neue Kraft geschöpft. So erging es mir, als ich vor Jahren dort Urlaub machte. Nirgendwo fühlte ich mich so zu Hause wie auf den drei Inseln, die ich besuchte. Die Ichs hatten sich an meine Meditationsreisen erinnert und wollten mich von der Reiki-Behandlung ablenken. Das ging eine ganze Weile so, bis ich mir meinen Namen gemischt mit der Essenz des Universums vorstellte und mich damit einhüllte. Ich, also Ulrike, konnte den Körper spüren, die Gefühle, die durch das Reiki hochkamen, zulassen und loslassen. Die Ichs hatten keine Chance mehr, sich einzumischen.

Diese Entdeckung gab den Anstoß, mich mehr mit meinem Körper und seinen Gefühlen und Wahrnehmungen zu beschäftigen, die nicht direkt aus dem Körper selbst kommen, sondern einen Zugang zur feinstofflichen Zwischenwelt haben.

# 75. Muriels Traum

»Heute Nacht habe ich verstanden, was Sie mit den Ichs meinen und dass sie fähig sind, unser wahres Sein zu stehlen.« Muriel ist 27 Jahre alt und hat Schwierigkeiten, ihr Leben in den Griff zu bekommen, wie sie sagt. Mit mir versucht sie, der Sache auf den Grund zu gehen.

Ich frage sie, wie sie auf die Lösung gekommen ist.

»Ich hatte einen Traum, nachdem wir in der letzten Sitzung sehr intensiv über die Ichs gesprochen hatten. In diesem Traum schwebten viele Ichs um mich herum. Sie waren wie kleine Geister, ohne Hände und Füße, die waren nur angedeutet. Sie schwebten in der Luft und waren gleichzeitig leicht wie Luft. Die einen umwarben mich und taten so, als wollten sie nur *mein* Bestes. »Wir wollen *dein* Bestes«.

Die anderen, sie waren weiß-grau, sprachen mit dunkler eindringlicher Stimme, so dass mir die Töne durch Mark und Bein gingen und ich ihnen nicht entrinnen konnte. Einige stießen mich mit ihren Schultern an meine an und taten, als wären wir Kumpel und gäben mir gute Ratschläge. Andere umschwirrten mich mit hämischem, wohlwissendem Lächeln, so dass sie mich irritierten und ich nicht mehr wusste, was richtig und falsch ist. Und während ich im Traum nachdachte, was hier gespielt wird, tat es einen Ruck und ich war in zwei Hälften geteilt. Sie hatten mich mit ihrem einschmeichelnden, manipulativen und hämischen Getue abgelenkt und konnten so meinen intuitiven Teil meines Lebens von mir abspalten. Nüchtern und mit ernster Miene betrachtete ich den Teil von mir, der mich ausmacht und begriff in diesem Moment das ganze Geschehen.«

»Das war ein sehr weiser Traum«, entgegnete ich meiner Klientin. »War es für Sie ein Alptraum?«, wollte ich wissen. »Nein ganz und gar nicht. Ich habe mich zu keiner Zeit bedroht gefühlt. Im Traum habe ich lediglich bildhaft wahrnehmen können, was mir im Alltag selbstverständlich erscheint. Im Nachhinein habe ich verstanden, dass die Ichs mein gesamtes Leben beherrschen, da sie das aus mir herausschälen, was mich als Mensch, als soziales, kognitives Wesen ausmacht. Im Traum haben mir die schwebenden Geister den Anteil von mir genommen, den sowieso niemand leiden mochte.« »Wer ist niemand?«, frage ich nach. »Meine Eltern, meine Lehrer eben.« Muriel zuckte ergeben mit ihren Schultern, als könne man da nichts machen.

Sie hat etwas Wahres gesagt. Wer will unser Original? So wie uns das Universum geschaffen hat? Unsere Eltern meistens nicht. Die Großeltern auch nicht. Wir wurden zur falschen Zeit vom falschen Erzeuger gezeugt, haben das falsche Geschlecht, reagieren nicht wie erhofft, schreien zu viel oder zu wenig. Wir krabbeln oder laufen zu spät, erinnern an ein ungeliebtes Familienmitglied, sind zu kreativ, zu lebhaft, zu neugierig. Unsere körperliche Entwicklung ist zu viel, zu wenig, zu früh, zu spät. Wir haben nicht die gewünschten Schulnoten, oder den falschen Berufswunsch, die falschen Freunde oder Partner.

Vielleicht wären wir ganz in Ordnung, ganz und gar richtig, wenn nicht ständig jemand verbal an uns ziehen und zerren würde. Ich vergleiche das mit dem Schneiden und Binden eines Bonsais. Die Wurzeln und das Laub werden so beschnitten, dass der Baum klein bleibt. Nach dem Beschneiden wird er in den gleichen kleinen Kübel gepflanzt wie zuvor, nur mit neuer Erde. Im Grunde genommen wird diesen Pflanzen viel Aufmerksamkeit geschenkt, sie werden gehegt und gepflegt. Sie werden verdrahtet, um ihnen eine bestimmte Form zu geben. Nach einer solchen Umgestaltung haben es die Ichs leicht mit uns. Muriel hat mir erzählt, dass sie als Kind sehr früh gelernt hat, sich wegzubeamen. Sie ist in eine Traumwelt geflohen, in der das verbale Schneiden und Drahten nicht so weh tat.

Auch Tilda ist durch einen Traum zu sich gekommen. Sie hat Erinnerungslücken, kann von sich sagen, dass sie Teile eines Jahres nicht erlebt hat. Unsere therapeutischen Gespräche hatten sie so beschäftigt, dass sie diese in einer Reihe von Träumen auflösen konnte.

»Im ersten Traum wartete ich auf etwas. Ich saß an einer Bushaltestelle, auf einer Mauer, in einem Park. Meine Umgebung war immer verschwommen, als hätte ich eine Landschaft mit Wasserfarben gemalt und sie dann mit einem großen Pinsel und Wasser übermalt. In einem anderen Traum wartete ich wieder auf etwas, das nicht kam. Ich vermutete einen Menschen. Ein anderer Traum zeigte mir, dass ich auf den Frühling wartete, aber es war noch Winter. Mit dem Winter wollte ich aber nichts zu tun haben, ich wollte ihn überspringen und sofort im bunten Frühling sein, der aber nicht kam«.

»Ist das bei Ihnen im Alltag auch so?«, wollte ich wissen. »Ja, aber das ist mir erst durch die Träume bewusst geworden. Ich will immer nicht das, was gerade ist. Das war schon immer mein Problem in all den Jahren. Ich warte im Winter auf den Frühling und verpasse schöne Momente. Ich warte auf bessere Zeiten und sehe nicht, dass mir jemand den Job meines Lebens anbietet. Ich habe viele Dinge in meinem Leben verpasst«. »Wenn die Vergangenheit vorbei ist, dann haben wir die Chance, sie in der Gegenwart zu ändern. Unser Organismus sagt: ‚Bitte umkehren, Route neu berechnen'«, antwortete ich und wir begannen sofort mit der Veränderung.

Es sind nicht immer die spektakulären Bilder, die Photogeshopten.
Es sind die Farben, die Düfte, die Klänge oder die Stille,
es sind die Erinnerungen und Emotionen, die helfen,
ein freudiges Gefühl zu bekommen inmitten der Alltagshektik.
Es sind kleine Schatzkisten, die sich jeder individuell anlegen kann.

# 76. Fragen

Auf viele Fragen bekomme ich keine befriedigenden Antworten. Denn sobald ich nach Antworten suche, bleibt es bei Vermutungen, Spekulationen und Interpretationen. Einige Fragen, die im Laufe der Zeit an mich herangetragen wurden, versuche ich so gut ich es kann zu beantworten.

## 76.1 Nähren sich die Ichs an den Geschichten der anderen?

Ein grobstoffliches Problem aus meiner Praxis: »Ich habe einen Hexenschuss, der kam ganz plötzlich. Es hat mich im Kreuz erwischt«, erzählt mir Gertrud. Sie ist schlank, sportlich, Anfang sechzig und wirkt mit ihrer vitalen Ausstrahlung viel jünger. »Ob da wohl ein Wirbel draußen ist?«, fragte sie mit einer Miene, als hätte sie Angst, morgen auf dem Schafott zu landen. »Meine Nachbarin meint, das sei die Bandscheibe, sie habe das auch mal gehabt. Danach war ihr Bein fast gelähmt. Meine Freundin sagt, da müsse ich ganz viel Übungen machen, das kommt, weil ich mich in den letzten zwei Wochen, als ich die Grippe hatte, zu wenig bewegt habe«, berichtet sie mir.

»Der Orthopäde kann auf dem Röntgenbild nichts Schlimmes erkennen und hat mir Schmerzmittel verschrieben. Was sagen Sie zu meinen Beschwerden?« Ich ließ sie Bewegungen machen, tastete ihre leicht verspannte Muskulatur an der Wirbelsäule ab, testete die Beweglichkeit der Wirbel, der Laseque-Test war negativ, was eine Entzündung der Nervenwurzeln weitgehend ausschließt. Ich stellte verkürzte Bauchmuskeln fest, die Nierenzonen am Rücken und an den Reflexzonen der Füße waren sehr auffällig. Gertrud hatte sich erkältet, und viele Menschen wissen nicht, dass eine Erkältung im Bereich der Nieren und der Blase im unteren Rücken, in der Nähe des Kreuzbeins, zu einem stechenden »Abbrechschmerz« und einer extrem schmerzhaften Bewegungseinschränkung führen kann. Durch Husten und ruckartige Kontraktionen der Bauchmuskulatur kann es an deren Muskelansätzen im unteren Beckenbereich zu Nervenreizungen kommen, die über vielfältige Verschaltungen und Rückkopplungen über das Gehirn zu Rückenschmerzen führen. Dies waren bei der Klientin die Ursachen der Schmerzen, die nicht sofort gelindert werden konnten, da vordringlich die Erkältung der Nieren beseitigt werden musste. Eine Erkältung kommt 3 Tage, bleibt 3 Tage und geht 3 Tage, aber nur, wenn man sich entsprechend verhält. Mit Ruhe, Wärme und ein paar sanften Übungen braucht es einige Zeit. Denn heilen kann sich der Körper nur selbst. Wir können ihn dabei lediglich unterstützen.

Warum erzähle ich diese Geschichte so ausführlich? Gertruds Ich-Gedanken nähren sich aus den Erlebnissen und Gesprächen anderer, die von schlimmeren Varianten berichten. Sie saugen die negativen Geschichten ihrer Mitmenschen förmlich in sich auf und geben Gertrud das Gefühl: Endlich versteht mich jemand in meinem Leid. Aber gleichzeitig schüren sie in ihr Ängste, die ihre Muskeln noch stärker anspannen, und schließlich kreisen Gertruds Gedanken nur noch um Diagnosen, die bei ihr nicht zutreffen.

Ihre Ichs erlauben es ihr nicht zu glauben oder mit dem Verstand zu begreifen, was ich ihr als Therapeutin erkläre. Sie hat sich mit ihren Ich-Gedanken identifiziert und hört mir gar nicht zu. Auch wenn ich meine Aussage über die Nierenerkältung mit dem alten Wissen der Traditionellen Chinesischen Medizin untermauere und ihr erkläre, dass ich diese Schmerzen selbst schon hatte und sehr wohl zwischen Bandscheibenvorfall und Nierenerkältung unterscheiden kann. Aus mir sprechen jahrelange Erfahrungen, die sich sozusagen materialisiert haben. Da sie in der Medienwelt und in der

Bevölkerung zu wenig bekannt sind, werden sie meist überhört, nicht wahrgenommen und als nicht existent abgetan.

Getrud glaubte nicht an die Erkältung, ging ihrer täglichen Arbeit nach und hatte Schmerzen, die sie mit Schmerzmitteln betäubte. In immer kürzeren Abständen fuhr es ihr in den unteren Rücken. Die Erkältung ließ nicht nach, bis die Schmerzen chronisch wurden.

Wie laut sollte ihr Körper noch nach Ruhe und Wärme schreien? Stattdessen meldete sich Gertrud zum Skikurs an und meinte: »Das muss einfach besser werden. Da muss mein Körper jetzt durch. Auf das Skifahren will ich nicht verzichten. Da schlucke ich lieber ein paar Tabletten mehr.« Das Ich hat gewonnen, Körper und Seele haben eindeutig verloren. Wochen später kam Gertrud kleinlaut, weil sie sich kaum noch bewegen konnte. Ihre Ichs waren in diesen Momenten nicht mehr da.

## 76.2 Sind die Ichs böse?

Die Ichs sind nicht wirklich böse. Sie haben durch uns ein eigenes Wesen angenommen, das im Laufe der Jahrtausende gierig und mächtig geworden ist. Wir stimmen ihnen bewusst zu, weil wir sie ständig mit unseren Gedanken bestätigen und nähren. Aber die Ichs haben kein Gewissen, keine Empathie, keine Gefühle und wissen deshalb nicht, was gut und was böse ist. Sie kennen keinen empfundenen Ärger oder Zorn, keine empfundene Trauer, keine Freude oder Zufriedenheit. Sie haben keine Moral, deshalb sind sie gewissenlos, und wir verhalten uns genauso, wenn wir uns besonders auf sie einlassen. Sie haben sich diese Ausdrücke angeeignet und benutzen sie in ihrem Denkwortschatz. Nur wir selbst haben es in der Hand, wohin wir unsere Konzentration lenken. Entscheiden wir uns für das Ich oder entscheiden wir uns mehr und mehr für die Energie unseres Herzens?

## 76.3 Bleiben die Ichs irgendwann für immer weg?

Nein, ihre Energie ist groß und reicht weit in die Welt hinaus. Sie werden täglich von vielen Menschen genährt und erhalten Aufmerksamkeit. Vielleicht könnten sie schrumpfen, wenn alle Menschen auf der Erde auf sie verzichten würden. Die nächsten Fragen wären: Sind alle Menschen dazu bereit? Wäre die Menschheit bereit, jeden Tag zu praktizieren und präsent zu sein? Könnten alle Menschen in ihrer Herzenergie verweilen? Wenn diese Fragen mit einem klaren Ja beantwortet werden könnten, dann wäre mein absolutes Nein von oben hinfällig.

## 76.4 Wie kann ich mich von den Ichs distanzieren?

Es ist einfach, das Ich auszuschalten, indem wir uns auf unseren Körper konzentrieren, unsere Muskeln spüren, sie anspannen, entspannen, loslassen.

An der (Ver-)Spannung der Muskeln können wir ablesen, ob wir destruktiv statt konstruktiv gedacht haben, welche Gefühle unser Denken in unserem Körper ausgelöst hat. Lassen wir unsere angespannten Muskeln willentlich und bewusst los, können wir beobachten, dass die zuvor gedachten Gedanken keine Gültigkeit mehr besitzen.

Der kinesiologische Test zeigt: Helga schreibt einen Text und bemerkt, dass sie verkrampft ist. Ich führe den kinesiologischen Test mit ihr durch und lasse sie einige Sätze sagen. »Ich kann nicht schreiben«. Der Muskel ist stark (Ja). »Ich bin nicht gut genug«, stark (Ja),

Gegenprobe: Ich bitte Helga, ihre Muskeln bewusst zu entspannen, sich auf ihren Körper zu konzentrieren und schon sind die unsinnigen Ich-Gedanken verschwunden. Noch einmal lasse ich sie den Satz wiederholen: »Ich bin nicht gut genug«. Der Testmuskel ist schwach, zeigt ein Nein an, weil die Aussage nicht stimmt. Helga ist gut genug. Hier haben wir versucht, allein durch die Veränderung der Muskeln, sie zu entspannen, die Ichs außer Kraft zu setzen. Es gelingt.

Wir schaffen uns unsere Realität selbst – dieser Satz, den ich früher gar nicht mochte, wird für mich mehr und mehr zu einer greifbaren und wahren Realität.

Meistens geht es gar nicht um uns, unsere Belange, sondern um die anderen, die Erwartungen an uns haben, oder von denen wir denken, dass sie Erwartungen an uns haben. Die Ichs helfen uns kräftig dabei, dass es auch weiterhin so bleibt.

Wir dürfen aber nicht vergessen, dass auch unser Familiensystem mit seinen Geheimnissen, die uns betreffen, zu unseren Ich-Gedanken beiträgt. Auch die linke Gehirnhälfte hat ihre Interpretationen gespeichert, die zwar nicht der Realität entsprechen, uns aber enorm beeinflussen. Wie wir gesehen haben, können uns allein unsere Mimik, unsere Gestik, unsere Muskelanspannung so beeinflussen, dass wir unser Leben oft als Last und nicht als Ponyhof empfinden. Es gibt noch viele andere Bereiche im Gehirn, die aus irgendwelchen Gründen nicht adäquat laufen, so dass wir kein rundes, sondern ein eckiges Leben haben. Deshalb ist es sinnvoll, unsere Mimik und Gestik in eine freudige Variante umzuwandeln, also unsere Ganzkörpermudra zu trainieren.

Dies wären zum Beispiel: Atmung, Lächeln, Haltung, Kindsprache, auf das Herz hören, kindlich neugierig bleiben, den eigenen Vornamen benutzen, immer wieder etwas in einem routinemäßigen Alltagsablauf verändern, meditieren, für 15 Minuten am Tag ganz und gar still werden, Waldbaden, Gartenarbeit.

All diese Übungen kosten nichts und benötigen kein zusätzliches Material. Wir haben immer alles dabei, was wir brauchen. Einen Nachteil haben sie: Es gibt keine Ausrede, dass *man* sie nicht machen konnte, weil ein Utensil fehlte.

## 76.5 Ich-Befriedigung

»Wie würden Sie es nennen, wenn ich eine unliebsame Arbeit gemacht habe und mich danach zufrieden fühle?« »Es gibt mehrere Möglichkeiten. Es kann sein, dass Sie ihrer Herzenergie gefolgt sind und haben endlich die Arbeit getan, von der Sie Ihre Ichs lange Zeit abgehalten haben. Oder aber Sie haben die Ichs befriedigt.« »Kann ich denn die Ichs zufrieden stellen, obwohl sie keine Gefühle haben?« »Wenn wir das Ich zufriedenstellen, breitet sich für kurze Zeit ein wohltuendes Gefühl in unserem Körper aus, aber es kann nie die Ebene der Gelöstheit erreichen, auf der wir unserer Herzenergie folgen und dadurch innere Zufriedenheit erlangen. Es ist so, als würden wir den Aufforderungen unserer Eltern endlich nachkommen. Wir bekommen zwar kein Lob aber wir haben eine kurze Zeit vor ihren Anforderungen Ruhe. Die Befriedigung des Ich-Geistes hat eine ganz andere Bedeutung und schwingt auf einer anderen, schnelleren Wellenlänge, als wenn wir unseren Körper, unseren Geist und unsere Seele befriedigen. Den Unterschied können wir auf der emotionalen Ebene verspüren. Mit kindlicher Neugierde zu denken ist allerdings ehrlicher.

»Eine andere Variante ist, dass wir die Ichs gar nicht befriedigen. Wir denken, wir stellen sie zufrieden, aber wir stellen nur uns selbst zufrieden«, ergänze ich, denn die erste Version hinkt etwas. »Wir sind genervt von den Forderungen und der Kritik der Ichs, und wenn wir sie erfüllen, haben wir für kurze Zeit Ruhe vor den Quasselstrippen. Das nennen wir dann Zufriedenheit.«

Die Ichs wissen, was wir uns wünschen. Sie haben uns beobachtet und unser Verhalten studiert. Sie versuchen, uns in Sicherheit zu wiegen, indem sie mit uns Ausflüge in die Vergangenheit veranstalten. Wir kennen unser bisheriges Leben, weil wir es durchlebt haben und weil man uns Geschichten über uns erzählt hat. Sie wissen, dass wir nach Sicherheit, Geborgenheit und Wärme streben, so wie wir es im Mutterleib erlebt haben.

Die Ichs wissen das und wollen uns dorthin verführen. Sie locken uns mit freudigen Erinnerungen und wenn wir uns sicher fühlen, schwenken sie schnell in die schmerzvollen Erlebnisse um, denn auf die haben es die Ichs abgesehen, weil wir eine Menge unserer Energien abgeben, wenn wir traurig, wütend oder verbittert sind. Wir geben in der Jetztzeit eine Lebensenergie ab, die nicht zum gegenwärtigen Ereignis passt.

Als Mensch würde ich sagen: »Die Ichs sind voller Glück, mit all meiner Energie, die ich ihnen zur Verfügung stelle.« Tatsache ist aber, dass die »Ichs« keine Gefühle und damit kein Glück kennen, sondern meine Energie nur zu ihrer Erhaltung brauchen. Sie kennen auch keine Sättigung oder Zufriedenheit, weil sie einfach nicht fühlen können.

## 76.6 Kommunikation

»Wozu brauchen wir das Ich?« »Ich habe viel darüber nachgedacht, wie es wäre, wenn es das Ich mit dem Du, der Sie, dem Wir und dem Selbst nicht gäbe. Wir hätten Schwierigkeiten, miteinander zu kommunizieren. Es wäre komplizierter, unsere Geschichten zu erzählen. Aus dem Ich wird ein Wir, welches wie eine Art Bündelung fungiert, während die Erzählungen länger dauern würden, wenn die Namen einzeln aufgezählt würden. Das Gehirn hätte mehr zu verarbeiten, müsste sich mehr merken. »Wir gehen spazieren« Statt: »Monika, Gertude, Gabriele, Jens, Michael, gehen spazieren«. »Kommt alle mit.« Mit diesem Satz ist in seiner Einfachheit jeder und jede gemeint. Alle können sich angesprochen fühlen. Es ist nichts Persönliches, nur etwas Allgemeines. Wir brauchen Definitionen, die ausnahmslos und einfach verstanden werden. So verwenden wir Formulierungen wie das Ich, das Wir, Du, Er, Sie, Es, um mehrere Menschen einfacher, kürzer, unpersönlicher ohne Namen anzusprechen. Damit ist das Verständnis unseres Neokortex verbunden. Die allgemeine Kommunikation läuft über das Ich und die linke Gehirnhälfte.

Die geistige Tiefe, die oft als spirituell despektierlich bezeichnet wird, ist die nonverbale Kommunikation mit einem bedeutungsvollen Moment, mit einem Lächeln, einem leichten Neigen des Kopfes, um es sichtbar zu machen. Es geschieht, wenn man sich die Hand gibt oder wenn man schweigend nebeneinander sitzt, ohne dass das Schweigen peinlich wird.

Wir wollen uns immer mit jemandem austauschen, besonders wenn wir eine Zustimmung des entsprechenden Gegenübers haben möchten. Der beipflichtende Austausch kann zu einer Enttäuschung werden. Ute berichtet ernüchtert: »Mein Mann und ich waren im Urlaub am Meer. Bevor wir am Abend zum Essen gingen, wollte ich den Sonnenuntergang am Strand beobachten, der an diesem Abend so herrlich begann. Wir standen am Wasser, das leise plätscherte, der sonst so belebte Strand war menschenleer und eine himmlische Ruhe war eingekehrt. Der Horizont färbte sich langsam rot, orange und gelb. Einfach nur traumhaft. Ich schaute zu meinem Mann hoch, der unruhig neben mir stand und schwärmte, wie schön der Himmel sei, wie beruhigend. Der schaute nur auf seine Uhr und meinte, dass jeden Tag die Sonne untergehen würde und er jetzt endlich zum Abendessen gehen wolle, er habe jetzt Hunger. Ich war so sehr enttäuscht, dass er das nicht auch so genießen konnte wie ich.«

Wir gehen in solch einem Moment davon aus, dass der Mensch neben uns genauso denken und fühlen müsse wie wir selbst. Unsere Erwartungen werden schnell desillusioniert.

Ich hatte in Jona (Rapperswil am Zürichsee) in der Schweiz eine Fortbildung gegeben. Am Abend fuhr ich nach Rapperswil hinunter an den See, um spazieren zu gehen. Es war still, kein Ton war zu hören. Diese Ruhe erschien im ersten Moment meinen Gedanken als unheimlich. Die »Blaue Stunde« hat etwas Bezauberndes, empfand Ulrike. Da schob sich klamm heimlich und leise ein Ausflugsboot in meinen

Bildausschnitt, den ich mir vom See gemacht hatte. Es war mit einer beleuchteten Girlande und mit bunten Fähnchen geschmückt. Einige Menschen standen auf dem Deck und winkten mir zu. Auch sie waren ungewöhnlich still. Ich hatte eher mit Jubel, Gelächter und Geschrei gerechnet. Die Lichter spiegelten sich im See, ich sog die klare Luft tief in mich hinein. Ich hatte weder einen Fotoapparat, noch ein Handy dabei, um diese wunderbare Stimmung festzuhalten, keine Freundin, keine Kinder, mit denen ich meine Gefühle teilen konnte. Aushalten zu müssen, es nicht mit anderen teilen zu können, fiel mir schwer.

Im ersten Moment meinte ich fast zu zerbersten. Ich wollte aufschreien, irgendwo mussten doch meine intensiven Gefühle einen Kanal finden. Die Ichs waren nicht da, sie plapperten nicht und zerredeten auch nicht meine schönen Gefühle. Das war fast nicht aushaltbar. Denn jedes Mal, wenn ich mich in solchen Gefühlen befand, wurde ich als Kind von meinen Eltern jäh herausgerissen, weil ich irgendeine Arbeit nicht getan hatte und sie schnell nachholen sollte. Später waren es die Ichs, die mich in solchen Gefühlssituationen sofort daran erinnerten, dass ich etwas zu putzen oder zu besorgen hätte.

Hier waren nur Ruhe, Schönheit, erfüllende Gefühle und Ulrike. Hinter mir spürte ich einige Bewegungen, vernahm ein Geflüster. Ich drehte mich um und sah drei junge Männer wie sie ihre Alphörner aufbauten, sich in Position stellten und im nächsten Moment durchlief meinen ganzen Körper ein magischer Zauber und war mit Gänsehaut überzogen. Die Klänge erweckten in mir einen Blumenstrauß von Gefühlen, Glück, Wehmut, Sehnsucht, Einsamkeit und gleichzeitig eine Verbundenheit mit der göttlichen Energie und dabei schien ich mit meiner Umgebung zu verschmelzen. Es mutete an, als ob das Ausflugsboot auf dem Wasser in Zeitlupentempo dahinschwebte. Die fortgeschrittene Dämmerung tauchte meine Umgebung in ein geheimnisvolles Licht, als sei dieser Schauplatz nicht von dieser Welt.

Da die Ichs in diesen geheimnisvollen Momenten keinen Platz um mich herum einnahmen, mich nicht stören konnten, war ich nur Ulrike, mit meiner Essenz und mit dem Universum verbunden. Alle meine Sinne waren wach und klar, nahmen freudig auf, was sich ihnen bot. Mein Körper, mein Geist, meine Seele erinnern sich noch nach Jahren, als wäre es eben erst geschehen, weil in mir eine Kommunikation stattfindet, die viel größer und intensiver ist, als die Ichs und Egos mir je vermitteln können.

## 76.7 Therapieform wechseln

»Wieso wechseln Sie während einer Behandlung die Therapieform?«, fragt mich eine Klientin. »Wie meinen Sie das?«, will ich wissen. »Na ja Sie haben bei mir erst einmal den Muskeltest gemacht, einige Fragen gestellt und meinten dann, die Lösung würden Sie eher in einer Aufstellung finden. Wohl nicht in der Kinesiologie,« stellt die Klientin fest.

»Der Muskeltest ist ein Messinstrument. Meiner Meinung nach kann ich hauptsächlich das messen, was messbar, eben berechenbar ist. Ich stelle Fragen, die auf meinem Wissen basieren, auf das, was schon da ist. Ich habe Sie vorher bei der Anamnese über Ihr Wissen zu ihrem Thema befragt. Aus Ihren Erfahrungen, meiner Erkenntnis, unseren Interpretationen und dem Muskeltest erhalte ich ein Resultat. Ich bekomme nur eine Antwort auf Stress (Nein) oder Nicht-Stress (Ja) auf das, was ich frage, mehr nicht«, erklärte ich ihr.

»Hätte ich ein anders Wissen, würde ich andere Fragen stellen und wir würden andere Ergebnisse bekommen«, schob ich nach. »Wenn ich meine Aufmerksamkeit ganz auf Sie fokussiere und Sie während der kinesiologischen Behandlung ebenfalls ganz bei der Sache sind, dann bekommen wir gut verwertbare Ergebnisse. Wenn einer von uns abschweift, ist die Fehlerquote sehr hoch.«

Wenn ich die Aufstellungen auf meine Weise mache und denke: »Ich stelle mich auf«, dann weiß mein Körper schon, dass wir uns auf einer langsameren Wellenlänge befinden. Von dort erhalte ich

Informationen, in Form von Emotionen, die ich fühle, die ich selbst noch nie erfahren habe, ich bekomme Gedanken, die mir mit meinem Wissen und meinen Erfahrungen vollkommen fremd sind, die mich völlig überraschen. Das sind Fakten, die mir bei der Befragung während des psycho-kinesiologischen-Tests fehlen, weil sie mir nie in den Sinn gekommen wären.

Manchmal sehe ich Bilder vor mir, höre Stimmen, die keine Laute von sich geben, vielleicht ähnlich wie in einem Traum. Die Lösungen sind dann nicht in der Art, wie wir sie uns durch unser Denken vielleicht erwartet hatten, sie überraschen jedoch mit einer Ehrlichkeit und Wahrheit und bringen das Thema auf den Punkt und so zur Lösung. Die Lösungen finden wir nur in der Tiefe, in der Welt dahinter, der Parallelwelt, in der Welt dazwischen. Wie immer wir sie nennen mögen.«

Wenn ich mit einer Behandlungsmethode die Ebene erreichen will, auf der die Blockade geschehen ist, dann ist es wichtig verschiedenes Werkzeug zu haben, um wechseln zu können.

## 76.8 Was ist die Wirklichkeit?

»Was ist wirklich?«, fragte mich eine junge Klientin. Während ich nachdachte, erwähnte sie weitere Begriffe: »…Wahrheit, Realität ist das nicht alles das Gleiche?«

»Das sind gute Fragen, da bin ich mir nicht sicher, sie richtig beantworten zu können. Es ist eine Definitionssache, wenn wir bei Worten bleiben, deren Auslegungen Erfahrungs- und Charaktersache sind«, gebe ich zurück.

»In dem Wort *Wirklichkeit*, ist das Verb wirken, hervorrufen, formen, ausüben, also handeln, enthalten. Wenn ich handle, bin ich im Hier und Jetzt, bin fokussiert auf das, was gerade vor mir geschieht. Diese Form der Wirklichkeit steht eher hinten an. Unsere Gedanken haben eine (Aus-) Wirkung und bestimmen, beziehungsweise erfinden vielmehr unsere Wirklichkeit. Wir können uns eine Wirklichkeit erdenken, die nichts mit der Wahrheit gemein hat.

Die *Wahrheit* ist für mich das, was das Universum meint, was mein Herz spüren kann. Eine Wahrheit ist einfach da, ob wir sie beachten oder an ihr vorbeigehen. Sie ist neutral, beeinflusst uns nicht. Sie ist nicht traurig, wenn wir sie ignorieren, sie freut sich allerdings auch nicht, wenn wir sie nehmen und mit ihr leben. Die Wahrheit, die ich meine, ist nicht von Menschen gemacht oder erdacht, es ist die universelle Wahrheit.

*Die Realität* ist, was ich gerade mit meinen Sinnen in meiner Außenwelt wahrnehme. Es sind Ereignisse, wie zum Beispiel: Mit dem Rasenmäher, den ich mit meinen Händen spüren, mit meinen Ohren hören, mit meinen Augen sehen kann, mähe ich den Rasen. Ihn spüre ich unter meinen Füßen, rieche mit meiner Nase das Gras. Die Realität bezieht sich eher auf materielle Gegebenheiten, auf die wir reagieren. Die Realität wird oft als Synonym für die Wirklichkeit benutzt. Die Begriffe Realität und Wirklichkeit schließen eine Ganzheit der universellen Welt aus, wie zum Beispiel die Parallelwelt, die Zwischenwelt, die Intuition, das Feinstoffliche, das, was nicht konstant messbar ist und trotzdem existiert. Es ist unter anderem das, was ich beim Familienstellen erfahren darf, wenn ich in ein Feld eintauche, das Weisheiten oder Geschichten bereithält, die in sich eine Logik beherbergen, die unserem äußeren Denkvermögen ähnelt aber dort selten als Logik erkannt wird.«

## 76.9 Was sind Anderungen?

*Anderungen* ist ein erfundener Begriff, der nicht im Duden steht, den ich in Vorträgen von Frau Vera F. Birkenbihl (1946-2011 Managementtrainerin, Autorin, Institut für gehirn-gerechtes Arbeiten) aufgeschnappt habe. Ich liebe es, wenn Menschen neue Wörter kreieren. Der Begriff drückt aus, dass es um die Meinung von *anderen* Menschen geht. Es ist ein zusammengesetztes Wort von *Ander*e und Mein*ungen*. Ein Kind hätte das Wort formulieren können. Während der Verstand noch über die Bedeutung grübelt, haben der Körper und die Seele dieses Wort schon längst verstanden.

Es gibt auch in Dialekten Ausdrücke, die wir nicht ins Hochdeutsche oder in die Verstandesebene übersetzen können, die aber in uns drinnen sehr wohl verstanden werden. »Dun mir des sou du.« »Tun wir das so tun.«, ist grammatikalisch unkorrekt und doch kennen und verstehen viele Menschen so ein Satzgebilde und fühlen sich mit diesem Satz *körperwohl*. Dazu gehört auch mein: »Gemögtwerden«.

## 76.10 Wieso wirkt eine Familienaufstellung?

»Bei unserer Familienaufstellung, letztes Mal, habe ich vieles nicht verstanden. Warum hat sich trotzdem etwas in meinem Leben verändert, vor allem auch bei meinen Kindern?«, war eine Frage. »Zunächst möchte ich mir nicht anmaßen Bert Hellingers Begriff des Familienstellens zu gebrauchen. Ich nenne meine Arbeit intuitive, systemische Einzelaufstellung«, stelle ich richtig.

»Meiner Meinung nach ist unser Verstand auf der materiellen Ebene beheimatet. Wir können ihn zwar nicht greifen, wie einen Gegenstand, aber wenn wir mit ihm denken, können Naturwissenschaftler ihn ihm Gehirn sichtbar machen. Er ist messbar und kann dadurch logisch interpretiert werden.

Wenn ich mich in ein Familiensystem stelle ist es wichtig, das Materielle weitgehend loszulassen und mich in eine Energie zu begeben, die sich für mich wie eine Anderswelt, eine Welt dahinter oder dazwischen anfühlt. In der Quantenphysik wird diese, meine empfundene Welt, unter anderem als der leere Raum bezeichnet, der unendlich viel Wissen in sich trägt, dessen Zugang uns mit unseren

Worten und falschen Vorstellungen verwehrt bleibt. Nur mit einer geistigen Konzentration und dem Anschalten der rechten Hirnhälfte (bildliches Sehen, Kindersprache) scheint das zu gelingen.

Es gibt unsichtbare Gesetze, die eine Dynamik entwickeln, die nicht unseren gedanklichen Konstrukten unterliegen, die eher willkürlich unseren Wünschen, Erwartungen und unserem Wollen unterworfen sind. Mit unserem Gehirn können wir nicht alles, das ganze Wissen, erfassen, geschweige denn in Worte übersetzen«.

Auch in der Aufstellung zeigt sich nur ein Teil eines Ganzen, das sich in uns durch ein Energiefeld nicht nur körperlich, sondern auch emotional und geistig manifestiert.

Eine Freundin hat ihre zarte Goldkette verlegt und bittet mich, in sie hineinzufühlen, wo sie die Kette wiederfinden kann. Die Frage die wir stellten war für die Welt dahinter sehr ungenau: »Wo liegt die Kette und *wie* finde ich die Kette?« Ich konnte den Schreibtisch mit schmaler Schublade beschreiben, und dass die beiden Enden der Kette aus der Schublade nach unten hängend herausschauen. Die Enden sahen auf schwarze Herrenschuhe.

Meine Freundin konnte schnell den Schreibtisch mit der besagten Schublade bejahen und wenn sie sich bücke, dann sehe sie zwar keine Kettenenden, aber die schwarzen Schuhe ihres Mannes, die im Flur stehen. Sie suchte nach der Halskette in der Schublade wurde allerdings nicht fündig. Wochen später rief sie mich freudig an: »Du, ich habe die Kette gefunden, so wie du mir die Szene beschrieben hattest. Ich suchte in der schmalen Schreibtischschublade ein Dokument, fand es nicht, schob sie etwas heftig zu und auf einmal hingen da zwei goldene Kettenenden herunter. Bei dem stürmischen Schließen der Schublade, verrutschte der Boden etwas nach hinten und die Enden der Kette, die ganz am vorderen Rand lagen, fielen heraus. Das *Wo* war für mich gleich sichtbar (Schublade), das *Wie* (Enden hängen heraus) ebenfalls, aber wir fragten nicht wann und durch welche Umstände (das Suchen des Dokumentes).

Ich habe mich in viele verlegte Gegenstände hineingefühlt und daraus gelernt, dass unsere Gedanken ungenau sind. Die Formulierung hängt von dem Erregungsgrad ab, der in dieser Situation herrscht. Will ich als Hineinfühlende innig für eine Freundin, für meine Kinder einen Gegenstand finden, dann spüre ich eine Art Zerrissenheit. Ich springe energetisch zwischen zwei Welten hin und her. Die eine fühlt sich derb an. Dort mischen sich Gedanken ein wie: »Das kannst du nicht.« »Sag bloß nichts Falsches, sonst musst du dich schämen.« Sie fühlen sich schwer und grob an. Dort, woher ich die korrekten Informationen bekomme, ist alles leicht, weich und ganz fluffig. Da scheint alles möglich zu sein, mit eigenen Gesetzen und *grenzenlosen* Grenzen.

Mein Verstand kann das *Allesistmöglich* nicht begreifen, nicht interpretieren bis ich die Lösung spüre und fühle, dann scheint sich ein Wandel zu vollziehen. Ich bekomme ein Bild und mit der Zeit wird das für meinen Verstand Unwirkliche immer mehr materiell und greifbar. Jetzt erst kann ich mein Wissen mitteilen. Ich hole sozusagen eine Botschaft aus einer Anderswelt in unsere Verstandesebene herein. Ohne Umwandlung in Worte ist diese Botschaft nicht zu verstehen.

Materie ist verdichtete Energie. Ich kann das an einem anderen Beispiel erklären. Meine Tochter suchte ihre Scheckkarte und als sie diese nicht fand, bat sie mich um Hilfe. Ich spürte mich in die Karte hinein und als Karte fühlte ich mich eingeengt, an eine Wand gepresst. Ich erzählte meiner Tochter davon und sie hatte sofort eine Idee. Sie ging zu ihrem Schrank zurück, öffnete die Schranktür und fand ihre Scheckkarte ganz hinten, mit dem Zwischenboden an die Rückwand gepresst.

Ich vermute, dass ich mich nur in Energien hineinfühlen kann. Wie schon erwähnt, besteht alle Materie aus Energie, also kann ich mich anscheinend in Materie hineinfühlen.

## 76.11 Wieso immer wieder die Eltern?

»Wir sollen doch im Hier und Jetzt leben und doch scheinen wir ständig mit den Eltern verbunden zu sein oder sie lassen uns nicht los«, fragt mich Susanne, weil ich während ihrer Behandlungen immer wieder auf ihre Eltern zu sprechen komme. Eine unserer tiefsten Ängste scheint es zu sein, ein eigenständiges Wesen sein zu müssen. Den Mutterleib zu verlassen und nie wieder diese intensive Nähe zu einem anderen Menschen zu spüren, scheint uns Angst zu machen. Viele Menschen sehnen sich danach, diese Geborgenheit und Liebe immer wieder zu spüren. Dafür verlassen wir das, was wir sind. Zu lieben und geliebt zu werden scheint das höchste Glück zu sein, dabei hat uns die Evolution nicht auf Zufriedenheit und Glück vorbereitet, sondern nur auf Fortpflanzung. Wir wollen den anderen glücklich machen, um von ihm wiederum Glück, Zuneigung zu erfahren. Wir meinen seine Wünsche zu erraten, fühlen uns in ihn hinein. Wir meinen, dass der andere Mensch das und das so meint, wie wir uns das vorstellen. Diese Menschen sind nun mal in erster Stelle die Mutter und dann der Vater. Später machen wir es auch mit unserem Partner oder unserer Partnerin. Wir denken mehr an die Mutter als an uns selbst, mehr an das Geben als an das Nehmen, da wir eine bedingungslose Liebe suchen.

Gleichzeitig knüpfen wir so viele Bedingungen an diesen tiefen Wunsch, dass daraus sogar eine Abhängigkeit erwächst, die wir durch das Bestreben, unseren Wunsch erfüllt zu bekommen, nicht wahrnehmen. Im Grunde wollen wir wieder in den Mutterleib zurück. Welche Mutter will das? Sie wird sich unbewusst wehren, wird ihr erwachsenes Kind nicht verstehen. Es kommt zu Konflikten, die unbewusst ablaufen und die nicht sein müssten, wenn wir zu eigenständigen Menschen heranwachsen würden.

Es gibt jedoch auch Mütter, die genau in diesem Im-Mutterleib-sein wollen stecken geblieben sind und so die Mutter in einem ihrer

Kinder sucht. Wenn nun ihr Kind, was sich dadurch nicht geliebt fühlt, sich energetisch ganz und gar der Mutter hingibt, ihr das geben will, was der Mutter scheinbar fehlt, verausgabt sich dieses Kind auch noch im Erwachsenenleben und wundert sich, warum es nicht von der Mutter loskommt, oder diese das Kind nicht loslässt.

Das ist allerdings nur eine von verschiedenen Grundformen, wie wir unsere Mutter, unsere Eltern und uns selbst erleben. Dieses Beispiel ist nicht allgemeingültig, obwohl der Wunsch nach Über-leben, angenommen werden, nach Vertrautheit, Einzigartigkeit und gleichsam die Gier Neues zu entdecken, uns in (Lebens-) Richtun-gen schiebt, die wir uns meist bewusst nicht erklären können. Es bleiben oft Sehnsüchte, Zwänge oder Verdrängungen, die uns das Leben schwer machen, solange sie im Verborgenen bleiben. Genau da setzen flugs die Ichs an, weil wir nicht in uns zu Hause sind und irgendjemand das Lebensruder übernehmen muss.

Vom Ich befreit,
nach Hause kommen
in den Körper,
Seele und Essenz verankern,
Vertrauen wieder herstellen.

Formen und Farben einsaugen,
Schönheit, Reichhaltigkeit, Glückseligkeit

## 76.12 Ist Homöopathie Humbug?

»Homöopathie kann nicht wirken, weil in den Zuckerkügelchen nichts drin oder dran sein kann.« Es gibt inzwischen viele Fernsehsendungen und meine Klientinnen bringen mir immer wieder die Zeitungsausschnitte in denen die homöopathischen Behandlungen als lächerlich dargestellt werden. Verächtlich wird das Wort Placebo, mit bittersüßem Gesichtsausdruck, förmlich ausgestoßen.

Ich frage mich, wenn die Homöopathie weder Positives noch Negatives bewirkt, sie demnach so »belanglos« ist, warum man sie verbannen will? Hilft sie vielleicht doch und steht jemandem im Weg, der/die einen Nutzen daraus ziehen könnten, wenn uns Menschen eine Möglichkeit genommen wird, ohne Nebenwirkungen gesund zu werden?

Homöopathen scheinen sich mehr Zeit für ihre Patientinnen zu nehmen, das allein sei die Wirkung. Homöopathie sei wissenschaftlich nicht nachgewiesen, ist ein wichtiger Grund, sie abzulehnen. Unser gesamtes Leben ist ebenfalls nicht vollständig wissenschaftlich bewiesen und trotzdem erlauben wir uns jeden Tag zu leben! Zuerst war das Leben da, dann der Mensch und dann erst entwickelte sich sein Verstand, die Forschung und sein Denken, alles beweisen zu müssen. Das ist der Nachteil der entdeckten und gelebten Homöopathie. Es gibt Leute, die meinen, weil sie zuerst da waren, könnten sie über etwas entscheiden, was nicht durch Beweise gestützt ist. Die Natur selbst entwickelt für sich potenzierte Homöopathische Essenzen, damit sie weiter bestehen kann. Wäre es nicht so, hätten kluge, einfühlsame Menschen sie nicht entdecken können.

Für Naturwissenschaftler gilt, was messbar ist. Wirkende Kräfte können gemessen werden. Messbarkeit wird als objektive Untersuchung gesehen, die oft die Komplexität, das heißt, den Umfang, die Vielfältigkeit eines Menschen (auch in der Tier- und Pflanzenwelt) außer Acht lässt. Es kommt zu einem enormen Informationsverlust, wenn nur die Materie untersucht wird und das Feinstoffliche außer Betracht bleibt. Es kann außerdem eine fehlerhafte Messung bezüglich der Wirkung von homöopathischen Mitteln bedeuten, wenn nicht die geeigneten Geräte eigens dafür vorhanden sind.

Inzwischen wurde bewiesen, dass ein Beobachter sein Versuchsobjekt nur durch reine Betrachtung verändert. Hier sind wir wieder in dem Gebiet, indem ich mich nicht gut genug auskenne, der Quantenphysik.

Den einen Fall bringe ich jedoch immer wieder in meinen Büchern. Eine Patientin kommt zu mir, weil sie bei einer Wanderung einen Fehltritt auf einem schmalen Pfad gemacht hatte und plötzlich einen Abhang hinuntergestürzt war. So viele S-Verbiegungen wie ihre Wirbelsäule aufwies, war sehr ungewöhnlich. Dadurch hatte sich auch ihr Becken verdreht und ein Bein schien kürzer als das andere. Ich wusste nicht, wo anfangen.

In einem Medizinschränkchen bewahre ich einige homöopathische Fläschchen auf, die ich bei verschiedenen Behandlungen und während Familienaufstellungen kinesiologisch austeste. Ich berührte die Wirbelsäule meiner Patientin und testete blind, kinesiologisch, über mich als Surrogat aus, welches Mittel gut für ihre Wirbelsäule wäre. Ein Mittel aus meinem Schränkchen sprach an. Ich nahm es aus dem Regal, ohne auf den Namen zu schauen und gab der Patientin, die Ärztin von Beruf ist, sechs Globuli mit der Potenz C 200 auf die Zunge.

So schnell konnte ich nicht schauen, und sie nicht fühlen, noch begreifen, wie sich ihre Wirbelsäule aufrichtete, das Becken gerade und das eine Bein länger wurde. Wir waren beide bass erstaunt und mussten uns erst einmal setzen. Ich las in der Kurzbeschreibung (psychische Ebene) des homöopathischen Mittels nach. Dieses war für Menschen gedacht, deren Körper die Kontrolle verloren hat. Es war wie Hexerei.

Beide haben wir nicht an das Mittel geglaubt. Wenn die Ärztin nicht vorher schon bei mehreren Ärzte-Kolleginnen, ohne Erfolg gewesen wäre und ich deshalb der letzte Strohhalm für sie bedeutete, hätte sie bestimmt eine abwertende Bemerkung über meine Art des Austestens und der Globuli gemacht. Das gestand sie mir nach der Behandlung. Sie bestellte sich das Mittel und nahm es noch einige Zeit ein, bis sie merkte, wie sich ihr Körper ohne weiteres Zutun regeneriert hatte.

Wenn ich ein Homöopathisches Mittel, das zu mir passt, in die Hand nehme, verschwinden die Ichs, als hätte ich einem Vampir Knoblauch oder ein Kreuz gezeigt. Ich betone, wenn das Mittel passt, das heißt, es geht mit meinen feinstofflichen Schwingungen in Resonanz. Einfach erklärt: Meine Energieebene, die noch keine materielle geworden ist, hat einen Mangel, ist in ein Durcheinander geraten und kann sich selbst nicht aus einem Knoten befreien. Das homöopathische Mittel hat genau die Schwingung, die den Knoten lösen kann und verbindet sich mit meiner Energie. Das Schöne daran ist, ich kann es am Körper testen, sowohl mit dem kinesiologischen Test als auch an dem Tonus der Muskeln und an Gelenken. Wenn diese vorher blockiert waren, lassen sie sich danach wieder bewegen.

Wer behauptet, dass Homöopathie nichts taugt, der sollte sich an seine eigene Nase fassen und gestehen, dass er oder sie noch nicht die richtigen Geräte erfunden oder entwickelt hat, um dermaßen feinstoffliche Energien zu untersuchen. Das Problem ist nicht die Homöopathie, sondern die Wissenschaft und bestimmte Institutionen, denen die Homöopathie in ihrer Wirksamkeit im Wege steht.

Neueste Meldung: Homöopathie soll aus der ärztlichen Ausbildung gestrichen werden. Dafür werden Drogen legalisiert. Welches Ich hat sich das ausgedacht?

Bei dieser Nachricht tut mir nicht nur die Seele weh, sondern mein Herz zieht sich zusammen und mein Körper fühlt sich wie wund an. Ich kenne dieses Phänomen, das mich oft überkommt, wenn etwas ganz schief läuft im Weltgeschehen. Ich habe Tränen in den Augen und es ist, als ob die Zwischenwelt mit mir weint.

## 76.13 Was ist mit den Mitteln, die der Arzt verschreibt?

Viele der allopathischen Mittel, die ganz sicher gebraucht werden und wir alle froh sein dürfen, dass sie entwickelt wurden, wirken meist auf der materiellen Ebene. Sie wirken grundsätzlich ebenso in unsere emotionale Ebene mit ein. Die Wortwahl der Ärztinnen, die diese Medikamente empfehlen und verschreiben, ist von großer Bedeutung und beeinflusst maßgeblich. Immer wieder entdecke ich, dass die frei verkäuflichen, wie auch die vom Arzt verschriebenen Medikamente, die Ichs bedienen und nicht den Menschen, der wir sind. Wie ist das zu verstehen?

Beachtenswert: Die meisten Medikamente werden/wurden bei Männern einer bestimmten Größe und einem bestimmten Gewicht getestet. Inzwischen musste man erkennen, dass diese Parameter nicht auf Frauen zutreffen, da sie eine andere Physiognomie haben.

Ein Beispiel einer intuitiven Einzelaufstellung: Ich stellte mich für eine Patientin, die mir zuvor erzählt hatte, dass es ihr nicht gut gehe, sie Ängste habe, unruhig, innerlich zerrissen sei. Das, was ich fühlen konnte, war eine erwachsene Frau, die aus meinem Fenster in einen blühenden Frühlingsgarten bei hellstem Sonnenschein schaute und genau dorthinaus gehen wollte, um sich zu freuen. Nennen wir dieses Empfinden (E), wie Essenz. Die Patientin schaute mich an, als beschriebe ich eine fremde Person. Ich machte einen kleinen Schritt zur Seite und stellte mich für den Teil in ihr, der mit den Ängsten behaftet war. Diesen Teil nennen wir (Ü), wie übernommene Gefühle. Sofort verschwand mein Lächeln, die Schultern fielen nach vorne unten, meine Stimme wurde rau und hart. Auch dieser Anteil schaute in den Garten hinaus und kritisierte: Die Blumen müsse man anders arrangieren, die Zusammenstellung sei Mist, der Rasen sei noch nicht gemäht, auf der Terrasse stehe ja nur ein Stuhl, da gehörten mindestens zwei hin. Dieser Teil hörte nicht auf, ständig nur zu beanstanden und zu bekritteln.

Die Patientin berichtete mir, sie habe auf mein Anraten hin vor langer Zeit ein Mittel eingenommen, um zur Ruhe zu kommen. Das habe ihr momentan aber nicht mehr geholfen. Die besagten Tabletten gegen Unruhestände und Schlafstörungen würden besonders auf das vegetative Nervensystem wirken, erklärte ich ihr, das sei ja laut meiner Aufstellung intakt, deshalb seien diese nun unwirksam.

Im Moment nimmt die Klientin ein anderes Mittel ein, dessen Name ich kannte und wusste, dass es auch für leichte depressive Verstimmungen eingesetzt wird. Da spürt sie seit einigen Tagen, dass es wirkt.

Ich nahm das Mittel in die Hand, fühlte mich wieder in Zustand (E) ein. Das freudige Gefühl verschwand sofort und ich hatte das Empfinden, dass eine schwere Last meinen Körper nach unten zieht. Die Stimmung schlug durch das Medikament von Freude auf Bedrückung um.

Ich trat wieder einen Schritt zur Seite und fühlte mich in Zustand Ü ein. Die Kritik wurde weniger, das Gemeckere, dass dieses und jenes nicht richtig sei, ebbte ab.

»Das ist doch gut«, hörte ich eine weinerliche Stimme. »Dann hilft ja das Mittel«, setzte die Patientin in einem kindlich, dickköpfigen Ton hinzu. Im Grunde stimmte bei ihr alles nicht, so wie sie sich bei der Anamnese zu Beginn beschrieben hatte. Was war geschehen?

Bei weiteren kurzen Aufstellungen und HeissKin, der intuitiven, systemischen Kinesiologie, erfuhren wir, dass die Kritikerin in ihr ihre Großmutter war, welche jedoch die Mutter meiner Patientin kritisierte. Diese Großmutter war im Grunde für die Erziehung meiner Patientin zuständig. Die Patientin hatte als Kind die »große Mutter« als eine Person wahrgenommen, die alles wusste und alles richtig machte. Ihre eigene Mutter, die arbeiten ging und ihr Kind mit schlechtem Gewissen ihrer Mutter überließ, empfand die Patientin damals als schwach, beziehungsweise als nicht existent. Ich habe bewusst empfand geschrieben, weil kleine Kinder die Sachlage nicht einschätzen und nur spüren können. Das Medikament ging in Resonanz mit dem Kritiker und unterstütze ihn. Wenn etwas in Resonanz geht, bedeutet das, dass , zum Beispiel Gift und Gegengift sich im Test gegenseitig aufheben, das Problem dadurch jedoch nicht gelöst wird.

Hier möchte ich ausdrücklich erwähnen, dass ich nur meine Beobachtungen darstelle, die ich mit den Jahren gemacht habe. Dabei handelt es sich weder um Studien oder allgemeingültige Aussagen noch um erhobene Statistiken. Ich sehe mich lediglich als ein Sandkorn auf der großen Welt, das etwas zu sagen hat.

Meine weiteren Beobachtungen waren zum Beispiel folgende: Eine Patientin hatte rheumatische Beschwerden in den Fingergelenken. Sie wurde gleich nach den ersten Untersuchungen beim Hausarzt in eine Rheumaklinik überwiesen und bekam dort die üblichen Rheumamedikamente. Wie es zu den Beschwerden gekommen war, wurde nicht psychologisch abgeklärt. Oft verbirgt sich dahinter versteckter Ärger, der sich in Schmerzen und Entzündungen äußern kann. Ständige Angst verspannt die Muskeln, was sich wiederum auf die Gelenke auswirkt. Das sind nur einige Faktoren von vielen.

Hertha brachte ihr Medikament zum Testen mit in die Behandlung. Sie hatte Schmerzen an den Fingergelenken. Ich legte das Medikament einmal auf den Bauch und dann auf die Brust und testete jeweils kinesiologisch. Der Armmuskel wurde schwach. Der Körper wies das Medikament zurück. Wir machten die Gegenprobe: Ich berührte die schmerzenden Fingergelenke, der Testmuskel war schwach, dann legte ich das Rheumamittel auf die Gelenke und beim zweiten Test auf den Bauch, der Testmuskel wurde jedes Mal stark. Was war passiert? Herthas körperliches und auch emotionales Problem, die Wut, hat einen Fürsprecher gefunden. Das Medikament unterstützt die Wut meiner Klientin, indem es den Schmerz, den die Wut verursacht hat, lindert.

Gegenprobe: Zuerst fühlte ich in mich hinein, stellte meinen Ist-Zustand und eine Neutralität fest. Dann nahm ich die für Hertha verschriebene Medizin in die Hand und spürte, was sie mit mir macht. Ich blieb neutral, was mich erstaunte, denn in meinem Kopf hatte sich über viele Jahrzehnte meiner Arbeit festgesetzt, dass Rheumamittel schädlich sind. In diesem neutralen Zustand scheint das Vorurteil nicht zu wirken. Das finde ich eine ehrliche Basis.

Ich berührte wieder Herthas schmerzende Fingergelenke und fühlte mich erneut in sie hinein. Ich spürte eine unbändige Wut, die sich nur schwer unterdrücken ließ. Ich berührte Herthas Fingergelenke weiter und gab ihr das Rheumamittel in die freie Hand. In diesem Moment versank ich in der Wut und konnte nicht mehr aufbegehren. Das Medikament verstärkt, was Hertha jahrelang mit sich gemacht hatte, als sie ihre Wut unterdrückte und der Körper sich schließlich mit Schmerzen meldete, weil er die Wut nicht mehr kompensieren konnte. Das Medikament half zwar gegen Herthas (Wut-) Schmerzen, aber es löste nicht die Ursache.

## 76.14 Wieso ist der Name so wichtig?

»Warum ist es so wichtig, den vollen Vornamen auszusprechen? Ich finde meinen abgekürzten viel schöner«, möchte eine Klientin meinen Ausführungen entgegenhalten. »Das kann ich leider nicht so einfach erklären. Ich versuche es über den Körper herauszufinden«, antwortete ich. Eleonore fand ihren Namen schrecklich und war froh, dass alle sie Nora nannten.

Sie befragte mich während einer Rückenmassage. Während wir uns unterhielten, nahmen meine massierenden Hände die Signale ihres Körpers wahr. In all den Jahren, in denen ich Menschen berühre, habe ich eine Gabe entwickelt, die mir oft zugutekommt, wenn mich die Neugierde zum Fühlen und Nachdenken anregt. Ich kann gleichzeitig sprechen, den Körper oder die Reflexzonen an den Füßen massieren und die Signale des Körpers meiner Klientinnen empfangen. Natürlich nur, wenn ich meine Antennen entsprechend ausrichte. So geschah es bei der Frage von Eleonore.

Während sie mir erklärte, dass ihr der Name Nora besser gefalle, wurde die Haut auf ihrem Rücken steifer, die Faszien weniger beweglich und die Muskeln verspannten sich fast unmerklich. Sie erzählte, wie ihre Eltern auf den Namen Eleonore gekommen waren, und schon war der ganze Rücken locker. Wir wiederholten den Vorgang, indem Eleonore ihren vollen Namen aussprach und dann die Kurzform nannte. Sie spürte den Unterschied. »Das ist ja fantastisch, das grenzt an Zauberei. Was machen Sie da mit mir?« »Ich mache gar nichts, das machen Sie schon selbst. Ich teste nur Ihre Haut, Faszien und Muskeln, während Sie sprechen.«

Bei Klaus machte ich eine weitere Entdeckung: Ich massierte seinen Rücken und da er sich vorher über ein Thema sehr aufgeregt hatte, waren seine Muskeln und Faszien verspannt. Als ich dachte: »Ulrike massiert Klaus«, entspannte sich der ganze Rückenbereich, obwohl meine Massagegriffe immer gleichgeblieben waren.

Nächster Versuch: »Ich massiere Herrn Müller.« Sofort verspannten sich seine Muskeln wieder. Eine ähnliche Reaktion ergab: »Ich massiere Klaus.« Herrn Müller wollte ich nicht sagen, denn wie ich herausgefunden habe ist er nicht der Einfühlsamste und spürt auch nicht, wenn sich sein eingeschränktes Ellenbogengelenk nach der Behandlung zehn Grad weiter bewegen lässt.

Ein weiteres Beispiel ist Richard Fischer. Er scheint eine harte Schale und einen weichen Kern zu haben. Richard kann mir bei der Massage sofort sagen, wie ich »drauf« bin. »Heute geht es Ihnen nicht so gut, wie Sie vorgeben. Ihre Handbewegungen fühlen sich etwas holpriger an.« Auch bei ihm führte ich meine Versuche durch und dachte: »Ich massiere Herrn Fischer.« »Ulrike massiert Richard.« Sein Gewebe, seine Muskeln, Sehnen und Bänder reagierten wie bei Klaus. Ich machte zusätzlich einen Versuch und ließ meine Gedanken beim Massieren abschweifen, was sofort bei meinem Klienten zu Verspannungen führte. Richard spürte unmittelbar, dass ich an ihm herumprobierte. Ich klärte ihn auf.

Ich wiederholte meine Gedankenexperimente mit Wilma. Sie spürte sofort, wie sich ihre Muskeln entspannten oder anspannten. Ich ließ auch sie daran teilhaben und wir spielten experimentell mit unseren Namen, unseren Ichs und dem sich verändernden Muskeltonus. »Es ist fantastisch, was Sie können«, sagte Wilma. »Von Können kann keine Rede sein«, entgegnete ich. »Ich habe eher ein Schamgefühl, da ich mich in meiner Arbeit seit fünfzig Jahren mit der Anatomie, Physiologie und Pathologie von Muskeln, Sehnen, Bändern, Knochen und Gelenken beschäftige und dabei beim reinen Massieren und in der Krankengymnastik bisher mehr im Grobstofflichen als im Feinstofflichen gearbeitet habe.«

Mit Claudia begann ich diese Versuche durch Bewegungen ihres rechten Knies, in dem sie Arthrose hat. Mit dem Gedanken: »Ich bewege das Knie von Frau Winter« und abschweifenden Gedanken zu meinen eigenen Themen, ließ sich Claudias Knie nur schwer bewegen. Wir kamen innerhalb weniger Grade an eine Blockade. Wenn ich aber dachte: »Ulrike bewegt das Knie von Claudia«, ließ sich das Knie lockerer und mindestens fünf Grad weiter bewegen. Nicht nur meine Klientin war erstaunt, sondern auch ich.

Dennoch kann nicht davon ausgegangen werden, dass die Nennung des Vornamens allein ein Allheilmittel darstellt. Aber viele Parameter verbessern sich äußerlich sichtbar. Haltung, Stimme, Mimik verändern sich und der Körper reagiert auf wunderbare Weise. Einerseits antwortet der Körper adäquat und mit enormer Kraft auf äußere Reize, wie meinem Druck auf Rücken und Brustbein während der Ganzkörpertestung, andererseits lockern sich Haut, Sehnen und Muskeln. Leider kann ich nicht messen, was im Gehirn passiert, wenn ich meinen Namen sage und ich habe keine Möglichkeit, die Biochemie zu bestimmen.

## 76.15 Das mit dem Namen glaube ich nicht.

Theresia aus Bayern hat Multiple Sklerose (MS) und Probleme mit den Knien und der Lendenwirbelsäule. Sie ist seit vielen Jahren sehr tapfer und selbstdiszipliniert. Als ich ihr erzählte, wie genial unser Körper auf unseren Vornamen reagiert, meinte sie emotionslos: »Das mit dem Namen glaube ich nicht.«

Das Gehen fällt ihr schwer. Manchmal kleben ihre Beine regelrecht am Boden. Sie geht mit zwei Stöcken. Wir machten den Versuch: Theresia, die sich mir als Resi bei der ersten Behandlung vorgestellt hatte, versuchte ein paar Schritte zu gehen, indem sie in Ich-Form dachte, dann in Resi und schließlich als Theresia. Erstaunt stellte sie fest, dass es ihr viel leichter fiel, die Beine zu heben, wenn sie ihren vollen Namen aussprach oder auch nur dachte. »Das kann nicht sein!«, rief sie aus. Da sprachen die Ichs aus ihr, die dieses Phänomen noch nicht kannten und es rigoros ablehnten. Es funktionierte, ob Theresia es glaubte oder nicht.

## 76.16 Die dumme Ulli.

Als Kind und auch später kannte man mich hauptsächlich als »die Ulli«. Es gab Momente, meist unangenehme, in denen ich laut und mit Nachdruck Ulrike genannt wurde. Als Erwachsene, ich war schon fast vierzig Jahre alt, bemerkte ich, dass »die Ulli« sehr oft ausgenutzt wurde. Sowohl von angeheirateten Verwandten, als auch von einzelnen Personen, die ich fälschlicherweise als Bekannte und sogar Freunde bezeichnete. Ich habe sehr lange gebraucht, um zu begreifen, dass es Menschen gibt, die nichts Wohlwollendes für mich übrighaben. Auch nach vielen Enttäuschungen versuche ich, an das Gute im Menschen zu glauben. Meine frühere Empfangsdame in der Praxis, die einen gesunden Menschenverstand besaß, sagte immer wieder: »Ulli, Ulli, lass es, das lernst du nie. Du kannst besser fühlen, denken steht dir nicht«, wenn sich wieder einmal herausstellte, dass ich mich in jemandem geirrt hatte.

Ich habe tatsächlich viele Jahre gebraucht, um nach vielen Misserfolgen zu begreifen, dass ich als die einfältige, dumme Ulli behandelt werde, die brav alles macht, was man von ihr verlangt. Man muss sie nur immer wieder loben und so tun, als ob man sie braucht, dann kann man sie benutzen. Das ist im Grunde seelischer Missbrauch. Aber ja, wenn ich das mit mir machen lasse! Durch die Numerologie wurde mir bewusst, wie wichtig mein Name ist. Ich verlangte sofort und rigoros von allen meinen Mitmenschen, dass sie mich Ulrike nennen. Einige taten es sofort, andere verhielten sich, als würde ich einem Vampir ein Kreuz mit Knoblauch vor die Nase halten. Für mich war es auch eine große Umstellung, ich hatte mich an Ulli gewöhnt.

Es war, als wäre ich plötzlich ein anderer Mensch geworden. Zuerst dachte ich, Ulrike würde mich erwachsen machen. Aber das war es nicht. Es war, als hätte ich ein Rückgrat bekommen, sogar eine andere Identität. In meinem Umfeld nahm ich wahr, dass mir viele Menschen emotional nicht mehr so nahe kommen konnten. Bei den einen entwickelte sich Respekt, bei den anderen Achtsamkeit mir gegenüber.

In mir reifte mit meinem vollen Namen auch eine Art Wertschätzung für mich selbst. Langsam begann sich in mir ein anderes Denken und Fühlen zu entwickeln, bis hin zu einem eigenen »Gemögtwerden«. Dieses Verstehen hat sehr, sehr lange gedauert und viele Erfahrungen bedurft.

## 76.17 Was sind Mudras?

Wie schon oben erwähnt, wirken Mudras (aus dem Sanskrit übersetzt bedeutet Mudra: Das, was Freude bringt.) sowohl auf grobstofflicher wie auf feinstofflicher Ebene. Unser Körper ist ein gutes Biofeedback- System da er eine sogenannte Zellerinnerung besitzt. Er speichert Erinnerungen, Erlebnisse, Traumata und unsere individuellen Bewertungen dazu. Um zu diesen Zellgedächtnis leichter zu gelangen, gibt es wie oben schon aufgeführt verschiedene Behandlungsmöglichkeiten. Zur Bestimmung des richtigen Handwerkzeugs, helfen in der Kinesiologie die Mudras, in Form von Fingermodi. Es sind verschiedene Fingerstellungen, die gehalten werden, sich ähneln können und doch unterschiedliche Bedeutungen haben. Hier Beispiele dazu:

Alle Finger einer Hand bleiben gestreckt und nur der Zeigefinger wird im Mittelgelenk gebeugt, so kann ich einen Test für die Ausatmung bekommen.

Beuge ich den Zeigefinger tiefer nach unten, dass er den Daumenballen berührt, spricht es die Testung für Fette an.

Beuge ich nur den Kleinfinger auf gleiche Weise, so dass er die Handinnenfläche berührt, kann ich die Kohlenhydrate testen.

Führe ich die Beugung nur mit dem Ringfinger durch, kann ich bestimmen, ob etwas Chronisches vorliegt, lege ich jetzt den Daumen auf das Endgelenk des Ringfingers, ist es ein Test für einen Virus.

Die Modi aktivieren bestimmte Energiefelder im Körper. Sie sind sozusagen spezielle Schlüssel, die Türen in unserem Körper öffnen können, um an wichtige Informationen zu gelangen. Man kann es sich als eine Art Körpersprache vorstellen, in der unser Körper ein Selbstgespräch führt.

Viele von uns kennen eine gängige Mudra. Was bewirkt es in uns, wenn wir den erhobenen Mittelfinger gezeigt bekommen? Ich habe etwas getan, was meinen Gegenüber erzürnt hat. Als Reaktion werde ich wütend, oder es regt sich in mir eine Scham. Diese Mudra bringt mir keine Freude, da es mit einer Negativität belastet ist. Die Person, die den Stinkefinger zeigt, ist verärgert, ihr passt nicht, was sie erlebt hat und schafft sich durch dieses Mudra ihren aggressiven Gefühlen Platz.

Eine ebenfalls gängige Mudra ist, beide Daumen hochzustrecken. Diejenige Person, die diese Fingermudras benutzt, wünscht ihrem Gegenüber Erfolg, freut sich mit ihm. Dort kommt eine Freude auf und die Stimmung hebt sich automatisch.

Die Seele streicheln,
der Negativität den Wind
aus den Segeln nehmen,
Die Augen machen mit,
das Herz freut sich,
und der Körper wird zum Freund.

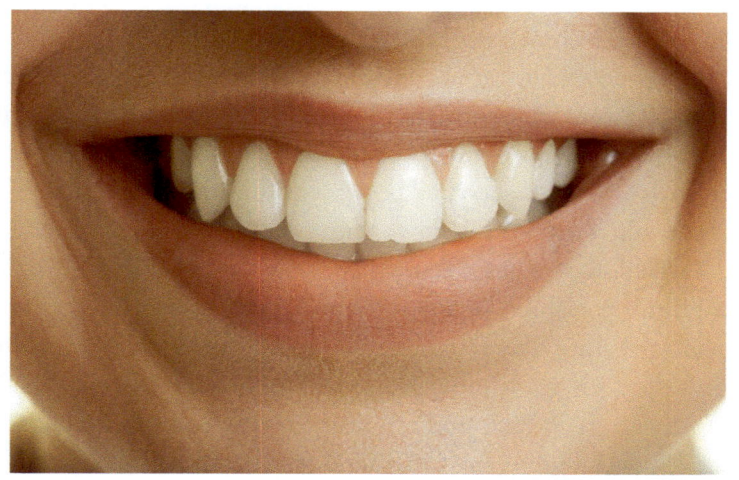

# 77. Selbstreflexion

Wir versuchen, über uns selbst nachzudenken. Aber wer von uns Vielen tut das? Mein Ich, die Ulrike, meine linke Gehirnhälfte mit ihren unrealistischen Schutzmechanismen, die Amygdala mit ihren blockierten Gefühlen? Wir können unser Handeln, Fühlen und Denken in der Selbstreflexion betrachten, aber durch welchen Filter sehen wir uns? Reflektieren wir uns aus der Sicht von heute, aus der Sicht von gestern, aus der Sicht der anderen und deren Erwartungen, denen wir gerecht werden wollen?

Im Grunde geht es darum, unsere Probleme zu erkennen und sie zu verändern. Reflektiere ich mein Leben als Ich, als Frau, als Tochter, als Mutter, als Schwester, als Freundin, als Therapeutin?

Ich mache den Versuch und begegne meiner Tochter als Ich-Mutter. Obwohl wir etwa 80 cm voneinander entfernt sitzen, habe ich das Gefühl, dass es mindestens zwei Meter sind. Meine Tochter erzählt mir von ihren Problemen am Arbeitsplatz und ich sitze da, als ob mich ihre Themen eigentlich nichts angehen. Die gefühlte räumliche Distanz schafft auch eine emotionale Distanz. Es fällt mir schwer, freundlich und interessiert zu sein, Blickkontakt herzustellen, während meine Gedanken abschweifen. Die Ichs können nicht angemessen auf die Fragen antworten.

Gegenprobe: Ulrike-Mutter unterhält sich mit ihrer Tochter. Die Tochter erzählt von ihren Problemen am Arbeitsplatz und Ulrike hat das Gefühl, dass Ulrike ganz bei ihr ist. Ulrike sieht förmlich die Kolleginnen vor sich, die Ulrike nicht kennt. Ulrike fühlt mit Ulrikes Tochter, liest in ihren Augen, in ihrer Mimik, nimmt wahr, wie sie sich fühlt, wenn sie erzählt. Ulrike antwortet adäquat auf die Fragen der Tochter.

Wenn wir über Achtsamkeit sprechen, würde ich sagen, dass ich, als Ich, Kraft und Energie brauchte, um achtsam zu *wirken*. Als

Ulrike brauchte ich nicht über Achtsamkeit nachzudenken, ich war einfach achtsam.

Im Coaching werden den Teilnehmenden oft diese Fragen gestellt: Wenn ich in den Spiegel schaue, wen sehe ich? Wer bin ich? Was bin ich mir wert? Wo will ich hin, was sind meine Ziele? Brigitta erzählte mir von den »Hausaufgaben«, die sie bis zum nächsten Firmencoaching zu erledigen hatte. »Unser Coach hat uns übrigens auch das Lächeln beigebracht. Er hat uns nichts weiter erklärt, als dass wir uns den Kugelschreiber zwischen die Zähne stecken sollen. Das würde ein Lächeln ersetzen und ausreichen, um einen klaren Kopf zu bekommen«.

Für unser Experiment wählten wir den Satz: »Was bin ich mir wert?« Brigitta überlegte: »Ich muss mich erst konzentrieren. Ich brauche Zeit, um den Satz zu verinnerlichen, ihn zu verstehen. Er ist ungewohnt. Meine Gedanken wandern in die Vergangenheit. Sie scheinen irgendwelche Fakten zu sammeln: »Sind unzufrieden mit dem Ergebnis. Enttäuschungen aus der Kindheit, Erinnerungen an die Schulzeit, immer wenn ich aufgerufen wurde, blieben mir die Worte im Mund stecken. Im Grunde bin ich nichts wert«. Brigitta war von sich selbst enttäuscht. »Vor einem zukünftigen Chef, der mir diese Frage stellen würde, hätte ich keine Chance auf einen neuen Job.«

Gegenprobe: »Was ist Brigitta wert?« Brigitta muss nicht lange überlegen: »Zuerst lächelt Brigitta. Brigitta ist neugierig, will Neues lernen, ist kreativ, indem sie sofort anpacken will, die Situation überblickt und einzelne Schritte ausarbeitet. Brigitta kann sogar im Pokerface ihres Gegenübers lesen und weiß, worauf er hinaus will«. Brigitta sitzt mir gegenüber wie eine andere Frau: »Es ist interessant, wie unterschiedlich meine/Brigittas Wahrnehmung ist. Es ist, als wäre Brigitta eine andere Person.« Wir versuchen es noch einmal. Brigitta und ich machten eine Minute lang die Ganzkörpermudra. Danach sollte sie die Frage noch einmal beantworten. »Brigittas

Lächeln ist größer, tiefer, und Brigitta zählt Fakten auf, dass der Chef in spe mit den Ohren schlackert. Na ja, ganz so dramatisch ist es nicht, aber Brigitta ist im Hier und Jetzt, Enttäuschungen aus der Vergangenheit gibt es nicht, das war aber auch schon bei der Gegenprobe so. Nach der Ganzkörpermudra ist mein Kopf so frei und klar. Einfach fantastisch. Brigitta ist bereit für das nächste Firmencoaching«, zur Bestätigung streckt sie beide Daumen nach oben.

Nicole hat sich zu einem Termin angemeldet, weil sie sich bei einer Wanderung auf eine Tour begeben hat, die ihr momentanes Energiebudget übersteigt. Sie verstauchte sich den Knöchel. »…und bevor später Probleme auftauchen, habe ich mir gedacht, ich komme gleich zu Ihnen, denn Sie verstehen meinen Körper besser als ich und können sehr gut mit ihm kommunizieren. Aber sonst geht es mir gut. Nicole benutzt die Stahlwand jetzt sehr oft«. Während ich den Knöchel untersuche, erzählt sie mir, dass Nicole die Stahlwand natürlich nicht nur bei ihren Eltern benutzt, sondern auch bei ihren Kolleginnen, Freundinnen und sogar bei den schrägen Nachbarn. Sie macht eine großzügige Armbewegung und sagt: »Nicole ärgert Nicole nicht und die Stahlwand hält die störenden Energien der anderen ab. Es war sehr interessant zu sehen, welche Leute sich plötzlich von mir fernhielten und welche respektvoller auf mich zugingen. Das macht das Leben viel leichter, auch wenn die alltäglichen Probleme die gleichen bleiben. Nicoles Perspektive hat sich verändert«, meint sie etwas überschwänglich. Aber das ist Nicole, wie sie ist.

Seit ich die Ichs entlarvt habe, fällt es mir schwer, an solchen Fortbildungen teilzunehmen, in denen Ich-Fragen gestellt werden, denn Ulrike müsste sich heftig aus der Ulrike-Welt herausbeugen und wüsste bei den Antworten, dass die angesprochenen Ichs Lügengeschichten erzählen würden.

»Mein Gott, das waren noch Zeiten, als wir unter der Dusche den 3. Dünndarmakupunkturpunkt beklopfen mussten und ständig die Affirmationen mit den Ichs herunterleierten.« Angelika war ganz aus dem Häuschen, als ich ihr von den Ichs erzählte und dass ich früher die Affirmationen geklopft hatte. Sie ist drei Jahre jünger als ich und erinnert sich gut an diese Zeit. »Es änderte sich nichts, alles blieb beim Alten und trotzdem machten wir weiter, denn der Referent hatte es so rübergebracht, dass wenn sich bei uns nichts änderte, dann hätten wir etwas falsch gemacht. Ich habe mich damals so schlecht und unfähig gefühlt und habe mich schließlich zurückgezogen. Wie einfach und erleichtert bin ich, nein Entschuldigung, ist Angelika gerade. Irgendwie hat Angelika gewusst, dass das Leben viel einfacher ist, als man uns glauben machen will. Angelika ist glücklich und dankbar, das kann Angelika Ihnen sagen!«

Wurden meine Erwartungen erfüllt? Was habe ich aus meinem Handeln gelernt? Was kann ich besser machen? Was gefällt mir an meinem Handeln und was weniger?

Das sind Fragen, die den Ichs gestellt werden, und wir können sicher sein, dass nur sie antworten. Sie tun es mit Leichtigkeit, weil sie sich nicht um die Konsequenzen kümmern. Wenn wir lernen würden, mehr auf unseren Körper zu hören, seine Reaktionen zu verstehen, in die Herzenergie und in die Alphaebene zu gehen, kämen wir der universellen Wahrheit sehr nahe. Die Beispiele oben haben es gezeigt.

*Dies sind Anregungen, die im Herzbuch vertieft werden.*

Körpersprache:

1. Mimik
2. Gestik
3. Muskelspannung
4. Gefühle
6. Hineinfühlen
7. Kindersprache
8. Körperbewusstheit, Körpereigengefühl, Neurosprache

Als ich die Idee hatte, dieses Buch zu schreiben, wusste ich nicht, wie viele Anregungen ich bekommen würde, wie viele Fragen auftauchen und auf Antworten warten würden. Es war wieder eine Reise, diesmal in eine unbekannte Welt des Ichs und des Egos.

Ulrike ist sich bewusst, dass es noch viel mehr in der Welt gibt, das uns im Leben unterstützt und begleitet. Ulrike hat einen kleinen Ausschnitt erarbeitet, der sich zu einer ungeahnten Größe entwickelt hat. Es soll eine Anregung sein für Sie, liebe Leserinnen und Leser alle Übungen auszuprobieren, um uns Menschen nicht zu Ich-Robotern werden zu lassen.

Beim Schreiben über die Ichs kam mir immer wieder Michael Endes »Unendliche Geschichte« in den Sinn, die in einer Parallelwelt spielt. Sie wird durch das »Nichts« zerstört. Wird unsere Seelenwelt durch die Ichs zerstört? Verschwindet auch in uns ein Teil des Universums? Ich denke an die Homöopathie, an unsere Träume und Phantasien, an unsere Intuition und Kreativität. Sind Sie heute, wenn Sie das Buch lesen, Bastian, der das Buch »Die unendliche Geschichte« liest, es zunächst für einen Roman hält und merkt, wie er in die Wirklichkeit der Geschichte hineingezogen wird? Atréju, der Junge aus der Geschichte, will die Ursache für die Krankheit der kindlichen Kaiserin herausfinden. Erst als sich der Junge aus der Phantasie und der Junge aus der realen Welt zusammentun, finden sie gemeinsam einen Weg.

Das ist meine Geschichte, die ich hier niedergeschrieben habe. Erst wenn wir das Herz, die Wahrheit und die beiden Gehirnhälften zusammenarbeiten lassen, werden wir wahrhaftig und suchen weder das Glück noch verlassen wir unsere Mitte. Wir sind in der Gegenwart und gleichzeitig mit einer Anderswelt verbunden, die Dr. rer. nat. Ulrich Warnke (deutscher Biologe und Autor) »Interwelt« nennt.

# 78. Die Entschlüsselung des Wachtraums

Als mein Tiger in der Höhle meinte, ich hätte mir die Fledermäuse, den Sumpf mit dem Krokodil, den Strudel und die fehlende Treppe selbst ausgedacht, wollte ich den Hintergrund wissen. Einige Tage nach meinem Vortrag behandelte ich mich selbst mit den Farbbrillen, die wir in der Psycho-Kinesiologie benutzen, um unerlöste seelische Konflikte aufzuspüren und zu lösen.

Da die Augen die direkte Ausstülpung des Gehirns sind, sogar Hirnhäute besitzen, erreichen wir das Gehirn auf direktem Weg, wenn wir zum Beispiel mit Farbbrillen therapieren. Nicht nur wie wir sehen, sondern auch was wir sehen, wird auf direktem Weg zum Gehirn geleitet und verarbeitet. In diesem Fall sind es Farben, einer bestimmte Wellenlänge, die im Gehirn in Resonanz gehen, wenn sie dort auf Bereiche mit der gleichen Wellenlänge treffen. Auf diese Weise können sich Blockaden lösen oder Einsichten entstehen. »Es kommt auf die Brille an, durch die wir schauen«.

Ich teile meinen Tagtraum in drei Bilder ein:

1. Den Gang mit meinem Tiger über das karge Land, den roten Berg dabei im Blickfeld.
2. Die Geschehnisse in der Höhle
3. Die Ereignisse und Beobachtungen auf dem Bergplateau.

Die ersten drei Brillen sollten eigentlich in der Reihenfolge: rot, orange, gelb angewandt werden. Ich entscheide mich jedoch intuitiv für den folgenden Ablauf.

**Die Gelbe Brille:**

1. Mir ist weder bewusst, dass ich männlich bin, noch dass ein Tiger neben mir läuft und was ich in dem kargen Land möchte.

2. Ich bin verwirrt und habe auch hier keine Ahnung was sich abspielt.

3. Auf dem Plateau kann ich mir keinen Reim machen, was das alles soll. Ich bin einfach nur verwirrt und habe keinen Boden unter den Füßen. Ich bin verletzlich und ich bekomme Angst.

**Die orangene Brille:**

1. Mir wird warm, ich habe Boden unter den Füßen. Mit dem Berg kann ich nichts anfangen. Mir ist nicht bewusst ein Ziel zu haben.

2. Eine Schwere beschleicht mich. »Schon wieder Stolpersteine. Das kenne ich ja schon.«

3. Mir erschließt sich kein Sinn.

**Die rote Farbbrille:**

1. Es wird mir regelrecht rot vor Augen und ich werde wütend, dass ich mich auf diesen Weg gemacht habe. Der Tiger, den ich nicht ansehe, der aber mir jetzt bewusst geworden ist, stört mich und ich gebe ihm die Schuld, für mein Unwohlsein.

2. Das Rot macht die Höhle noch dunkler und es stört mich, nicht klar sehen zu können. Auch hier spüre ich, wie in mir eine Wut hochsteigt.

3. Mich stört, dass ich den Wasserfall nicht klar erkennen kann. Mich nerven Tiger und Adler.

**Die hellgrüne Brille:**

1. Ich will alles hinschmeißen. Schleudere meinen Köcher auf den Boden. Alles hat keinen Sinn.

2. Das mit der Höhle ist alles Quatsch. Das bringt alles nichts.

3. Ich weiß nicht, was ich hier eigentlich soll. Ein schlechter Traum.

**Die dunkelgrüne Brille:**

1. Mein Gemüht besänftigt sich. Ich werde ruhiger.

2. Es ist mir egal, was auf mich zukommt. Mit der Gelassenheit, die ich mit der grünen Brille habe, werde ich wohl alles irgendwie hinkriegen.

3. Ich setze mich erst einmal entspannt auf den Boden und schaue einfach nur dem fließenden Wasser auf der anderen Seite zu und sehe, wie der vermeintliche Engel mal hoch und mal runter schwebt. Tiger und Adler sind da, aber nicht wichtig.

**Die blaue Brille:**

1. Ich sehe den Berg als mein Ziel, mache mir keine weiteren Gedanken, auch nicht dass ein Tiger neben mir läuft.
2. Ich möchte in der Höhle Ordnung schaffen, einen Pfad neben dem Sumpf und dem Strudel bauen und einen ordentlichen Schlafplatz errichten.
3. Könnte man da nicht eine Hängebrücke vom Berg zum Wasserfall bauen?

**Die türkisfarbene Brille:**

1. Ich marschiere mit festem Schritt und Boden unter den Füßen meinem Ziel entgegen. Ich kann das Ziel, als Ziel erkennen. Lange Strecken gehen und klettern, das kann ich im wirklichen Leben wegen einer leichten Behinderung nur bedingt. Hier gelingt es mir.
3. Aus der Höhle und deren Vorsprung könnte man mit etwas Kreativität eine nette Unterkunft und Balkon mit herrlicher Aussicht machen. Ich bin produktiv.
3. Der Wasserfall macht Sinn, er erfrischt und belebt die Landschaft. Zufrieden breite ich meine Arme aus und lege sie Tiger und Adler um die Schultern.

**Die indigofarbene Brille:**

1. Ich spüre meinen Körper, meine Kraft, mit der ich mein Handeln fokussieren und durchführen kann.
2. Ich sehe mich die Höhle mit Ästebesen reinigen. Kein Sumpf, kein Strudel oder Fledermauskot ist zu sehen. Ich packe an.
3. Der Wasserfall ist sehr klar zu erkennen und scheint näher zu sein, als ich zuvor dachte. Der Engel und ich nehmen Verbindung auf.

**Die lila Brille:**

1. Es ist weder eine karge Landschaft zu sehen, noch schreitet ein Tiger neben mir, noch habe ich den Berg als Ziel. Da ist kein Berg mehr, den ich für meine zukünftigen Ziele überwinden muss.

2. Die Höhle ist ein ganz normales Haus mit Balkon und Garten. Ich fühle mich wohl und gemütlich zu Hause.

3. Ich spüre die Stärke und Geschmeidigkeit des Tigers in mir. Mit Adleraugen kann ich deutlich sehen, anvisieren, was ich selbst bisher nicht wahrnehmen konnte. Ich werde neugierig.

**Die magentafarbene Brille:**

1. Es ist mir, als sehe ich einen Film vor mir ablaufen, der mir zeigt, was in mir steckt. Die Energie, die Kraft, die Entschlossenheit in meinem Vorwärtsgehen. Der Köcher symbolisiert sowohl Handwerkszeug als auch gedankliches Rüstzeug, das ich brauche, um meine beruflichen Tätigkeiten ausüben zu können, aus dem Weg zu räumen, was mich am Weitergehen hindert.

2. Die Fledermäuse sind kurz da, sind geschwätzig, reden laut durcheinander, doch ich kann nur einige Wortfetzten aufschnappen: »Kannst du nicht…lass es bleiben…bringt nichts…« In der Höhle bewegen sich mehrere Gestalten, ohne Gesichter, ohne Hände und Füße, mit scheinbar verschränkten Armen. Sie machen das mit der lila Brille zuvor gesehene Haus ungemütlich und düster. Ich weiß, sie gehören nicht zu mir. Sie haben allerdings Gewalt über mich, wenn ich mich auf sie konzentriere. Mit der magentafarbenen Brille verlieren sie ihre Machtposition. Sie verflüchtigten sich. Heute weiß ich, es waren die Ichs, die mir die Probleme bereiteten, so wie es mir mein Tiger offenbarte: »…du kreierst deine Probleme selbst.«

3. Ich sehe mich, wie ich auf dem Plateau des Berges stehe und begreife mit allen meinen Sinnen, dass das fließende Wasser und meine Seele in mir sind. Ich brauche sie nicht außen zu suchen.

Das Symbol Adler erinnert mich wieder an die Zwischenwelt, in der ich lange zu Hause war, die ich aus Scham verlassen hatte, weil ich nicht als Spinnerin dastehen wollte. Ich bin in meiner Herzenergie, spüre meine und die große Seele und fühle mich in mir und der Welt zu Hause. Glück, Zufriedenheit und Dankbarkeit sind gute und doch harte Worte für diese feinen Gefühle, die so weit sind, so zart, mich in eine Sphäre führen, die unser aller Lebensraum sein könnte. *Ulrike wird Seelen sichtbar machen.* Wie es der Tiger prophezeite.

Die Ichs hatten mein Herz, in Verbindung mit dem Tiger und dem Adler ersetzt und mir zu verstehen gegeben, dass ich viele Schwierigkeiten im Leben bewältigen müsse und meine Seele nur aus der Ferne betrachten kann.

Immer wieder zeigte sich, dass ein schwerer, zäher Tagtraum durchzogen war durch die Ichs. Sie suggerierten mir, dass ich den Vortrag nicht gut machen könnte, dass ich Angst haben müsste, dass ich mich blamieren würde. Die Ichs machten mir viel Angst doch auch ein bisschen Hoffnung, folglich würde ich alles tun, damit sie ihre Energie bekommen. Ulrike glaubte ihnen, weil Ulrike nicht zu sich selbst stand, eingeschüchtert war und nur wenig Selbstvertrauen besaß.

Erst während des Vortrags und weil Ulrike sich mit den Lehren der Psycho-Kinesiologie identifizieren konnte, weil es Ulrike eine Herzensangelegenheit war, wurde Ulrike stark, intuitiv und kreativ und kam so zu Ulrikes Potential. Wie wäre es, nur Ulrike zu sein und nichts mehr, nicht besser, nicht größer oder kleiner? Das ist mein nächstes Projekt. Vielleicht treffen wir uns im Buch über die Herzenergie wieder.

Auch Ulrike darf sich bis dahin spielerisch mit den Übungen vertraut machen.

# Anhang:

Den Moment nicht verpassen,
ihn leben lassen,
ihn mögen, Wandlung,
ankommen im Jetzt.

Der Geier ein Symbol für Umwandlung
und Erneuerung. Packen wir es an.

# 79. Übungen

Die nachfolgenden Übungen versuche ich in meinen Beratungsstunden zu erklären und durch das Körper-Feedback zu veranschaulichen, indem ich verschiedene kinesiologische Tests mit meinen Klientinnen ausführe. Die Feedbacks scheinen Eindruck gemacht zu haben bis ich ein ABER höre, das mir sehr deutlich sagen möchte: »Ständig an Übungen denken und sie auch noch ausführen zu müssen ist mir zu anstrengend.«

Es folgen Sätze wie:

🜨 »Und welche Übungen können Sie mir noch zeigen?«

🜨 »Welche homöopathischen Mittel gibt es denn dafür?«

🜨 »Haben Sie da nicht so ein Pillchen für mich?«

🜨 »Dafür habe ich keine Zeit.«

🜨 »Wissen Sie ich bin kein Mensch, der so konsequent die Übungen durchziehen kann.«

🜨 »Meinen Sie das hilft?«

»Leiden ist leichter als anzupacken.« Jeder kann selbst entscheiden, ob er/sie die Übungen ausdauernd, spielerisch und mit Freude ausprobieren möchte. Nur so ist erfahrbar, ob sie Veränderungen bringen, ob sie wirken.

Bisher habe ich noch keine »Pillchen« entdeckt, welche die Ichs dauerhaft fernhalten. Es gibt Schlafmittel, Beruhigungstabletten, Globuli oder Tröpfchen (ich unterlasse Werbung), die unterstützen können, doch sie beheben in diesem Ich-Fall nicht die Ursache.

## Namen nennen

🜨 Die einfachste Möglichkeit Distanz zu den Ichs zu gewinnen, besteht zunächst darin, dass wir uns gedanklich mit unserem Vornamen anreden, mit dem Bewusstsein, dass unser Name immer mit der Essenz des Universums verschmolzen ist.

(Denken Sie an die Symphonie.) Durch spielerisches Üben, können wir unseren Namen und die Essenz empfinden. Es ist kein Allheilmittel, denn auch die Instanz, in der wir uns befinden, wenn wir unseren Namen empfinden, kann schon durch das Familiensystem, durch unsere Erfahrungen und vor allem durch die manipulativen Ichs ins Ungleichgewicht gebracht worden sein. Durch einen ehrlichen kinesiologischen Muskeltest kann herausgefunden werden, ob Körper und Namen aus dem Gleichgewicht geraten sind.

Der richtige Umgang mit dem Namen: »Greta möchte nicht so lange in der Badewanne bleiben, weil das Wasser kalt wird und Greta *sich* erkälten könnte.« Hier wäre es sinnvoll, das *sich* ebenfalls mit Greta zu ersetzen oder einfach aus der Badewanne zu steigen.

»Greta *muss* endlich das Zimmer aufräumen.« Das Wort *muss* beinhaltet, dass Greta gezwungen wird Ordnung zu schaffen. Es ist, als ob ein Fremder mit einer Peitsche hinter Greta steht und ihr droht. Direkter ist die Aussage: »Greta räumt das Zimmer auf.« Greta handelt gerade eben und nicht irgendwann.

»Gestern habe ich die Namensübung gleich ausprobiert und zu mir gesagt: »Greta, *du* bringst jetzt den Müll runter«. Das *Du* erzeugt im Körper ein Gefühl, von jemand anderem angesprochen zu werden und schon ist Greta im *Ich-Du-Modus*. »Greta bringt den Müll runter.« In diesem Moment greift Greta schon den Mülleimer, ist fokussiert und präsent.

»Es tut *mir* leid, aber Greta möchte nicht auf die Party gehen.« Dieser Satz beinhaltet zwar den Vornamen, aber er wird durch den *Ich-Modus* beherrscht. Hier könnte der Verdacht entstehen, dass Greta als Ich eher ein Njein sagen und sich als ein »Greta-Ich« nicht entscheiden möchte.

## Die Kindsprache

🜍 Die Kindsprache für einige Sekunden einzusetzten, hilft dabei die Ich-Gedanken fernzuhalten. Sie kommen dadurch schneller in einen *Heilzustand*, einen *vagotonen* oder *Alphazustand*. Es sind drei Bezeichnungen für ein Befinden unseres Organismus. Sie haben anschließend einen klaren Kopf, der Normverstand kann für einige Zeit wieder ungehindert eingesetzt werden und der Körper schaltet entspannt auf den Stand-by-Modus.

## Schreiben

🜍 Schreiben hilft oft, um sich besser zu verstehen. Nehmen Sie mehrere Blätter Papier, einen funktionierenden Stift oder mehrere, damit Sie 20 Minuten ununterbrochen schreiben können. Formulieren Sie Ihr Problem oder das, was Sie dafür halten und schreiben es als Überschrift auf Ihr erstes Blatt.

🜍 Wir haben früher in den Kursen immer in Ichform geschrieben. Das können Sie auch ausprobieren. Stellen Sie einen Wecker auf 20 Minuten. Schreiben Sie fortwährend über Ihr Problem. Wenn Ihnen nichts mehr einfällt, dann kritzeln Sie oder schreiben unsinnige Wörter wie, blöd, blöd, blöd…was immer Ihnen dazu einfällt, aber setzen Sie nicht den Stift ab, oder überlegen Sie sich nicht den Text.

🜍 Schreiben Sie an drei darauffolgenden Tagen über das gleiche Thema. Lesen Sie anschließend durch, was Sie geschrieben haben, und Sie werden verstehen, welche Probleme Ihnen die Ichs aufzeigen.

🜍 Wenn Sie wissen wollen, was Sie (Vornamen) über das Thema denken, setzen Sie Ihren Namen statt dem Ich ein. Auch hier schreiben und kritzeln Sie oder schreiben etwas Monotones, wenn Ihnen nichts mehr einfällt. Wichtig ist, dass Sie 20 Minuten schreiben ohne nachzudenken. Vergleichen Sie die Texte.

**Atemübungen**

🖉 *Die A-E-I-Atmung* ist eine sehr gute Ablenkung von den Quasselstrippen, die keine Chance haben, sich einzumischen.

🖉 1. Atmen Sie 2-3 Mal ein und aus. Beim Einatmen denken Sie sich jeweils ein langes iiiii.

🖉 2. Atmen Sie 2-3 Mal ein und aus. Beim Einatmen denken Sie sich jeweils ein langes und breites eeee.

🖉 3. Atmen Sie 2-3 Mal ein und aus. Beim Einatmen denken Sie sich jeweils ein langes und breites aaaa.

🖉 Wenn Sie beim Einatmen fokussiert in sich hineinfühlen, während Sie einatmen und ein i, e oder a denken, können Sie spüren, dass sie beim iiii in die Lungenspitze bis zum Hals atmen, beim eee Sie vermehrt in den Brustkorb hineinatmen, der sich dabei weitet und beim aaa Sie hauptsächlich in den Bauchraum atmen.

🖉 4. Jetzt verbinden Sie A-E-I in einem Einatemzug. Das bedeutet, dass Sie in den Bauch und weiter zum Brustkorb und schließlich in die Lungenspitze atmen und hörbar wieder ausatmen. Diese Atmung gleicht dem Wellengang des Meeres. Die große Welle spült an den Strand, läuft sanft im Sand aus und zieht sich rauschend zurück.

🖉 Bei dieser Atmung sind Sie zwar nicht »gedankenlos«, aber Sie sind frei von den Ichgedanken.

🖉 **Eine weitere Variante** für den Alltag ist, dass Sie beim *Einatmen, Eiiinaaatmen und beim Ausatmen Auuuusaaaatmen denken* oder es laut aussprechen. Auch hier benutzen sie »nur« Ihren Normverstand, der Ihnen einen Abstand zu den Quasselstrippen ermöglicht.

🖉 **Eine körperliche Variante** ist das *Fingerspreizen beim Atmen.* Eine Klientin berichtete, seit sie mit gespreizten Fingern jogge, könne sie leichter und weiter laufen als bisher, da sie mehr Luft bekomme.

Probieren Sie es aus und machen Sie Ihre eigene Erfahrung: Lassen Sie Ihre Finger ausgestreckt, aber halten Sie diese geschlossen (das ist eine Fingermudra). Atmen Sie nun mehrmals tief ein und aus und beobachten Sie Ihren Atem, wohin er fließt und Ihre Körperbewegung. Danach spreizen Sie Ihre Finger, die trotzdem locker bleiben, und spüren Sie wieder Ihrem Atem nach und beobachten die Bauch- und Brustkorbbewegung. Fühlen Sie den Unterschied?

## Lächeln (Ganzkörper-) Mudra

Egal ob Sie gerade beim Lesen sitzen, liegen, oder stehen, versuchen Sie Ihre Wirbelsäule aufzurichten, das Brustbein nach vorne oben zu schieben, dabei Ihr Kinn an den Hals zu ziehen, beziehungsweise, den höchsten Punkt am Kopf nach oben zu schieben. Anschließend ziehen Sie die Mundwinkel rechts und links soweit es nur geht, Richtung Schläfen hoch. Ihre Zähne werden auffallend sichtbar, die locker aufeinander liegen. Mindestens eine Minute diese Mudra halten, jedoch besser ist es, wenn Sie es mehrere Minuten machen. Es wirkt auf den gesamten Körper, außen wie innen, oben wie unten.

## Summen

🕉 Ich hatte oben schon angedeutet, dass wir unseren Namen, die Buchstaben, summen können. Summen ist eine gute Taktik, die unnützen Gedanken zu vertreiben, oder schon gar nicht aufkommen zu lassen.

🕉 Sie können nur einzelne Töne oder eine ganze Melodie summen.

🕉 Die zarten Vibrationen, die beim Summen entstehen, erreichen tiefe Schichten unseres Körpers. Vielleicht sogar die einzelnen Zellen selbst.

🕉 Die Vibrationen lockern.

🐷 Sie bringen eine biochemische Kaskade in Gang. Es entsteht ein Wohlfühleffekt.

## Schweinehund bändigen

🐷 Setzten Sie sich bequem auf einen Stuhl oder in einen Sessel. Der Rücken ist gerade. Nehmen Sie ein Kissen oder eine Decke, die den Schweinehund symbolisiert. Umarmen Sie das Kissen fest und bestimmt und atmen Sie einige Male tief durch. Nehmen Sie die Mundwinkel hoch, lassen Sie die Zähne zum Trocknen raushängen und geben Sie Ihrem Schweinehund das schönste Lächeln, das Sie je hatten. Bleiben Sie einige Zeit in dieser Haltung und fühlen Sie, was mit Ihnen innendrin passiert.

## Den Rhythmus ändern

🐷 Den Alltagsrhythmus verlangsamen oder schneller werden lassen: Gehen Sie eine Strecke im Zimmer auf und ab, mit gerader Haltung und locker herunterhängenden Arme. Nun klopfen Sie beidseits mit der flachen Hand langsam, rhythmisch, seitlich gegen Ihre Oberschenkel und Sie werden merken, dass Sie ruhiger werden.

🐷 Genauso können Sie die Übung durchführen, wenn Sie merken, dass Sie langsam sind und nicht »zu Potte« kommen. Dann klopfen Sie schneller auf die seitlichen Oberschenkel und Sie werden munterer.

## Dem Ich den Boden entziehen

🐷 Eine Übung, die hier und da ein wenig Übung erfordert und länger dauert, besteht darin, dem Ego den Boden zu entziehen, indem man keine unbegründete, voreingenommene Angst vor dem Unbekannten mehr hat. Wenn etwas neu für uns ist, denken viele Menschen darüber nach, wie es sein könnte, wenn es so oder so nicht wäre. Wie wäre es, wenn wir das Unbekannte erst einmal auf uns zukommen lassen, es beschnuppern, es studieren und daran denken, dass wir aus dem Unbekannten lernen und sogar mit einer kindlichen Neugierde an das Fremde herangehen können. Wenn wir vor etwas weglaufen, wird es uns verfolgen, wir halten uns daran fest wie an einem Stahlseil.

## Ohren massieren

🌀 Nehmen Sie beide Ohren in beide Hände und massieren Sie diese langsam intensiv und genüsslich durch: Die Ohrläppchen, alle Knorpelanteile, Ohrenränder, Zäpfchen bis in den Gehörgang. Ziehen Sie die Ohren leicht nach hinten, nach unten, drehen Sie an Ihren Ohren und fühlen Sie, was diese Übung mit Ihrem Körper macht.

🌀 Die Übung durchblutet den Kopfbereich, erweckt das Gehirn und hat durch die Ohr-Akupunkturpunkte Einfluss auf den ganzen Körper.

🌀 Ein Mal am Tag, am besten am Morgen, ist die Rettung für den ganzen Tag.

## Trommeln

🌀 Monotones Trommeln kann uns in Trance versetzen und die Ichs ausschalten. Während einer Fortbildung in schamanischer Kinesiologie machten wir einen Versuch. Einige meiner Schülerinnen und Schüler trommelten und ich bewegte mich dazu. Zuerst schwirrten mir Gedanken durch den Kopf: »Wie sieht das wohl von außen aus, sitzt mein Kleid, schwingt der Rock nicht zu hoch?«
Bei dem stetigen, gleichmäßigen Rhythmus bemerkte ich, dass auch die Ichs zunächst mit dem Rhythmus mitgingen und ununterbrochen plapperten. Sie lernen schnell dazu. Ich steigerte meine geistige Konzentration und es dauerte gefühlte Minuten,

bis ich loslassen konnte. Mit der Zeit verschwanden der Verstand und die Ichs.

Mein Körper wiegte und drehte sich von selbst. Ulrike war in einer anderen Welt ohne Zeit und Raum. Als meine Schülerinnen und Schüler mit dem Trommeln aufhörten, erwachte ich aus meiner Trance und hatte ein sehr intensives Gefühl von Vertrautheit, so als wäre ich dort gewesen, wo ich ursprünglich herkomme. Ohne die Ichs ist die Welt viel einfacher und klarer. Währenddessen waren meine Schülerinnen fasziniert und gleichzeitig erstaunt über mich und meinen Tanz. Sie konnten von außen miterleben, wie anfangs mein Verstand und die Ichs kämpften und wie plötzlich alles, was nicht zu Ulrike gehörte, aus mir verschwand. Sie konnten mein Entweichen an meinem Gesichtsausdruck und an meiner Aura ablesen.

# 80. Danksagung

Und wieder danke ich von ganzem Herzen:

Meiner Freundin Marianne, die mir die Treue gehalten hat, obwohl viele Stolpersteine zu besprechen waren. Für ihr Durchhaltevermögen bewundere ich sie. Unzählige Fehler konnten von ihr entdeckt und korrigiert werden. Ohne ihre Einwände würden auch zu viele Emotionen enthalten sein, welche die Texte unverständlich gemacht hätten. Marianne ist selbst Beraterin und kennt sich in dieser Materie aus.

Martina hat mir dieses Mal gleich zu Beginn ihre Meinung zu dem im Frühjahr noch sehr ungeordneten Text mitgeteilt, später war sie verhindert und konnte mir leider keine weiteren Tipps mehr geben.

Mehr denn je danke ich meinen Klientinnen und Klienten, die mir bei all meinen Versuchen so treu zur Seite gestanden haben. Geduldig, aber auch neugierig, mit vielen Fragen und Anregungen haben sie mich unterstützt.

Ich danke meinen Lehrern und Autoren, die mich inspiriert haben, ohne die mir so manche Idee nicht gekommen wäre.

Ich danke dem Universum und der Zwischenwelt, die mich mein Leben lang begleitet und mich nie verließen, auch wenn ich mich manchmal von ihnen abgewandt habe.

# 81. Über die Autorin

Ulrike J. Fischer-Heiß ist von Beruf Physiotherapeutin und Heilpraktikerin, arbeitet heute erfolgreich als Gesundheitsberaterin, Mentalcoach und Wellnesstherapeutin in ihrer eigenen Praxis in einem beschaulichen Ort in Baden-Württemberg.

Philosophisch, analytisch und auf ihre Weise wissenschaftlich, hat die Autorin versucht, ihr viertes Buch zu gestalten.

Alle ihre bisherigen Bücher sind einem bestimmten Thema gewidmet. Es geht dabei um die körperliche, mentale und seelische Gesundheit. Um diese zu erreichen, beschreitet die Autorin neue Wege und gibt dazu eine Fülle von verständlichen Informationen und Aspekten. In dem vorliegenden Buch lüftet Fischer-Heiß das Geheimnis, das sie seit vielen Jahren mit ihren Klientinnen und Klienten teilt. Dabei nutzt sie den Körper als Biofeedback-Instrument. Es bleibt nicht bei der Theorie. In vielen Fallbeispielen erhalten Leserinnen und Leser eindrucksvolle und verständliche Einblicke in die Praxis, die Vorrang hat.

Weitere Informationen unter: *www.fischer-heiss.de*

# 82. Bildnachweise:

- Copyright: amino2003 – Fotolia, Adobe Photoshop CS5, Bewusstsein, bin, Charakter…Wer bin ich?
- Copyright: ©Romolo Tavani – stock.adobe.com Heart. Meditation, Hands, Adobe Photoshop CC (M..)
- Copyright: © Robert Kneschke – Open mouth with perfect white teeth – Adobe Stock.
- Bild der Autorin: Friederike Lara Fischer, Lukas Wiese
- Coverbild: Sabine Schreiber Fotografie, Weil der Stadt
- Alle anderen Bilder wurden von der Autorin zur Verfügung gestellt.

## Meine Bücher in einem anderen Verlag erschienen:

Taschenbuch: 486Seiten
Auflage: 1. Auflage 2018
(20.August 2018)
ISBN-10: 3945833892
ISBN-13: 978-3945833896

Taschenbuch: 107 Seiten
Auflage: 1.Auflage 2019
(23.September2019)
ISBN-10: 3945833957
ISBN-13: 9783945833957

Beide Bücher bei: Joy Edition, Buchverlag and more;

# Bisher in diesem Verlag erschienen

Taschenbuch: 326 Seiten
Auflage: 1. Auflage 2023
(01.September 2023)
Verlag: BoD Books on Demand, Norderstedt
ISBN: 978-3-7578-0979-9
E-Book: 978-3-7578-4254-3

Notizen

Notizen